المجتمع والعمران

المجتمع والعمران

نفوذ الناس في الحضارة الإسلامية

د. خالد عزب

دار جامعة حمد بن خليفة للنشر
HAMAD BIN KHALIFA UNIVERSITY PRESS

دار جامعة حمد بن خليفة للنشر
صندوق بريد 5825
الدوحة، دولة قطر

www.hbkupress.com

جميع الحقوق محفوظة.

لا يجوز استخدام أو إعادة طباعة أي جزء من هذا الكتاب بأي طريقة دون الحصول على الموافقة الخطية من الناشر باستثناء حالة الاقتباسات المختصرة التي تتجسد في الدراسات النقدية أو المراجعات.

إن الآراء الواردة في هذا الكتاب لا تعبّر بالضرورة عن رأي الناشر.

الطبعة العربية الأولى عام 2023

الترقيم الدولي: 9789927161742

تمت الطباعة في الدوحة- قطر.

مكتبة قطر الوطنية بيانات الفهرسة – أثناء – النشر (فان)

عزب، خالد، 1966- مؤلف.

المجتمع والعمران : نفوذ الناس في الحضارة الإسلامية / د. خالد عزب. - الطبعة العربية الأولى. - الدوحة، دولة قطر : دار جامعة حمد بن خليفة للنشر، 2023.

165 صفحة : إيضاحيات ؛ 24 سم

تدمك 978-992-716-174-2

يتضمن مراجع ببليوجرافية (صفحات 151-165).

1. العمارة الإسلامية -- الجوانب الاجتماعية -- تاريخ. 2. تخطيط المدن -- البلاد الإسلامية – تاريخ. 3. الحضارة الإسلامية -- الفلسفة.

أ. العنوان.

NA380 .A935 2023

726.2– dc23

202328571800

المحتويات

المقدمة 7

الفصل الأول: ماهِيَّة فِقه العُمران 9

الفصل الثَّاني: المجتمع والأوقاف والعِمارة 17

الفصل الثَّالث: التَّعليم والعُمران 27

الفصل الرَّابع: الرِّعاية الصحية 81

الفصل الخامس: الرِّعاية الاجتماعيَّة 97

الفصل السَّادس: المياه والعُمران 125

ثَبت المصادر والمراجع 151

المقدمة

هذا الكتاب يقدم للقارئ تراثًا من الحضارة الإسلامية ظل مجهولًا لسنوات طويلة على الرغم من وضوحه وضوح الشمس للباحثين، لكن ما جعله هكذا هو دور المجتمع في تشييده والقيام به، فهو تراث العلم من كتاتيب ومدارس، وتراث إطعام الفقراء وضيافة الضيوف الغرباء ورعاية ذوي الحاجات من الأيتام والفتيات الفقيرات والأرامل والمطلقات ومن تقطعت بهم سبل الحياة، تراث قام على حفظ صحة الإنسان فجعل مداواة المرضى واجبًا وليس تجارة، تراث حضاري معماري نفتخر بأننا سبقنا العالم فيه، فتراثنا المعماري والحضاري ليس مساجد وقلاعًا وحمامات. وسأدعك عزيزي القارئ تكتشف هذا كله عبر صفحات هذا الكتاب.

وأود أن أؤكد لك عزيزي القارئ أنني قد احتفظت بنصوص الحجج الوقفية والوثائق كما جاءت في سياقاتها وبتعبيراتها المعتادة في عصرها إذ كانت تملى دون تدقيق.

خالد عزب

الفصل الأول
ماهِيَّة فِقه العُمران

إن العديد من الدلائل القادمة إلينا عبر تراثنا تشير بوضوح إلى نمو مطرد للمعرفة وفلسفتها في الحضارة العربية الإسلامية، لكن هناك هوة حدثت لدى دارسي العلوم الإنسانية في الوطن العربي، نتيجة للتأثر بالمدارس الغربية، وهو تأثير طبيعي نتيجة للتقدم العلمي الذي أحرزه الغرب وباتت أُكله تؤتي ثمارها مع القرن الثامن عشر بصورة واضحة، ثم بصورة جلية في القرن التاسع عشر إلى الآن.

إن الفرق بيننا وبين الغرب هو قطيعته مع العلوم الوسطى، وهي قطيعة طبيعية نتيجة لأن تقدمه جاء مبنيًا على هذه القطيعة، بينما كان إدراكنا للمعرفة وأهميتها ونموها لا يتطلب ذلك في حضارتنا. هنا أقود القارئ إلى موضوع دراستي، فالمدن التراثية العربية الإسلامية، مازالت حية بيننا شاهدة على معطيات معرفية وفلسفة بنيت على أسسها، ويتفق الأثريون على أن هذه المدن تتكون من شوارع وبنايات لها خصائصها وعلاقاتها ببعضها. لكن دون فهم النظرية التي صاغت هذه الشوارع وهذه البنايات، يصبح فهمها صعب المنال، لذا بدت الدراسات الآثارية في القرنين التاسع عشر والعشرين للمدن الإسلامية منفصلة عن النظرية التي صاغتها وأسبغت عليها ملامحها، فظلت المدرسة الوصفية هي السائدة، وأبرز أعلامها كريزويل الباحث الإنجليزي، وجاستون فيت الباحث الفرنسي، وماكس فان برشم الباحث السويسري، وأرنست كونل الباحث الألماني، وغيرهم كثير.

لكن هؤلاء كلهم درسوا هذا التراث المعماري خارج سياقه المعرفي، فتحول إلى حجارة أو جدران غير ناطقة، في حين أن لكل منشأ معماري لغة معمارية يعبر عنها، تستند إلى تفاعلات الواقع مع المعطيات الثقافية سواء الموروثة التي تميز كل مجتمع إسلامي عن الآخر، أو عبر البناء المعرفي للقيم الإسلامية.

هنا نؤكد أن مسيرة المعرفة لهذا النوع من الدراسات لا تتضمن فقط الإدراك، وإنما نفوذ القرار وقوته في الإطار الثقافي، والسؤال: هل هذه هي المعرفة التي تكمن في قرار البناء وما يترتب عليه في الإطار الثقافي؟

يرى الفلاسفة أن المعرفة ليست الاعتقاد الحقيقي، وإنما هي مبررات هذا الاعتقاد الحقيقي، وبالطبع هنا ينتقل النقاش من مجرد الإقرار بوجود عمران وعمارة في المجتمعات الإسلامية إلى البحث عمَّا وراء هذا العمران وهذه المعرفة من معطيات صاغت البيئة العمرانية والعمارة. هنا أستطيع أن أستدعي رؤية جون سورال في كتابه "The construction of social venality"[1] للاتجاه نحو واقعية المعرفة التي تلامس الحقائق الاجتماعية وغيرها مع هذا العالم الذي يتكون من جزيئات فيزيائية.

لذا فإن العودة إلى أسس نظرية المعرفة التي هي وراء منظومة فقه العمران في الحضارة الإسلامية، تقودنا إلى البحث عن مفهوم العمران عند المسلمين، الذي يرتكز في واقع الأمر على بُعدين:

الأول: القوة، هذه صفة من صفات الإسلام، فكل عمل يقوم به المسلم ينبغي أن يكون متقنًا، والقوة أساس الإتقان، أتى هذا من حديث رسول الله ﷺ «إن الله يحب إذا عمل أحدكم عملًا أن يتقنه»، والقوة شرط في البناء لأنها أساس حفظ الأرواح، إذ لو أن البناء يتداعى لضعف في بنائه لفقدنا أرواحًا حث ديننا على الحفاظ عليها. أدت القوة إلى وجوب وضع معايير لمواد البناء، وهي المسماة في عصرنا معايير الجودة، ومواصفات دقيقة لها، تعرف في عصرنا بالمواصفات القياسية، ثم إلى ظهور الرقابة على هذه الجودة وعلى دقة المواصفات، وكلاهما كان من طرفين، إما المحتسب الذي يمارس الرقيب أو من قبل أرباب الخبرة الذين تستعين بهم المحاكم الشرعية الإسلامية لحسم الخلافات وفق تقارير تقدم لها.

الثاني: الجمال، إذ يفترض في المسلم أن يهتم بمظهره وملبسه لأن الإسلام دين جمال، ودين طهارة، فالمسلم يعبد إلهًا واحدًا، ويدل على ما سبق أن الجمال مطلوب في البناء والعمران، كما هو مطلوب في الثياب وغيرها، وجمال البناء في تناسقه وترتيبه حسب عُرف الزمان والمكان مادام محمودًا في ذاته وغاياته.

لكن ما الأطر الفكرية التي تحدد نظرية المعرفة في فقه العمران، أو بمعنى آخر ما مصادر المعرفة لبناء نظرية لفقه العمران في الحضارة الإسلامية؟

الإطار الأول: السياسة الشرعية، وهي السياسة التي يتبعها الحاكم في المجال العمراني، سواء كانت تتعلق بالأمور السياسية العامة أو بالعمران مباشرة، وكلاهما يترك أثره في العمارة.

(1) John R. Searle, The Construction of Social Reality, New York1997, p 29.

هذا الإطار ذو بعدين؛ إطار عام يحدد مسؤوليات الحاكم وحدودها، وإطار تخصصي يحدد وظائف الحاكم في المجال العمراني، كلاهما بينته العديد من مؤلفات السياسة الشرعية.

لكن هذا الإطار له بُعد لا بد من تحديده، وهو مفهوم السياسة وأبعادها، فالسياسة تقوم على الفاعلية الحركية للحاكم، التي يسعى من خلالها إلى تحقيق مصالح المحكومين. تنبَّه فقهاء السياسة الشرعية إلى ذلك، فذكروا بأن «للسلطان سلوك سياسة، وهي الحزم عندنا، ولا تقف على ما نطق به الشرع»[1]، ويعرِّف ابن نجيم الحنفي السياسة في البحر الرائق «وظاهر كلامهم هنا أن السياسة فعل شيء من الحاكم لمصلحة يراها، وإن لم يرد بها دليل جزئي»[2].

الإطار الثاني: هو فقه العمارة والمقصود به مجموعة القواعد التي ترتبت عليها حركية العمران نتيجة للاحتكاك بين الأفراد ورغبتهم في العمارة، وما ينتج عن ذلك من تساؤلات يجيب عنها الفقهاء مستنبطين أحكامًا فقهية من خلال علم أصول الفقه وقواعده وتراكم الخبرات.

هذان الإطاران يقودان إلى أن هناك تراكمًا معرفيًا بدأ في المدينة المنورة في عصر الرسول ﷺ، ازداد مع مرور الزمن وتراكم الخبرات، وتنوَّع مع التنوع البيئي للعالم الإسلامي الممتد من الصين إلى الأندلس، لكن هل هذا يعني أن كلا الإطارين ليس له مقاربات مع الأسس المعاصرة التي تسود حاليًا في المجال العمراني العام؟ في حقيقة الأمر هناك مقاربة ولو نسبية:

فالإطار الأول: يتقارب بصورة أو بأخرى مع الدستور بالمفهوم المعاصر.

أما الإطار الثاني: فهو أقرب إلى قوانين التخطيط العمراني والبناء في عصرنا.

وتنتج المفارقات بينهما من طبيعة المعرفة وفلسفتها، فالدولة المعاصرة المركزية، تختلف في خلفيتها المعرفية والفلسفية عن الدولة الإسلامية، هذا يجعلنا نستدعي من الخبرة الإسلامية طبيعة ممارسة السلطة في الدولة الإسلامية التي تنقسم إلى:

- سلطة الدولة: التي نراها في حفظ الأمن بإقامة الأسوار والقلاع وأبراج المراقبة، ومراقبة الحرف والصناعات، وشق الطرق الرئيسية وجلب المياه.
- سلطة المجتمع: التي حددتها الممارسات المتراكمة، حتى إن العديد من الوظائف قام بها المجتمع مثل التعليم والرعاية الصحية والرعاية الاجتماعية.

---

(1) صالح المحمد الخالد الرشيد، أبو الوفاء بن عقيل، حياته واختياراته الفقهية، ج3، رسالة دكتوراه غير منشورة، كلية الشريعة والقانون، جامعة الأزهر 1979م، ص701.

(2) ابن نجيم الحنفي، البحر الرائق شرح كنز الدقائق، دار الكتب العلمية، بيروت، 1997م، ج5، ص11.

- سلطة الفرد: هذه السلطة تحددها سلطة المجتمع، لكنها تقوم على احترام حرية الفرد المرتبطة بقيم المجتمع، والمبنية على الترابط الاجتماعي سواء عبر الأسرة الممتدة أو عبر روابط الحرف والصناعات.

شارع في مدينة القاهرة - لوحة من القرن 19

انعكس هذا كله على المجال العمراني، ومن أمثلة ذلك ترتيب الشوارع:

- الشارع العام: الذي تقع مسؤولية صيانته ورعايته مناصفة بين الساكنين فيه والدولة التي تكفل حق المرور للمجتمع في هذا الشارع.

- الشارع العام الخاص: الذي تزداد فيه مسؤولية ساكنيه عن غيرهم وتصبح تبعًا لذلك حقوقهم فيه أعلى، مع حفظ حق المرور فيه لمن يكون طريقَه لهدف يقصده.
- الشارع الخاص: الذي كانت بوابات الحارات علامة عليه، هنا تقف حدود سلطة الدولة، لتكون سلطة الفرد والمجتمع هي المهيمنة.

ولأن الخصوصية في الشارع الخاص وحرية الفرد في الحركة أعلى، فإنه على عكس المدن المعاصرة، كان الأثرياء وأرباب السلطة يفضلون سكنى الشوارع الخاصة دون غيرها. هذا كله على عكس مدننا المعاصرة التي تعد الشوارع الرئيسية هي المرغوبة في السكن، ودون تحليل أهمية الخصوصية والحرية في السكن وفهمها كبعد معرفي في عمران المجتمعات الإسلامية يصبح من الصعب تفسير سبب سكن الحرفيين في الشوارع الرئيسية، في حين سكن جمال الدين الذهبي شيخ بندر تجار مصر في العصر العثماني في شارع أكثر خصوصية.

هنا نستطيع أن نستقرئ البناء المعرفي في المجال العمراني، فالمجتمع يدرك فلسفة السلطة وتقسيماتها في الحضارة الإسلامية، وكيفية الإدراك هي الفعل المعرفي الحقيقي، فالمجتمع لا يلجأ إلى الحاكم أو الوالي لحل مشاكله، لكن إلى القاضي الذي لا يستطيع أيضًا أن يفصل إلا في ضوء سوابق تمثل تراتبية معرفية تتشكل من آلاف الأحكام السابقة، لكن إذا وقعت واقعة فيها التباس فهنا لا سفر أمام القاضي إلا الرجوع إلى أرباب الخبرة في مجال التخصص «كأرباب الخبرة المعمارية»، ومن هنا نرى العديد من مؤلفات المعماريين وأسمائهم تبرز لنا في المجال العمراني، فلولا هذا الاحتكاك لما قرأنا ولما كُتِبَ مؤلَّفُ ابن الرامي «الإعلان بأحكام البنيان»[1] وغيره من المؤلفات، بل إن إعادة تركيب علم فقه العمران وأبعاده المعرفية تتطلب الغوص داخل سجلات المحاكم الشرعية في مدن القاهرة والجزائر والقدس وفاس وإسطنبول وغيرها، لأن السجالات بين المتخاصمين في المجال العمراني تشكل لنا ما يمكن أن نسميه الوعي بفكرة «الحق» أو «الحقوق» المترتبة على حركية العمران في المجتمع. هنا تبرز فكرة هل العمران والتخطيط العمراني والعمارة أفعال ثابتة أو أنها متغيرة حسب مقتضيات الزمان والمكان معًا، في حقيقة الأمر أن هناك آلاف الأحكام في سجلات المحاكم الشرعية تكشف عن حراك دائم وتطور حتى في استنباط الأحكام بل هي انعكاس لتطور البناء وتقنياته عبر العصور. إن البعد البيئي ومعطياته له أثر في تنوُّع البناء وأحكامه، لذا نرى أن أحكام فقه

---

(1) ابن الرامي، الإعلان بأحكام البنيان، تحقيق محمد فريد، مركز النشر الجامعي، تونس 1999م، ص16.

العمارة كالفسيفساء المنسجمة الألوان والتراكيب في لوحة تخطف الأنظار لانسجام كل شيء فيها بلا خلل، ولذا فإن كل أمر مردُّه إلى أن القاعدتين اللتين أسس عليهما علم فقه العمران كانتا من المرونة بما يسمح بهذا البناء المعرفي الذي ظل يتطور بلا توقف.

هاتان القاعدتان هما:

القاعدة الأولى: ﴿خُذِ ٱلۡعَفۡوَ وَأۡمُرۡ بِٱلۡعُرۡفِ وَأَعۡرِضۡ عَنِ ٱلۡجَٰهِلِينَ﴾ [الأعراف: 199]، تفسير العرف في هذه الآية بالنسبة لأحكام البنيان بما جرى عليه الناس، وارتضوه ولم يعترضوا عليه، ما دام لا يتعارض مع القرآن الكريم أو الحديث النبوي الشريف، لأن العرف والعادة أصل يرجع إليه في التنازع إذا لم يكن هناك أصل يرجع إليه، وقد اتفق فقهاء القانون على تعريف العرف بأنه مجموعة القواعد التي درج الناس على اتباعها جيلًا بعد جيل واحترموها، وتأتي قوة العرف من أمرين:

الأول: العنصر المادي، وهو توارث العادات والتقاليد، الابن عن الأب عن الجد. والأمر الثاني: العنصر المعنوي، وهو التخوف من مغبة العقاب في حالة مخالفة أحكام العرف[1].

هنا يعدُّ العرف من أهم مبادئ التشريع التي يلجأ إليها المجتهدون في إجراء الفقه على الواقع في كثير من المجالات كالأحوال الشخصية، وأبواب المعاملات وغيرها. وبتتبع مباحثهم في العمران وجدناهم معتمدين على هذه القاعدة أشد الاعتماد خاصة بين المتخاصمين على الحقوق الارتفاقية[2]. هنا نستطيع أن نتحدث عن العرف الذي هو في حقيقته المعرفة الكامنة في العقل الجمعي للمجتمع، ليكون متداولًا بين الفقهاء والقضاة والمجتمع على أنه الشيء المألوف الذي تتلقاه العقول السليمة بالقبول، وقيل: هو ما تتابع متصلًا بعضه ببعض وسكنت النفوس إليه.

القاعدة الثانية: هي «لا ضرر ولا ضرار»، وهي حديث نبوي شريف، وهو أحد الأحاديث الخمسة التي يقوم عليها الفقه الإسلامي[3]، فقد احتلت قاعدة «لا ضرر ولا ضرار» بابًا

---

(1) صوفي أبو طالب، مبادئ تاريخ القانون، القاهرة 1972م، ص128، 129.

(2) حق الارتفاق: حق الارتفاق في اللغة: الانتفاع بالشيء، وشرعًا هو أحد أنواع الملك الناقص، وهو منفعة مقررة لعقار مملوك لشخص على عقار آخر مملوك لغير الأول، أيًا كان شخص المالك كإجراء الماء من أرض الجار، ولحقوق الارتفاق أحكام عامة وخاصة. سليمان التويجري، حق الارتفاق، رسالة دكتوراه، جامعة أم القرى، ص40-42.

(3) يدور الفقه الإسلامي على خمسة أحاديث «الحلال بين والحرام بيِّن» وقوله ﷺ «لا ضرر ولا ضرار» وقوله «إنما الأعمال بالنيات» وقوله «الدين النصيحة» وقوله «ما نهيتكم عنه فاجتنبوه وما أمرتكم به فأتوا منه ما استطعتم»،

واسعًا في فقه العمارة الإسلامية، وعليها قامت أحكام لا حصر لها. الضرر والضرار كلمتان بمعنى واحد وردتا لتأكيد المعنى فالمقصود بـ«لا ضرر» أي لا يدخل على أحد ضرر وإن لم يعتمده، وقوله «لا ضرار» أي لا يُضَرُّ أحد بأحد.

ذكر محمد بن عبد السلام القرطبي «الضرر هو مالك فيه منفعة وعلى جارك فيه مضرة، هذا ما قاله ابن الرامي في كتابه «الإعلان بأحكام البنيان» من أن الضرار ما قصد به الإنسان نفعه نفسه فكان فيه ضرر على غيره، وأن الضرر ما قصد الإضرار بغيره».(1)

إن كل ما سبق يقودنا إلى ربط نظرية فقه العمران بالمعرفة، فالنظرية ذات طبيعة منهجية تقود إلى خطوات وتقنيات بناء على عقيدة أو وجهة نظر وكلاهما متكاملان، لهذا فإن هذه الدراسة تهتم بالنسق الذي بنيت عليه هذه النظرية من الناحية المعرفية، وكيفية تتابع ما يترتب عليه خطوة خطوة لكي يؤدي ذلك في النهاية إلى طرح سلسلة من الأسئلة المتتالية تبدأ بـ«هل؟» التي من المفترض أن تجيب عن أسئلة مثل:

- كيف كان تخطيط المدن الإسلامية؟
- ما الفلسفة التي صاغت البيئة العمرانية الإسلامية؟
- ما الأسباب وراء العديد من الابتكارات في العمارة الإسلامية... كالمداخل المنكسرة... المقرنصات... الأطباق النجمية... إلخ؟
- كيف صيغت القواعد التي حكمت هذا العمران؟
- كيف أدى تراكم القواعد إلى تراكم الخبرة ومن ثم اختلاف الأحكام والأشكال المعمارية من عصر إلى عصر ومن بيئة إلى بيئة؟
- لماذا لم يفهم مؤرخو العمارة الإسلامية هذه العمارة وفقًا لهذه النظرية؟

يحيى بن آدم، الخراج، تصحيح أحمد محمد شاكر، دار المعرفة بيروت 1979م، ص97.

يوضح الدكتور برنو هذه القواعد الخمس الكبرى كما يلي:
1. الأمور بمقاصدها.
2. لا ضرر ولا ضرار.
3. اليقين لا يزول بالشك.
4. المشقة تجلب التيسير.
5. العادة محكمة.

(1) ابن الرومي، الإعلان بأحكام البنيان، ص58.

هذا يدعونا إلى أن نستدعي من الذاكرة العمرانية قاعدتين؛ الأولى هي إحياء الموات، يعرِّف الماوردي الموات بأنه ما لم يكن عامرًا ولا حريمًا لعامر، وإن كان متصلًا بعامر[1]، وقال الشافعي رحمه الله: «بلاد المسلمين شيء عامر وموات، فالعامر لأهله كل ما صلح به العامر، إن كان مرفقًا لأهله، من طريق وفناء، ومسيل ماء أو غيره، كالعامر في ألا يملك على أهله إلا بإذنهم، والموات هي الأرض الخراب الدارسة»[2] وعند المالكية الموات هي الأرض التي لا مالك لها ولا ينتفع بها، وظاهرة الإحياء هذه ترتكز على حديث رسول الله ﷺ «العباد عباد الله والبلاد بلاد الله، ومن أحيا أرضًا ميتة فهي له»[3].

والإحياء بالبناء يوجب اكتمال الشخصية البصرية للمبنى وإظهارها وديمومة وظيفته، أي إبقاؤه صالحًا للاستعمال للحفاظ على المنفعة المرجوة من هذا الإحياء، الذي هو جزء من عملية التنمية، وبهذا تصبح الأرض وما عليها ملكًا للمحيي لا تحول عنه إلا بإذنه عند الشافعي[4].

أجمل الماوردي لنا هذا في شروط إحياء الأرض للزراعة فمنها:

- إحياء الأرض المراد إحياؤها بتحديد حدودها.
- سوق الماء إليها إذا كانت يبسًا، وحبسه عنها إذا كانت بطائح سبخات أو مستنقعًا حتى يمكن زراعتها في الحالتين.
- حرثها وتسويتها وتهيئتها للزراعة.

ترتب على كل ما سبق نشوء مبدأ «حيازة الضرر» الذي يعني أن من سبق في البناء يحوز العديد من المزايا التي يجب على جاره الذي يأتي بعده احترامها، وأن يأخذها في اعتباره عند بنائه مسكنه، وبذلك من يحيي أرضًا بعمارتها يحوز العديد من المزايا من الناحية المعمارية، تسمى هذه المزايا حقوقًا مترتبة، هذا ما أدى إلى صياغة حدود شوارع المدن الإسلامية، وكذلك إلى تنوع الأشكال في واجهات المنازل وغيرها من المنشآت، وهذا كله يعدُّ مدخلًا لفهم عمارة المدن الإسلامية وتخطيطها.

---

(1) الماوردي، أبو الحسن علي بن محمد، الأحكام السلطانية والولايات الدينية، ص 177.
(2) النووي، أبو زكريا محيي الدين بن شرف، المجموع شرح المهذب، ج15، دار الفكر، ص206.
(3) أخرجه الطيالسي (1543)، وابن عدي في (الكامل في الضعفاء) (3/ 231)، والبيهقي (12123) واللفظ لهم، والدارقطني (4/ 217) باختلاف يسير بسند حسن.
(4) الشافعي، الأم، دار الوفاء لدنيا الطباعة والنشر، المنصورة 2001م، ج4، ص50.

الفصل الثَّاني
المجتمع والأوقاف والعِمارة

كان المنطلق الأساسي للإسلام هو الحرص على كرامة الإنسان وحريته، وإليه يرجع الفضل في تقديم أرقى مضامين الحرية والكرامة الإنسانية، وانطلق الإسلام في هذا من قول الله عز وجل ﴿وَلَقَدْ كَرَّمْنَا بَنِيٓ ءَادَمَ﴾ [الإسراء: 70]، فالكرامة الإنسانية هي أساس الرعاية الاجتماعية قبل كل شيء، هذه الرعاية سياج من الحرمة والعصمة والصيانة، تصون كل فرد في المجتمع أن يهون على الناس أو أن ينتهكوا حرمة من حرماته، وأكد القرآن الكريم على حق الفقراء وذوي الحاجة في مال الأغنياء ﴿وَٱلَّذِينَ فِيٓ أَمْوَٰلِهِمْ حَقٌّ مَّعْلُومٌ ٢٤ لِّلسَّآئِلِ وَٱلْمَحْرُومِ﴾ [المعارج: 24، 25] وفي آية أخرى ﴿وَفِيٓ أَمْوَٰلِهِمْ حَقٌّ لِّلسَّآئِلِ وَٱلْمَحْرُومِ﴾ [الذاريات: 19].

أجمل الرسول ﷺ صورة المجتمع المسلم كما يريده المولى وكما شرعه متكاملًا برعاية أفراده، فيقول «مثل المؤمنين في توادِّهم وتراحمهم كمثل الجسد الواحد إذا اشتكى منه عضو تداعى له سائر الجسد بالسهر والحمى»[1]، وفي حديث آخر «مثل المؤمن للمؤمن كالبنيان يشد بعضه بعضًا»[2]، فالمجتمع المسلم بناء متكامل متكافل لا يتخلى عن فرد من أفراده ولا يرضى لأحد منهم أن يذل أو يهون.

من هذا المنطلق شهدت الحضارة الإسلامية تشييد العديد من منشآت الرعاية الاجتماعية، التي هي في أوضح مفاهيمها رعاية الجماعة لأفرادها، وخصوصًا المحتاجين منهم، جاء الإسلام لينظِّم هذه الرعاية على أساس الترابط بين الفرد والجماعة والتكافل بين الناس في سبيل الخير ويحضُّ الناس على الرحمة والبر والعدل والإحسان، وكانت هذه المنشآت تؤدي خدماتها من ريع الأوقاف، وكانت هذه الأوقاف تحمل صبغة الحضارة الإسلامية، التي قننتها وحولتها إلى مؤسسة لعبت دورًا حيويًا في بناء صرح الحضارة.

---

(1) رواه الإمام مسلم في صحيحه.

(2) أخرجه البخاري ومسلم.

انحسر دور الدولة في المجتمعات الإسلامية، فركزت على رعاية أمن البلاد والعباد، والدفاع عن أرضهم وأرواحهم وأعراضهم وأموالهم، ثم إنها تقدم بعد ذلك خدمات لرعاية مرافق البلاد وشؤون العباد خاصة الطرق بين المدن، وغالبًا ما كان الدور الخدمي للدولة محدودًا، لا يفي بما ينشده المجتمع في مجالات التعليم والرعاية الصحية والاجتماعية. وهنا يأتي دور مؤسسة الوقف التي كان يغذِّيها رجال السلطة تارة أو التجار تارة أخرى أو كبار ملاك الأراضي أو علماء الدين، وهي في دورها تماثل ما نعرفه عبر الحضارة الغربية باسم المؤسسات المعنية بتمويل الأنشطة الاجتماعية والصحية والثقافية والعلمية والتعليمية، التي تعتبر شريحة مهمة في دور المجتمع المدني المكمل لدور الدولة.

ماهية الوقف

صاغ العلامة أحمد بن شقرون قصيدة رائعة جاء فيها[1]:

أصغ تدر ما أسدى أخو الذوق جدًا	وفي حبس يستحسن السبق للخير
إذا عطب اللقلاق يومًا فإنه	بمال من الأوقاف يجبر من كسر
وإن لم تجد أنثى مكانًا لعرسها	فدار من الأوقاف تنقذ من فقر
وإن لم تجد عقدًا لجيد، فإنه	يعار من الأوقاف يوصل للخدر
وإن جن مجنون، فإن علاجه	بمال من الأوقاف يصرف للفور
تعالج موسيقى دماغًا من الأذى	بها يعزف الفنان مبتسم الثغر
وقد أوقفوا جبر الأواني، ربما	يهشمها طفل، فتقطع من أجر
ولكن بمال الوقف يأخذ غيرها	بلا عوض منه، فيسلم من خسر
وقد أوقفوا دار الوضوء لنسوة	يردن الصلاة في حياء وفي ستر

الوقف لغة: الحبس، يقال: وقف فلان داره على كذا، حبسها.

وشرعًا يعرِّفه الشيخ محمد أبو زهرة «بأنه قطع التصرف في رقبة العين التي يدوم الانتفاع بها، وصرف المنفعة»[2]، ويُعرَّف كذلك بأنه «منع التصرف في رقبة العين، مع بقاء عينها،

---

(1) أحمد بن شقرون، شاعر مغربي عاش في الفترة من 1913 إلى 2000م، درس في جامع القرويين وله العديد من المؤلفات. لمزيد من التفاصيل: انظر معجم الشعراء العرب في القرنين التاسع عشر والعشرين، موقع مؤسسة البابطين للشعر العربي.

(2) محمد أبو زهرة، محاضرات في الوقف، الطبعة 2، دار الفكر العربي، 1971م، ص41.

وجعل المنفعة لجهة من جهات الخير ابتداء، وهو الوقف الخيري، أو انتهاء، وهو الوقف الأهلي»[1].

مشروعية الوقف

تعود مشروعية الوقف في الحضارة الإسلامية للأسباب التالية:

- فكرة الصدقة الجارية، فقد روى أبو هريرة رضي الله عنه، أن النبي ﷺ، قال: «إذا مات ابن آدم انقطع عمله إلا من ثلاث: صدقة جارية، أو علم ينتفع به، أو ولد صالح يدعو له»[2].
- ما أثر عن النبي ﷺ من صدقات قبض عنها، وهي ثمانية مما آل إليه عليه الصلاة والسلام بأحد حقيه في خمس الخمس من الفيء والغنائم، أو أربعة أخماس الفيء الذي أفاءه الله على رسوله مما لم يوجف عليه المسلمين بخيل ولا ركاب، فما صار إليه عليه الصلاة والسلام بواحد من هذين الحقين، تنازل عن جزء منه لبعض أصحابه، وترك الباقي لنفقته وصلاته ومصالح المسلمين، حتى مات عنه ﷺ، فاختلف الناس في حكمه، فجعله قوم موروثًا عنه ومقسومًا على المواريث ملكًا، وجعله آخرون للإمام القائم مقامه، والذي عليه جمهور الفقهاء أنها صدقات محرمة الرقاب مخصومة المنافع، مصروفة في وجوه المصالح العامة[3].
- ثالث أساس قام عليه الوقف ما رُوي عن البخاري ومسلم عن نافع عن عبد الله بن عمر، بشأن وقف عمر بن الخطاب في السنة السابعة للهجرة، وهو أول وقف من الصحابة[4].

---

(1) محمد أمين، الأوقاف والحياة الاجتماعية في مصر، دار النهضة العربية، القاهرة، 1980م، ص11.

(2) رواه الجماعة إلا البخاري وابن ماجه، الشوكاني، نيل الأوطار، ج6، ص218. ابن دقيق العيد، الإلمام بأحاديث الأحكام، دار الفكر دمشق 1963م، ص375. ابن قدامة، المغنى، تحقيق عبد الله بن عبد المحسن التركي وعبد الفتاح الحلو، دار عالم الكتب، الرياض 1986م، ج5، ص544. ابن حجر، بلوغ المرام من أدلة الأحكام، دار القبس الرياض 2014م، ص210.

(3) محمد أمين، الأوقاف والحياة الاجتماعية، دار النهضة العربية، القاهرة، 1980، ص15.

(4) هلال البصري، هلال بن يحيى بن مسلم الرأي البصري، أحكام الوقف، حيدرآباد، بدون تاريخ، ص6.

أركان الوقف

أركان الوقف أربعة[1]: الواقف، والموقوف، والموقوف عليه، والصيغة.

أولًا: الواقف

وهو الذي ينشئ الوقف... وحتى يصح وقفه، لابد أن يتوافر على عدة شروط:

1. أن يكون أهلًا للتبرع.
2. بالغًا.
3. عاقلًا.
4. حرًّا.
5. غير محجور عليه لسفه، أو غفلة، أو دين.

ملكية الوقف

اتفق العلماء على أن الوقف لا يكون إلا في عين مملوكة لصاحبها ملكًا تامًّا، وأن تكون معرَّفة تعريفًا كاملًا، فإذا كانت معروفة بالشهرة اكتفي بشهرتها عند الحنفية، وإن لم تكن معروفة بالشهرة، وجب حدها بحدودها الأربعة.

ثانيًا: الموقوف

أجمع الفقهاء على أن الوقف يكون على وجه التأبيد، وقد خالف في ذلك الإمام مالك والإمامية من الشيعة، وقرروا أن الوقف يجوز أن يكون مؤقتًا.

ولذلك اشترط الحنفية أن تكون العين الموقوفة صالحة للبقاء، وقد خالف التأبيد فيها، ولهذا قرروا أن الأصل في الوقف أن يكون عقارًا، وجواز وقف غير العقار يجيء على خلاف الأصل، وقد قرروا أن المنقول يجوز أن يكون وقفًا في أحوال استثنائية:

أولها: أن يكون تابعًا للعقار، والتابع للعقار قسمان:

1. ما اتصل بالعقار اتصال قرار وثبات، وذلك كالبناء والأشجار، لأن البناء والأشجار عندهم من المنقول، وليست من العقار، وقد خالفهم الإمام مالك رضي الله عنه، وهذا النوع من المنقول يدخل في العقار تبعًا له من غير نص عليه.

---

(1) انظر ذلك بالتفصيل في: عبد الجليل عشوب، كتاب الوقف، دار الآفاق العربية، القاهرة، 1999.

2. ما كان منقولًا وخصص لخدمة العقار، كالمحاريث والبقر ونحو ذلك مما هو مخصص لخدمتها، وهذه تدخل في الوقف عند الحنفية بالنص عليها:

«أن يكون قد ورد أثر بجواز وقفه، كوقف الأسلحة والكراع (الحيوانات المخصصة للحروب) وهذه يجوز وقفها، لأنه يروى أن خالد بن الوليد، وقد وقف سلاحه للغزو في سبيل الله تعالى».

ثانيها: إذا جرى به عرف، وذلك كوقف الكتب والمصاحف، فإن العرف قد جرى بوقفها، والعرف مصدر فقهي عند الحنفية ما لم يعارض نصًا، وإلا كان عرفًا فاسدًا، والعرف الفاسد غير معتبر بإجماع العلماء.

وإذا كان الأحناف يشترطون في الموقوف أن يكون في الأساس عقارًا، فإن غيرهم من المالكية والشيعة الإمامية، والشافعية والحنابلة، أجازوا وقف المنقول، كما أجازوه في العقار.

تبلور في الفقه الإسلامي بالتدريج مفهوم (التأبيد)، هذا المفهوم الذي جعل الوقف محميًا من ذوي السلطان من الاستيلاء عليه تحت أي حجة من الحجج[1]. يتضح من هذا أن الوقف أصبح لا ينعقد إلا بصدور ركنه وهو لفظ الوقف وما في معناه، كقول الواقف (صدقة جارية محبسة أو صدقة مؤبدة). والوقف يجوز بستة ألفاظ مترادفة، ثلاثة صريحة (الوقف والحبس والتسبيل) وثلاثة كنائية (التصدق والتحريم والتأبيد)[2].

لكن التأبيد ساعدنا على الحفاظ على التراث المعماري الإسلامي ومدننا التراثية إلى القرن الحالي، ومنذ القرن التاسع عشر امتدت يد السلطات هذه لتهدم من مدننا التراثية ما تشاء حتى فقدنا جانبًا لا بأس به منها.

ثالثًا: الموقوف عليه

إما أن يكون إنسانًا: واحدًا، أو متعددًا، وإما أن يكون مؤسسة اجتماعية، أو ثقافية، أو صحية أو تعليمية، وإما أن يكون مكانًا مقدسًا، أو حيوانًا أو غير ذلك.

---

(1) حول هذا الموضوع:
- محمد أبو زهرة، محاضرات في الوقف، القاهرة 1972م، ص64: 66.
- محمد الأرناؤوط، الوقف في العالم الإسلامي، ما بين الماضي والحاضر، جداول، الكويت 2011م، ص75.

(2) الطرابلسي، الإسعاف في أحكام الأوقاف، بيروت 1981م، ص14.

رابعًا: الصيغة

ولها ألفاظ متعددة، وكما تكون صريحة، تكون كناية. فالصريحة، كأن يقول الواقف: حبست أرضي، أو داري على الفقراء، أو على أولادي أو على غيرهما. والكناية، لابد فيها من النية، كأن يقول: أرضي جعلتها للفقراء، فإن عرف الوقف بهذا اللفظ، كانت وقفًا بدلالة العرف، وإلا سئل عن قصده، فإن كانت نيته منصرفة إلى الوقف، كانت وقفًا، وإلا كانت ميراثًا، لا وقفًا[1].

بالنظر في اجتهادات الفقهاء الخاصة بأحكام الوقف ومسائله وتفريعاته على أنها في جملتها عبارة عن ترجمة لمفهوم «السياسة المدنية» بمضمونها الذي يعني التدبر في شؤون المعاش على قاعدة جلب المصالح ودرء المفاسد، وتحقيق قيم التضامن الاجتماعي. ففقه الأوقاف مبني على ثلاثة أسس كبرى، وهذه الأسس وفرت نوعًا من الحماية الشرعية لنظام الوقف ومؤسساته ضد احتمالات استيلاء سلطة الدولة عليه، وجعلت حدوث مثل هذا الاستيلاء أمرًا غير شرعي، إذ لم يكن هناك ما يمنع سلطات الجور من ارتكابه في الواقع العملي، وهذه الأسس هي:

- **احترام إرادة الواقف (شرط الواقف كنص الشارع):** «إرادة الواقف» المقصودة هنا هي التي يقوم بالتعبير عنها في وثيقة الوقف، وهو يعبر عن إرادته تلك في صورة مجموعة من الشروط التي يحدد بها كيفية إدارة أعيان الوقف، وتقسيم ريعه، وصرفه إلى الجهات التي ينص عليها أيضًا في الوثيقة نفسها، ويطلق على تلك الشروط في جملتها اصطلاح «شروط الواقف» وأضفى الفقهاء على تلك الشروط صفة «القداسة» ما لم تحرم حلالًا، أو تحل حرامًا، وجعلوا لها حرمة لا يجوز انتهاكها إلا في حالات استثنائية، وذلك بأن رفعوها إلى منزلة النصوص الشرعية من حيث لزومها ووجوب العمل بها، فقالوا إن «شرط الواقف كنص الشارع».

اعتبر الفقهاء والقضاة وثيقة الوقف (الحجة) دستورًا يجب الرجوع إليه في كل صغيرة وكبيرة من شؤون الوقف وما قد يرتبط به من أنشطة ومؤسسات وأعمال مختلفة، ليس هذا فحسب، بل إنهم جعلوا طرقًا لتفسير حجج الأوقاف و«هي الطرق التي يسلكها الفقهاء في تفسير النصوص الشرعية فيحمل المطلق على المقيد،

---

(1) زهدي يكن، الوقف في الشريعة والقانون، ط2، دار الفكر العربي، 1971م، ص39، 40.

والعام على الخاص، إذا كان ثمة مسوغ للحمل، وينسخ المتأخر من الشروط المتقدم منها»، وفي الجملة فإن شروط الواقف... هي التي تنظم الوقف ما لم يرد نهي من الشارع عنها[1].

أعطى الفقهاء «لشروط الواقف» تلك القوة الإلزامية الكبيرة، لكنهم في الوقت نفسه حدودها بأن تكون محققة لمصلحة شرعية، أو موافقة للمقاصد العامة للشريعة[2] وهي المتمثلة في: حفظ الدين، والنفس، والعقل، والعرض والمال، وأبطلوا كل شرط يؤدي إلى إهدار مصلحة شرعية، أو يخالف مقصدًا من تلك المقاصد. وعلى ذلك درج القضاء وجرى الإفتاء في مسائل الأوقاف[3].

- **اختصاص القضاء بالولاية العامة على الأوقاف**: قرر الفقهاء أن «الولاية العامة» على الأوقاف من اختصاص القضاء وحده دون غيره من سلطات الدولة، وأن هذه الولاية تشمل الفصل في المنازعات الخاصة بالأوقاف أو ما يسمى بالاختصاص القضائي[4].

يشمل الاختصاص الولائي شؤون النظارة على الأوقاف وإجراء التصرفات المختلفة عليها، ومن أهمها: استبدال أعيان الوقف إذا اقتضت الضرورة ذلك، والإذن بتعديل شروط الوقف -أو بعض منها- إذا ألحقت هذه الشروط ضررًا بالوقف أو بالجهات المستحقة فيه، وكذلك الحكم بإبطال الشروط الخارجة عن حدود الشرع ومقاصده العامة[5].

ومن الواضح أن تلك التصرفات وأمثالها من شأنها التأثير في استقلالية الأوقاف والمؤسسات المرتبطة بها، وخاصة في جوانبها الإدارية، والوظيفية، والتمويلية، وذلك في العديد من الحالات التي تعرض للأوقاف في الواقع العملي، وقد نص الفقهاء صراحة على منع «السلطان» وممثليه من رجال الحكم والإدارة من التدخل في شؤون الوقف، أو الاعتراض على التصرفات الإدارية للقاضي[6].

---

(1) محمد أبو زهرة، محاضرات في الوقف، الطبعة 2، دار الفكر العربي، 1971، ص155.

(2) الرحيباني، مطالب أولي النهى في شرح غاية المنتهي، دمشق، ج4، ص315. الطاهر بن عاشور، مقاصد الشريعة الإسلامية، تونس 1366هـ، ص204-210. عبد الوهاب خلاف، علم أصول الفقه، الكويت 1972م، ص197-205.

(3) إبراهيم البيومي غانم، الأوقاف والسياسة في مصر، دار الشروق، القاهرة 1998م، ص55.

(4) إبراهيم البيومي غانم، الأوقاف والسياسة في مصر، ص56.

(5) إبراهيم البيومي غانم، الأوقاف والسياسة، ص56.

(6) المصدر السابق نفسه ص57.

- معاملة «الوقف» على أنه شخص اعتباري: تعامل الفقهاء مع الوقف على أن له شخصية اعتبارية، ومن أدلة ذلك: ما قرروه من ثبوت حق القاضي للوقف نفسه، فهو «يقضي له وعليه»، ومنها أن عمارة الأعيان الموقوفة للاستغلال -أي التي تدرُّ ريعًا- ومؤنة الموقوف من زكاة وخراج أو عشر، واجبة في غلته، وهذا الوجوب ليس على إنسان بعينه له ذمة وأهلية حقيقيتان، وإنما هو على جهة الوقف (بالنسبة لأداء المؤنة) ولها (بالنسبة للعمارة)، ومن تلك الأدلة إجازة الفقهاء الوصية والوقف على «الجهات» كالفقراء -الذين لا يحصى عددهم- وبناء القناطر، والمدارس وكل ما يعود نفعه على العامة، وقد جعلوا تلك الجهات مالكة لمنفعة الوقف على الرغم من أنها ليست شخصيات حقيقية، والشاهد هو أن أحكام الفقهاء واجتهاداتهم بخصوص الوقف وشؤونه المختلفة قد جرت على أن له أهلية الوجوب فيما له وما عليه، وأن له ذمة حكمية (معنوية) تكتسب الحقوق وتتحمل الالتزامات[1].

تحمل فلسفة الوقف في طياتها الرقي، والبحث عن الأفضل، لأن الواقف ينفق مما يحب، ويقدم أفضل ما عنده ابتغاء وجه الله وثوابه، والمدقق في الحجج الوقفية يستطيع أن يتبين بوضوح الضوابط الدقيقة التي يضعها الواقفون لضمان جودة الخدمات التي توفرها أوقافهم.

برزت الأوقاف في العالم الإسلامي، وتنوعت وتضخم دورها، ورأينا نوعين من المنشآت الوقفية:

- المنشآت الخيرية: أي المنشآت التي تقدم خدمات للمجتمع مثل: المستشفيات ودور الضيافة ومنشآت الرعاية الاجتماعية والدينية.
- المنشآت الريعية: أيَ التي لها ريع تدره يستخدم للصرف على المنشآت الخيرية الوقفية ووظائفها، ثم كانت هناك أوقاف أخرى كالأراضي الزراعية، إلى أن برز لنا وقف النقود كنوع مختلف من الأوقاف المنقولة.

- وقف النقود:

يعد وقف النقود من الظواهر المميزة للعصر العثماني إذ تطور فيه على المستوى العلمي والفقهي موقف جدير بالاهتمام في مجتمع مسلم جديد، فقد كان الوقف حتى ذلك الحين يعتمد في مصادر تمويله على تأجير الأراضي والدور والدكاكين لتغطية نفقات المنشآت

(1) المصدر السابق نفسه ص59.

الخيرية التي أنشئ لأجلها، برز في العصر العثماني وقف مبالغ كبيرة تقدم بفائدة محددة للتجار وأصحاب الحرف، بحيث يضمن الوقف بهذا الشكل مصدرًا ثابتًا لتغطية نفقات مشاريعه الخيرية[1].

تحول الوقف بمرور الزمن إلى مؤسسة مالية صغيرة تمول مشاريع التجار وأصحاب الحرف بقروض ذات فائدة، وهكذا قام الوقف بدوره في تنشيط الحياة الاقتصادية، وازداد هذا النوع من الوقف بروزًا في إسطنبول بصورة خاصة، حيث سجل أول وقف نقدي في 1464م، ومع انتشاره في مدن البلقان والمدن التابعة للدولة العثمانية، جاء الدور على شيخ الإسلام -المرجعية العليا في الدولة- لبيان مدى انسجام هذا النوع من الوقف مع أحكام الشرع[2]، فلم يعد من الممكن تجاهل هذا التطور المهم للوقف النقدي. ويلاحظ الباحثون هنا أن هذا الأمر قد شق الفقهاء إلى قسمين: أغلبية قبلته، وأقلية رفضته، لكن تتابعت المؤلفات في العصر العثماني فألف الملا خسرو شيخ الإسلام خلال الفترة من 1460 إلى 1480م كتابه «درر الحكام في شرح غرر الأحكام» وهو المرجع الأساسي للفقه الحنفي في الدولة العثمانية وضمنه بابًا في وقف النقود مؤيدًا له، وتعددت مؤلفات شيخ الإسلام أبي السعود في هذا الموضوع ومنها: (رسالة في وقف المنقول)[3] و(رسالة في جواز وقف الدراهم والنقود)[4] وعلى الجانب الآخر تحتفظ مكتبة الإسكندرية بنسخة من مخطوطة «السيف الصارم في عدم وقف النقود والدراهم» لمحمد البرغوي لكن الواقع في مدن كدمشق والقدس يقول إن وقف النقود انتشر، لنقرأ في «درر المختار» لمفتي الحنفية بدمشق علاء الدين الحصكفي (توفي 1088هـ/ 1677م) أن الفرمانات السلطانية صدرت للقضاة بإجازة الوقف النقدي استنادًا إلى ما ورد في معروضات شيخ الإسلام أبي السعود[5].

---

(1) محمد الأرناؤوط، الوقف في العالم الإسلامي ما بين الماضي والحاضر، جداول – الكويت 2011م، ص15.

(2) R.c.Repp, The Mufti of Istanbul, A studyin the development of the Ottoman learned hirarch, London, 1986, p51.

(3) دار الكتب المصرية، 1285، فقه حنفي.

(4) دار الكتب المصرية، 87، مجاميع.

(5) ابن عابدين، حاشية رد المحتار على الدر المختار، مكتبة دار العرب، القاهرة 1943م، ج4، ص364.محمد الأرناؤوط، الوقف في العالم الإسلامي، ص21.

الفصل الثَّالث
التَّعليم والعُمران

يعد التعليم أساس عمران المجتمعات، إذ به تتمكن من الأخذ بأسباب القوة والمعرفة، وهو أحد أقوى أدوات الحد من التفاوتات الاقتصادية والاجتماعية، فضلًا عن أنه يُرسي أسس التنمية المستدامة. وقد استفادت الحضارة الإسلامية من الوقف في بناء صرحها التعليمي بشكل غير مسبوق في تاريخ الحضارات البشرية، وذلك باستخدام موسع للصيغ الوقفية، وباستنفار أفرادها للمساهمة في دعم وتمويل التعليم. من هذا المنطلق نمت مؤسسات التعليم، فصارت ذات بنية واضحة المعالم، ومن هنا نستطيع أن نفسر لماذا انفصلت الكتاتيب المختصة بتعليم الأطفال عن المساجد الجامعة، وكيف نمت المدارس (الجامعات) كالأزهر والزيتونة والقرويين واستمرت لقرون تؤدي مهامها.

لكن المهم في هذا إدراك المجتمع أهمية التفرغ لتلقي العلم، لذا سنرى عبر هذا الفصل مدى الحرص على أن يكون المتعلم صافي الذهن، لا يشغل نفسه بطعام أو ملبس أو مبيت، بل عليه أن يركز في اكتساب المعرفة، فرأينا لهذا إنتاجًا علميًا غزيرًا، حتى في عصور الوهن، فإذا كان العلم هدفًا فإن مخرجاته صارت عنوانًا للمجتمع، ولذا بات علينا مراجعة هذه النظم التي حملت أبعادًا تربوية وإنسانية ملفتة للانتباه.

المكاتب

(هي ما عرفت مؤخرًا باسم الكتاتيب) وكانت بمثابة مدارس المرحلة الأولى في وقتنا الحالي إذ يبدأ بها الصبي حياته العلمية مع ملاحظة أن مهمتها الأساسية تحفيظ القرآن الكريم بالإضافة إلى تعليم الأطفال القراءة والكتابة والحساب، كان هناك نوعان من المكاتب:

- **المكاتب الأهلية أو الخاصة**: التي كان يقيمها من وجدوا في أنفسهم القدرة على اتخاذ التعليم حرفة يتقوتون منها، ويتعلم فيها الصبيان بعوض[1] -بأجر معلوم- يدفع لأصحابها.

---

[1] ابن الحاج، المدخل، دار التراث، القاهرة 1983م، ج2، ص321-322.

- **المكاتب العامة**: التي كان قيامها مرهونًا بأصحاب المناصب والجاه في الدولة من سلاطين وأمراء ووجهاء وتجار ابتغاء «مرضاة الله وثوابه» وكان التعليم فيها مكفولًا بدون أجر للأيتام والمعدمين[1] وأبناء البطالين من الجند -أحيانًا- ما لم يبلغوا حد البلوغ، أو خمس عشرة سنة في تقدير بعض الواقفين[2].

وردت إشارات عن وجود الكُتَّاب منذ عهد الرسول ﷺ فقد ورد في بعض كتب الحسبة، أنه لا يجوز تعليم الأطفال في المسجد «لأن النبي ﷺ أمر بتنزيه المساجد عن الصبيان والمجانين لأنهم يسوِّدون حيطانها، وينجسون أرضها، إذ لا يحترزون من البول وسائر النجاسات، بل يتخذون للتعليم مواضع شرحة من أطراف الأسواق، ويمنعون أيضًا من التعليم في بيوتهم»[3].

على أن هناك من يرى أن الكتاتيب لم تبدأ إلا في عهد الخليفة أبي بكر الصديق رضي الله عنه[4]، وقيل في عهد الخليفة عمر بن الخطاب رضي الله عنه، الذي كان أول من أمر ببناء بيوت المكاتب، ونصَّب الرجال لتعليم الصبيان وتأديبهم[5].

روعي في اختيار موضع المكتب أو الكُتَّاب أن يكون «في مواضع شرحة من أطراف الأسواق» -إن أمكن ذلك- مع ضرورة مراعاة صرف الباعة من بابه حتى لا يتلهى الصبيان بما في أيديهم عن الدرس[6]، فإن تعذر فعلى شوارع المسلمين، أو في الدكاكين، ويكره أن يكون بموضع ليس بمسلوك للناس، لذا أقيمت المكاتب -غالبًا- ملحقة بالمساجد والمدارس أو في علو الأسبلة أو إلى جانب الأربطة والخوانق أو في الدكاكين.

حددت كتب المعاصرين شروط العمل في الكتاتيب فيما يشبه اللوائح الداخلية في

---

(1) عبد اللطيف إبراهيم، نصان جديدان من وثيقة الأمير صرغتمش محمد كمال عزالدين، المكاتب ودورها في النهضة الفكرية والاجتماعية في مصر المملوكية، ص102، مجلة الدارة العدد 1، السنة 16، 1410هـ، ص101.

(2) محمد كمال عز الدين، المكاتب ودورها في النهضة الفكرية والاجتماعية في مصر المملوكية، مجلة الدارة العدد 1، السنة 16، 1410هـ، ص102.

(3) ابن الأخوة، محمد بن محمد القرشي، معالم القربة في أحكام الحسبة، الهيئة المصرية العامة للكتاب، القاهرة 1976م، ص260.

(4) ياقوت الحموي، معجم البلدان، دار صادر، بيروت 1977م، ج2، ص207. وعبد الرحمن المديرس، المدينة المنورة في العصر المملوكي، مركز فيصل للبحوث والدراسات الإسلامية، الرياض 2001م، ص242.

(5) عبد الحي الكتاني، التراتيب الإدارية، دار الكتاب العربي، بيروت 1965م، ص294.

(6) ابن الحاج، المدخل، ج2، ص323.

مصطلحنا الحديث، كما تحددت المهمة الإشرافية للمؤدب على تصرفات الصبية وتحركاتهم داخل المكتب وخارجه. فقد تعين على المؤدب مراعاة ظروف الصبيان الاجتماعية والفروق الاقتصادية بينهم فلا يسمح لأطفال الأثرياء بإحضار دكة أو غيرها للجلوس عليها، لأن في ذلك ترفيعًا لابن الغني على غيره، ويمنع الأطفال من إحضار الطعام معهم إلى المكتب أو إحضار النقود لشراء احتياجاتهم أثناء فترة الدراسة، لأن ذلك يؤثر بشكل ضار على نفسية وإحساس الطفل الفقير الذي يعود إلى بيته... منكسرًا خاطره مشوشًا في نفسه غير راضٍ بنفقة والديه عليه لما يرى من نفقة من له اتساع في الدنيا[1].

لقد تبلورت مع الوقت أسس العمل في الكتاتيب ومنهجية التعليم، حتى رأينا ذلك ينبثق في مؤلفات إرشادية أو حتى نقدية أو أخرى تبني على ما سبقها، ومنها مؤلف أبي الحسن علي بن محمد القابسي الذي ولد سنة 324ه وتوفي سنة 403ه، وهو كتاب «رسالة أحوال المعلمين وأحكام المعلمين والمتعلمين»[2] الذي يتكون من 3 أجزاء، الجزء الأول منها عن فضائل القرآن وشروط قراءته وأماكنها، أما الجزء الثاني فهو يمس العملية التعليمية بطريقة مباشرة فتناقش موقف الوالد الذي لا يعلم ابنه ويعتبر هذا موضوعًا هامًا إذ إن التعليم الأول كان يقع على عاتق الأب في ذلك الوقت ولم يكن هناك دافع إلى تعليم الأبناء سوى الشعور بأهمية العلم، وكان هذا مرتبطًا في الأذهان بالمقدرة على قراءة القرآن الكريم وحفظ نصوصه.

تكلم القابسي عن الأماكن التي يتعلم فيها الصبية «الكُتَّاب» كما تكلم عن تعليم البنات وأكد على ضرورة تعليمهن العلوم المفيدة كعلوم الدين واللغة في رأيه، وتكلم عن منهج التعليم في ذلك الوقت وفروعه كالكتابة، والخط، والإعراب، والقراءة.

عالج القابسي موضوعًا هامًا من مواضيع العملية التعليمية فتكلم عن العلاقة بين المدرسين والتلاميذ وموضوع العقاب وتحدث عن الضرب وتكافؤ الفرص بين الصبية في التعليم وتعرض لطرق تهذيب التلاميذ في المدرسة وتنظيم علاقتهم مع بعضهم.

أما الجزء الثالث فيناقش فيه القابسي موقف المعلم من العملية التعليمية وواجباته نحوها لكي تتم بصورة سليمة، كما ذكر عدة أمور متفرقة عن مكان العملية التعليمية وانتقالها من مكان إلى آخر وعلاقة المدرس بالآباء وغير ذلك.

---

(1) ابن الحاج، المدخل، ج2، ص313.

(2) نشر هذا المخطوط محققا ضمن كتاب «التعليم عند القابسي» وهو من تأليف أحمد فؤاد الأهواني، لجنة التأليف والنشر والترجمة، القاهرة 1945م.

إن تنظيم العمل في الكُتّاب اقتضى وفقًا لقواعد إتقان العمل شروطًا وقواعد، لذا وجدنا مؤلفات أخرى في مجال تعليم الأطفال وتربيتهم، ومنها مخطوط لابن حجر الهيثمي بعنوان «تحرير المقال في آداب وأحكام يحتاج إليها مؤدبو الأطفال».[1]

يتناول مخطوط الهيثمي عددًا من الأمور التي واجهها المعلمون، بعضها ذات طبيعة يومية، والأخرى مسائل أساسية، فيما يتعلق بالتعامل مع النابهين من التلاميذ، وهل يجب أن يعاملوا معاملة خاصة بهم؟ وهل يقاس عليهم أولئك الذين لا يتمتعون بمواهب خاصة؟ واهتم الهيثمي مثلًا بما يجب عمله عند غياب التلميذ، كما اهتم أيضًا بمسائل أكثر تجريدًا، مثل من له حق عقاب التلاميذ بدنيًا، وناقش المخطوط قضايا عديدة منها هل يجوز للمعلم زيادة عدد التلاميذ عما هو مقرر في كتاب الوقف؟... إلخ[2].

تعددت شروط الكتاتيب لقبول الأطفال، وكانت الفئة الأساسية هي الأيتام، فتشترط معظم حجج الوقف المملوكية، أن يكون الأطفال المقبولون من الأيتام، من ذلك ما جاء بحجة المؤيد شيخ «ويترتب من أيتام المسلمين الذين لم يبلغوا الحلم خمسة وستون يتيمًا...»[3] وبحجة وقف قانباي الرماح[4].

(وما يصرف لعشرة أنفار من أيتام المسلمين) على أن بعض الواقفين اشترطوا فيمن يلتحق بمكاتبهم أن يكونوا من فقراء المسلمين، لكن عددًا من الوقفيات رأت ضرورة استعداد الطفل وقابليته للتعليم شرطًا لقبوله في المكاتب الموقوفة، من ذلك حجة وقف السلطان فرج بن برقوق: «... ويرتب عنده من أيتام المسلمين الصالحين لقبول التعليم عشرون نفسًا...». وذات الشروط في حجة وقف السلطان الغوري على منشآته في القاهرة «... تصرف لأربعين يتيمًا من أيتام المسلمين الفقراء المحتاجين المميزين القابلين للتعليم»[5].

---

(1) ابن حجر الهيثمي، 975هـ، 1550م، تحرير المقال في آداب وأحكام يحتاج إليها مؤدبو الأطفال، دار الكتب المصرية مجاميع 143، ص12، وتوجد منها نسخة ميكروفيلم في معهد المخطوطات العربية.

(2) نللي حنا، ثقافة الطبقة الوسطى في مصر العثمانية، ترجمة رؤوف عباس، الدار المصرية اللبنانية 2004م، ص103، 104.

(3) حجة وقف السلطان المؤيد شيخ 938 أوقاف.

(4) حجة وقف قانباي الرماح، 1019 أوقاف.

(5) عبد الغني محمود عبد العاطي، التعليم في مصر زمن الأيوبيين والمماليك، دار الدعوة القاهرة، 1975م، ص94.

هيئة التدريس: كان بكل مكتب هيئة تدريس تقوم على العملية التعليمية وهؤلاء هم:

- **المؤدب:** وهو المعلم وكان يطلق عليه أحيانًا الفقيه، ويأخذ راتبه من ريع الوقف المعين للمكتب من قبل الواقف، وذلك في كل شهر، وليس له أن يتقاضى من الأطفال أية مبالغ كأجرة عن تعليمهم، وأجمعت حجج الوقف على أن يكون في المؤدب شروط:

  - أن يكون من أهل الخير/ والأمانة والعفة والصيانة/ وأن يكون حافظًا لكتاب الله تعالى، فيه أهلية لتعليم القرآن[1].

نجد بعض المؤدبين يتمتعون ببعض الحقوق، منها السكن المجاني الذي يوفره له الواقف، إذ تذكر حجة السلطان قلاوون «... والطبقة التي بجوار المكتب فقد وقفها على سكن المعلم بالمكتب المذكور ويسكنها بنفسه وعياله ما دام معلمًا بالمكتب المذكور وليس له إيجارته ولا إعارتها لغيره»[2].

العريف: يعمل مساعدًا للمؤدب يعينه على تأديب الأطفال وتعليمهم.

السائق: وهو يتسلم الأطفال في الغدو والرواح من منازلهم، واشترط فيه الأمانة والثقة.

طرق التعليم: حددت عدد من الوقفيات طرق التعليم ومناهجها، وهي القواعد الواجب اتباعها، فتذكر حجة وقف نصر بن عبد الله عن ذلك ما يلي: «... يلازم تعليمهم لكتاب الله العزيز تلقينًا أو كتابة بالخط العربي في الألواح أو المصاحف أو مجموع ذلك خلال أيام المواسم... ويفيدهم من ذلك ما تهيأ له إفادته بحيث لا يجحف في التقصير وفي الإفادة[3] ولا يكلفهم ما لا يحتمل في العادة ويتحرى طريق الإيضاح والتفهم ويحسن التلطف بهم في التجويد والتعليم على الاقتداء...»[4].

كانت مدة الدراسة في المكتب مرهونة بمدى استعداد الصبي وميوله وقابليته للتعليم، أو بلوغ سن المراهقة وحده البلوغ، على حين حدد المدى الزمني للدراسة -بكل وضوح- بحيث كان يوميًا من طلوع الشمس حتى العصر، مع استثناء يومي الثلاثاء والخميس أو أيهما،

---

(1) محمد أمين، الأوقاف والحياة الاجتماعية في مصر، دار النهضة العربية، القاهرة 1980م، ص264. عبد الغني محمود عبد العاطي، التعليم في مصر زمن الأيوبيين والمماليك، ص97، 98.

(2) حجة وقف السلطان قلاوون 1012 أوقاف.

(3) لا يجحف في التقصير (أي لا يختصر المادة التعليمية)، والإفادة المقصود بها تلقين العلم بحيث يتشربه التلميذ فيستفيد منه.

(4) حجة وقف نصر بن عبد الله الجركسي 532 أوقاف. عبد الغني محمود عبد العاطي، التعليم في مصر، ص99.

إذ تكون الدراسة فيهما أو في أحدهما حتى الظهر، مع جعل يوم الجمعة عطلة رسمية، وهو ما نصت عليه حجة وقف السلطان قايتباي التي تعود للعصر المملوكي في مصر، وأكدت على إعطاء الأطفال إجازة قبل الأعياد وبعدها[1]، فضلاً عن أن الصبي لم يكن ملزمًا بالحضور إلى المكتب أثناء التقلبات الجوية لما فيها من إضرار العواصف والأتربة والمطر والبرد بصحته[2]، كما كانت تقبل أعذار الأطفال عند المرض[3].

لم تكن القسوة في تعليم الأطفال معترفًا بها، فلقد روعي مبدأ المرونة في التعليم والتهذيب، فلكل ما يليق به من معاملة: «فرب صبي يكفيه عبوسة وجهه عليه، وآخر لا يرتدع إلا بالكلام الغليظ والتهديد»، وإن كانت القاعدة العامة هي أن «يأخذ معهم بالرفق مهما أمكنه، إذ إنه لا يجب ضربهم في هذه السن» فإن كان ولابد في الحالات الشاذة التي لا يجدي معها سوى هذا النوع من العقاب، فالضرب «غير المبرح»[4].

أدرك ابن خلدون في مقدمته مبكرًا أهمية عدم اتخاذ الشدة مع المتعلمين لما في ذلك من مضرة بهم فيقول: «ومن كان مرباه بالعسف والقهر من المتعلمين... سلط عليه القهر وضيق على النفس في انبساطها، وذهب بنشاطها، ودعاه إلى الكسل، وحُمِل على الكذب والخبث... وصارت له هذه عادة وخلقًا، وفسدت معاني الإنسانية التي له من حيث الاجتماع والتمرن، وهي الحمية والمدافعة عن نفسه ومنزله، وصار عيالًا على غيره في ذلك، بل وكسلت النفس عن اكتساب الفضائل والخلق الجميل، فانقبضت عن غايتها ومدى إنسانيتها، فارتكس وعاد في أسفل السافلين... فينبغي للمعلم في متعلمه والوالد في ولده ألَّا يستبد عليهما في التأديب»[5].

لذا نجد كتب تعليم الصبيان في التراث العربي تنصح بالأخذ في التدرج في تعليم الأطفال، مراعاة لقدرتهم الخاصة ومدى استعدادهم لما يتقبلونه من العلوم والمعارف[6].

---

(1) حجة وقف السلطان قايتباي (886 أوقاف).

(2) عبد اللطيف إبراهيم، نصان جديدان من وثيقة الأمير صرغتمش، مجلة كلية الآداب، العدد 28، جامعة القاهرة 1966م، ص174.

(3) حجة وقف نصر بن عبد الله الجركسي، 532 - أوقاف.

(4) ابن الحاج، المدخل، ص326.

(5) ابن خلدون، المقدمة، طبعة بيروت، دار البيان، ص450.

(6) محمد كمال عز الدين، المكاتب ودورها في النهضة الفكرية، ص109.

رعاية الأطفال

لم يكن المكتب مكانًا للتعليم وحسب، بل مظلة لرعاية الأطفال بصورة شاملة، فقد تكفل الواقفون بصرف (معلوم) لهم سواء كان ذلك كل شهر أو كل يوم، ويتكون المعلوم غالبًا من مبلغ معين من المال بالإضافة إلى قدر من الخبز، وتختلف قيمة ذلك من مكتب لآخر طبقًا لشروط الواقف فنجد معلوم الأيتام بالمكتب الذي أنشأه السلطان حسام الدين لاجين في زيادته بالجامع الطولوني في القاهرة يتكون فقط من الخبز الذي يصرف في كل يوم حيث جاء في وثيقة وقفه... «ويصرف لكل من الأيتام المتعلمين في كل يوم من خبز البر رطلان بالمصري...»[1]

ولا تذكر الحجة صرف أي مبلغ نقدي للأيتام، كما وجدت بعض المكاتب التي تصرف المعلوم النقدي فقط، من ذلك ما جاء بحجة السيفي أزبك «... وما هو للأيتام التسعة في كل شهر تسعمائة درهم لكل واحد منهم مائة درهم...»[2] دون ذكر صرف أي شيء من الخبز، أما الغالبية العظمى من المكاتب فكانت تصرف لهم النقود والخبز وهذه المكاتب بدورها وجد منها نوعان:

- الأول: يصرف فيه المعلوم النقدي والعيني للأيتام يوميًا.

- الثاني: يصرف فيه المعلوم النقدي في كل شهر، أما الخبز فيصرف يوميًا.

كسوة الأيتام ومؤدبيهم

تكفَّل معظم الواقفين على المكاتب بكسوة الأيتام ومؤدبيهم، وكان مقدار الصرف يختلف من وقفية لأخرى، فتحدد بعض الوقفيات هذه الكسوة بقميص واحد من ناعم الكتان، والغالبية العظمى من المكاتب تصرف للأيتام ومؤدبيهم كسوتين؛ إحداهما في الصيف والأخرى في الشتاء، وفي الوقت نفسه تذكر بعض الحجج الوقفية أنواع الكسوة من القمصان والسراويل والمناديل والمداسات وغير ذلك من الملابس، كما تنص حجة وقف نصر بن عبد الله الجركسي على ضرورة تسليم الكسوة للأيتام مهيأة لهم بحيث لا يكلفهم دفع أجرة لخياط[3].

---

(1) عبد الغني عبد العاطي، التعليم في مصر زمن الأيوبيين والمماليك، ص96.

(2) حجة وقف السيفي أزبك 198، محفظة 31 بدار الوثائق.

(3) حجة نصر بن عبد الله الجركسي، 53 أوقاف. عبد الغني عبد العاطي، التعليم في مصر زمن الأيوبيين والمماليك، ص110، 111.

يوم التخرج

كانت مرحلة المكتب أو الكُتَّاب مرحلة مهمة في حياة كل طفل مسلم، ولذا عند إتمامه ختم القرآن الكريم، كان يحتفى به فيما عرف بيوم «الختم» أو «الإصرافة» لإدخال السرور عليه وعلى أهله ولتشجيع أقرانه على الاحتذاء به، وكان الاحتفال حدثًا يحرص على حضوره الكثيرون، فالسخاوي في «التبر المسبوك في ذيل السلوك» يخبرنا عن ختم «النجمي يحيى بن القاضي بهاء الدين بن حجي في حضور جمع من الناس بالمدرسة الباسطية... جريًا على عادة كثير ممن يختم القرآن من الأطفال، مدَّ لهم سماط حلوى بالدوار. وقرأ شيخنا ابن حجر العسقلاني حديثًا أورده في خطبته»[1].

كما أورد ابن الحاج في مدخله، نموذجًا آخر للاحتفال، مشيرًا إلى أنهم كانوا يزينون المكتب بالحرير وغيره أرضًا وحيطانًا وسقفًا، ويعلقون فيه «الصور» ويجعلون لوح الإصرافة مكفتًا بالفضة في خرقة من حرير ويزينون الصبي الذي له الإصرافة، كما يلبسونه الحرير، ويحلونه بالقلائد من الذهب وغيره، مع قلائد العنبر، كأنه عروس تحلى، ويركبونه على فرس أو بغلة مزينة باللباس من الحرير والذهب وغيرها... إلخ، ويحملون أمامه أطباقًا فيها ثياب من حرير وعمائم، ثم هم يختلفون فيما يفعلون بين يديه، فمنهم من يمشي بين يديه صبيان المكتب وينشدون في طريقه إلى أن يوصلوه إلى بيته، ومنهم من يضيف إلى ذلك القراء يقرؤون كتاب الله -عز وجلَّ- بين يديه... ثم يضيفون إليه المكبرين والمؤذنين. ومنهم من يضرب بين يديه بالطبل والبوق، وبعضهم يمشُّون الفيل والزرافة بين يديه، إلخ[2].

لكننا نستطيع أن نقف كثيرًا أمام نموذج من الوقفيات التي تحدد طبيعة الكُتَّاب وآليات العمل به وتفاصيل أخرى، ومن ذلك وقفية السلطان الناصر حسن بن قلاوون على مدرسته بالقاهرة في العصر المملوكي البحري، التي ألحق بها كُتَّابًا لتعليم الأطفال، جاء ذكر الكُتَّاب في الوقفية على النحو التالي:

«ويرتب مؤدبين حافظين لكتاب الله تعالى لتعليمه وعريفين حافظين لكتاب الله تعالى ومائة يتيم فيجلس كل مؤدب ومعه عريف وخمسون نفرًا من الأيتام بالمكان المعدِّ لهم في

---

(1) السخاوي، شمس الدين محمد بن عبد الرحمن، التبر المسبوك في ذيل السلوك، القاهرة، الكليات الأزهرية، بدون تاريخ، ص98.

(2) ابن الحاج، المدخل، ج2، ص342، 343. محمد كمال عز الدين، المكاتب ودورها في النهضة، ص109، 110.

كل الأيام التي جرت العادة بتعليم الأيتام بمكاتب السبيل بها، فيقريهم المؤدب ما يطيقون قراءته من القرآن العظيم ويعلمهم ما يحتملون تعلمه من الخط العربي وهجائه، ويساعد العريف المذكور في ذلك على العادة ويصرف لكل من المؤدبين المذكورين في كل شهر ستون درهمًا ولكل من العريفين أربعون درهمًا، وللأيتام المذكورين في نفقتهم وكسوتهم في كل شهر ثلاثة آلاف درهم بينهم بالسوية، لكل منهم ثلاثون درهمًا، وشرط الواقف المسمى أعلاه خلد الله مملكته وأدام دولته أن يسامح المؤدبان والأيتام والعريفان المذكوران بأعاليه بالبطالة التي جرت عادة الأيتام بالبطالة فيها مع استمرار معلومهم إليهم ويصرف إلى كل منهم عند ختمه القرآن العظيم وإخبار أحد المتصدرين أن اليتيم المذكور قد حفظ القرآن العظيم خمسون درهمًا، ويصرف إلى المؤدب المذكور بسبب اهتمامه بتحفيظ اليتيم القرآن الكريم وتعليمه خمسون درهمًا، ويصرف من ريع هذا الوقف ما يحتاج إليه الأيتام المذكورون في ثمن حصر، يجلسون عليها بالمكان المعد لهم، وألواح ومداد ودوي وأقلام، وينقل إليهم من الماء العذب ما يحتاجون إليه بسبب شربهم وغسل ألواحهم، ومن بلغ من الأيتام استبدل الناظر به غيره إلا أن يكون قد قارب حفظ القرآن الكريم وهو ممن يرجى فلاحه فيستقر له الناظر إلى حين ختمه القرآن العظيم»[1].

المدارس

نشأت المساجد كدور للعبادة والصلاة، ولكنها من الوهلة الأولى اتخذت طابعًا تعليميًا تربويًا، فقد كان رسول الله ﷺ يجتمع بالمسلمين في المسجد يلقنهم ويعلمهم أمور دينهم ودنياهم، وظل المسجد هكذا، وقام الصحابة بعد الرسول بتعليم المسلمين وتفقيههم في شؤون الدين، وكانوا يجيبون عن أسئلة السائلين، فقد كان عبد الله بن عباس يجلس بفناء الكعبة، وقد اكتنفه الناس يسألونه عن تفسير القرآن الكريم[2].

سار التابعون على نهج الصحابة، فكانوا يجلسون في المساجد يعظون الناس ويعلمونهم أصول الدين، ومن أشهرهم ربيعة الرأي، وكان له مجلس في المسجد النبوي في المدينة

---

(1) هويدا الحارثي، كتاب وقف السلطان الناصر حسن بن محمد بن قلاوون على مدرسته بالرميلة، دار الكتاب العربي، بيروت2002م، ص163، 164.

(2) أحمد أمين، فجر الإسلام، القاهرة 1929م، ج1، ص198.

وكان يأتيه مالك بن أنس والحسن البصري وأشراف أهل المدينة للأخذ عنه، كما كان للحسن البصري حلقة كبيرة في مسجد البصرة يعظ فيها الناس، وكان من أفصح أهل زمانه[1].

كان مسجد الرسول في المدينة المنورة أول مكان اتخذ لنشر العلم ولتعليم المسلمين أصول الكتابة والقراءة، فقد روي عن مكحول، أنه قال: حدثني عشرة من صحابة رسول الله ﷺ قالوا: كنا ندرس في مسجد قباء إذ خرج علينا رسول الله -صلوات الله عليه- فقال: «تعلَّموا ما شئتم أن تعلموا فليس يأجركم الله حتى تعلموا»[2].

وفي حديث آخر للرسول ﷺ: «أنه مر بمجلسين في مسجده فقال: كلاهما خير وأحدهما أفضل من صاحبه أما هؤلاء فيدعون الله ويرغبون إليه، فإن شاء أعطاهم وإن شاء منعهم، وأما هؤلاء فيتعلمون الفقه والعلم ويعلمون الجاهل فهم أفضل، وإنما بعثت معلمًا، قال: ثم جلس فيهم»[3].

لم يبق المسجد مقتصرًا على الوعظ والإرشاد وتفسير القرآن وتعليم الأميين القراءة والكتابة وما شابه ذلك، بل أخذت كثير من العلوم التي استجدت في الإسلام بعد الفتوحات العظيمة التي تمت في عهد الخلفاء الراشدين والأمويين طريقها إلى المسجد، وصارت تدرس إلى جانب العلوم الدينية، فالاختلاط بين العرب والعناصر التي دخلت الإسلام بعد الفتوح أدى إلى ظهور مشاكل كثيرة، منها أن اللغة العربية السليمة تعرضت للوثة العجمة، كما ظهر بين العرب من لا يحسن العربية، فكان لهذا كله أثره في تطور التعليم مما أدى إلى ظهور الدراسات اللغوية كالنحو مثلًا، كما كثر النقاش في الأمور الدينية التي أنتجت علم الكلام[4].

كذلك كان الشعراء أحيانًا يتخذون من المسجد مكانًا لرواية الشعر، يؤكد هذا ما ذكره الجاحظ من أنه أدركه بالبصرة[5]، وعن رواية الشعر تفرعت رواية اللغة وغريبها وظهرت طائفة من الباحثين اللغويين عرفت إذ ذاك بأصحاب العربية الذين كانوا الرواد الأوائل للدراسات العربية اللغوية[6].

---

(1) حسين أمين، المدرسة المستنصرية، مطبعة شفيق، بغداد، 1960م، ص12. ابن خلكان، وفيات الأعيان وأنباء أبناء الزمان، تحقيق إحسان عباس، دار صادر، بيروت 1987م، ج1، ص160، 228.

(2) الغزالي، فاتحة العلوم، مطبعة الحسينية، القاهرة 1902م، ص19.

(3) الكتاني، التراتيب الإدارية، ج2، ص219، 220.

(4) أحمد أمين، فجر الإسلام، ج1، ص198.

(5) مصطفى صادق الرافعي، تاريخ آداب العربية، دار الكتب العلمية، بيروت، 2000م، ج1، ص89.

(6) ياقوت الحموي، معجم الأدباء، ج4، ص135. وحسين أمين، المدرسة المستنصرية، ص13.

هنا لا تفوتنا إشادة الإصطخري بمجالس العلم في مساجد هراة وبلخ وسجستان، وقد أشار إلى تزاحم الناس عليها، وأطلق عليها «حلق الفقهاء»[1]، وكانت هناك مجالس علم تدرس فيها عالمات صالحات ومنهن أمة الله بنت محمد بن أحمد النباذاني، التي كانت تقرأ في أحد مجالس العلم بمسجدها في نباذان[2].

إن ما حسم نمو المؤسسة التعليمية في الحضارة الإسلامية، هو نمو مؤسسة الوقف وازدهارها، فالعلاقة بين التعليم والوقف لا تنحصر في المسائل التمويلية على أهميتها، ولكنها تتعلق برؤية التعليم (كمعطى استراتيجي) في علاقته ببناء المجتمع، فنظر المسلمون للتعليم بما يحتويه من معرفة كمدخل لبناء المجتمع معرفيًا وللاستجابة لمتطلبات المجتمع والدولة على أصعدة توفير طبقة من الموظفين أو من يعملون في التجارة أو الصناعة. ولم يكن التعليم في الكتاتيب والمدارس المصدر الوحيد للمعرفة، فالتراث الشفهي كان أحد مصادرها، والممارسة بالتعلم في ورش الحرفيين والانخراط في الطرق الصوفية، ونجد أن هناك حوارات مهنية بين المهندسين والحرفيين أحيانًا تقود إلى مزيد من المعرفة، مما أدى بالبوزجاني أحد أبرز مهندسي الحضارة الإسلامية لتأليف كتاب «ما يحتاج إليه الصانع» وهو دليل للمسائل الرياضية والهندسية التي يحتاجها الصانع لإتقان حرفته.

إن نمو المعرفة في الحضارة الإسلامية وتدوين هذه المعرفة أدى لوصول ما يزيد على 300 ألف مخطوطة من هذه الحضارة، وهو أضعاف ما وصل إلينا من أي حضارة أخرى، لذا فإن هذا التراكم أدى إلى ظهور الموسوعات العلمية الكبرى ومنها «معجم البلدان» و«معجم الأدباء» لياقوت الحموي. وعُدَّ العصر المملوكي في مصر وبلاد الشام عصر الموسوعات التي تعكس تراكمًا معرفيًا، لكن هذا الإنتاج لم يأت من فراغ، فهو انعكاس لأثر الوقف في التعليم، فالوقف أخرجه من بوتقة «السلعة» التي يتحدد سعرها فقط عن طريق العرض والطلب، ليرتبط بتأكيد الجودة وتحقيق تعليم متميز. إن تركيز التعليم الوقفي على النوعية ينبع في حقيقة الأمر من العلاقة العضوية بين تأسيس الوقف وتوفير كل الإمكانات العضوية لنجاحه ومن ثم فهو يحقق ضمنًا وعلنًا مسألة الجودة والنوعية، لذا نرى طالب

---

(1) الإصطخري، ت341هـ، 952م، المالك والممالك، تحقيق محمد جابر عبد العال، القاهرة 1961م، ص30.

(2) ياقوت الحموي، معجم البلدان، ج5، ص297، 433.

العلم في هذه المدارس تتوفر له كل معطيات النجاح، فهو يأخذ راتبًا شهريًا، وتتوفر له ملابسه وطعامه وأدواته وكتبه في أجواء هدفها أن يتشرب العلم والمعرفة.

إذا كان التعليم قد نشأ في المساجد الجامعة واستمر في بعضها كمسجد عمرو بن العاص في الفسطاط الذي درس فيه الإمام الليث بن سعد والإمام الشافعي وورث هذه المدرسة الأزهر منذ العصر المملوكي ومسجد الزيتونة وغيرها، فإن الوقف والتطور أوجد لنا المدرسة كمؤسسة مستقلة مرتبطة بمسجد قد يكون جزءًا منها أو يكون محورها، وكان يعتقد أن المدارس ظهرت مع المدرسة النظامية في بغداد، إلا أن النصوص التاريخية تؤيد أن المدارس أنشئت، وخصصت الجرايات لأربابها في زمن مبكر يسبق تأسيس المدرسة النظامية بأكثر من قرن، من ذلك ما قاله ياقوت الحموي وكذلك الحافظ أبو عبد الله الحاكم عن مدرسة ابن حبان البستي، فالأخير يذكر عنها «أبو حاتم بن حبان داره التي هي اليوم مدرسة لأصحابه، ومسكن للغرباء الذين يقيمون بها من أهل الحديث والمتفقهة، ولها جرايات يستنفقونها، وفيها خزانة كتبه في يدي وصيٍّ سلمها إليه ليبذلها لمن يريد نسخ شيء منها في الصفة من غير أن يخرجها منها»[1].

عدَّد ناجي معروف في كتابه «نشأة المدارس المستقلة في الإسلام» عددًا من المدارس المبكرة في الإسلام منها:

- المدرسة البيهقية في نيسابور قبل أن يولد نظام الملك مؤسس النظامية.
- المدرسة السعدية في نيسابور بناها الأمير نصر بن سبكتكين أخو السلطان محمود لما كان واليًا على نيسابور[2].
- أما المدرسة النظامية ببغداد التي حازت على شهرة واسعة، فيذكر ناجي معروف أنها: «أشهر ما بني في القديم... ببغداد لأنها أول مدرسة قرر بها للفقهاء معاليم... وشرع في بنائها في سنة سبع وخمسين وأربعمائة... فاقتدى الناس به حينئذ في البلاد».

هيئة التدريس

لعل أفضل ما أنجزته الحضارة الإسلامية هو هيكل هيئات التدريس الذي يعتمد على الكفاءة العلمية للمدرس، فوثيقة وقف جمال الدين الأستادار التي تعود للعصر المملوكي على

---

(1) ناجي معروف، نشأة المدارس المستقلة في الإسلام، مطبعة الأزهر، بغداد 1966م، ص8.
(2) ناجي معروف، نشأة المدارس المستقلة، ص6.

مدرسته في القاهرة تنص على ما يلي في مدرسة الشافعية «من أهل العلم والصلاح، شافعي المذهب، عالمًا بمذهب الإمام الشافعي رضي الله عنه، له قدم عالٍ في شروط طريق السادة الصوفية، حسن الهيئة، سنِّيّ الاعتقاد، حافظ لنقول الفقهاء، وأقاويل العلماء، واختلاف المذاهب ونصوص الإمام الشافعي، ومن بعده، عارف بكل كتب السادة الشافعية، وبتبيين مسائلها وإيضاح مشكلها، وبالأحكام بدلالاتها الشرعية والفقيهة، وتسهيل عسيرها، أهل للتدريس والفتوى»[1].

هنا يجب أن نتوقف على ما جاء بالنص من أن المدرس يجب أن يكون «حسن الهيئة» لما لهيئة المدرس من تأثير كبير في شخصيته في نظر طلبته، وهو ما تعنى به التنظيمات الحديثة، فتنص على إجراء كشف هيئة للمتقدمين لبعض الوظائف، التي يجب أن يكون منها وظائف التدريس[2]. كما كان المدرس ينصح بعدم إلقاء الدرس إلا إذا كان لديه الاستعداد النفسي لذلك، فلا يدرس في وقت جوعه، أو عطشه، أو همه أو غضبه، أو نعاسه أو شدة الحر، فربما أجاب أو أفتى بغير صواب[3].

طرق التدريس

كان كل مدرس يلقي درسه بالطريقة التي يرى فيها فائدة لطلبته بحيث لا يخل بشروط الواقف، لكن هناك آدابًا عامة التزموا بها منها: أن يكون على طهارة كاملة، حسن الهيئة والثياب، وأن يجلس مستقبلًا القبلة، وأن يبدأ بقراءة شيء من القرآن الكريم والالتزام بالهدوء والوقار وعدم المزاح أثناء إلقاء الدرس[4]، وأن يكون صوته مسموعًا من جميع الحاضرين بحيث لا يكون عاليًا أكثر من اللازم ولا خافتًا فيحرم الطلبة من الفهم والفائدة[5].

اشترط عدد من الواقفين كتبًا معينة للدراسة، وهو بذلك يضع الحد الأدنى من التعليم الذي يجب أن يلقنه المدرس لطلابه، فنصت إحدى الوثائق على أن يكون المدرس «قادرًا على إلقاء الدروس على الطلبة من الكشاف للزمخشري، ومن المفتاح للسكاكي وهو كتاب في البلاغة، ومن الهداية في فقه مذهب الإمام أبي حنيفة، ومن البردوني في أصول الفقه»[6].

---

(1) محمد أمين، الأوقاف والحياة الاجتماعية في مصر، دار النهضة العربية، 1980م، ص243.

(2) محمد أمين، الأوقاف والحياة الاجتماعية في مصر، ص244.

(3) محمد أمين، الأوقاف والحياة الاجتماعية في مصر، ص244.

(4) ابن جماعة، ت733هـ/ 1332م، تذكرة السامع والمتكلم في آداب العالم والمتعلم، ص-185 188.

(5) ابن جماعة، تذكرة السامع، ص198. السمعاني، أدب الإملاء، ص16.

(6) محمد أمين، الأوقاف والحياة الاجتماعية، ص244.

المعيد: لم يكن وقت المدرس يتسع لإعادة شرح الدروس لمن يحتاج إلى ذلك من الطلبة، فقد حرص الواقفون على توظيف معيد أو أكثر بالمدرسة، ووظيفة المعيد في المدارس الإسلامية تشبه وظيفته في الجامعات المعاصرة، فلم يكن المعيد سوى طالب علم متقدمًا، أو مساعد مدرس، فيجلس مع الطلبة قبل الدرس أو بعده، لمساعدتهم على استيعاب دروسهم «وكل واحد من المعيدين المذكورين يحضر قبل المدرس أو يتأخر بعده ويبين لهم ما يشكل عليهم فيما يشتغلون فيه من العلوم الشرعية خاصة، من حل مشكل وكشف غامض، وما عسر عليهم فهمه، ويحثهم على الاشتغال، ويسلك معهم مسلك الإفادة والتعليم»[1].

إن التأليف في مجال التدريس في الحضارة الإسلامية أخذ مساحة غير مسبوقة نتيجة للخبرات المتراكمة، لذا نرى أن من أهم ما ألف في هذا الحقل المعرفي:

- رسالة المعلمين، للجاحظ المتوفى 255ه.
- آداب المعلمين، لابن سحنون المتوفى 256ه.
- العلم والتعليم، لأبي زيد أحمد بن سهل البلخي المتوفى 322ه.
- الرسالة المفصلة لأحوال المتعلمين وأحكام المعلمين والمتعلمين، للقابسي المتوفى 403هـ.
- الدر النظيم في أحوال العلوم والتعليم، لابن سينا المتوفى 438ه.
- أدب الدارس والمدارس، لمحي الدين بن شرف النووي المتوفى 676ه.

إن هذا يقودنا إلى وجود نموذجين من المدارس (الجامعات) في الحضارة الإسلامية؛ المساجد الجامعة التي تحولت إلى مدارس كبيرة منذ فترة مبكرة ومنها المسجد الحرام، فأكبر حدث علمي مر به المسجد الحرام هو تلك الحلقة التي كونها الحبر عبد الله بن عباس رضي الله عنهما (ت68هـ/ 687م)[2]، في المسجد الحرام إذ يعود إليه الفضل فيما كان لمدرسة مكة المكرمة من شهرة علمية، فقد كان يفسر القرآن الكريم ويرشد الناس إلى مكارم الأخلاق، ويفقههم في أمور دينهم ودنياهم[3].

---

(1) وثيقة وقف صرغتمش 3195 أوقاف، ص27، نشر د.عبد اللطيف إبراهيم. ومحمد أمين، الأوقاف والحياة الاجتماعية، ص246.

(2) انظر ترجمته في: ابن سعد الطبقات، بيروت، دار صادر بدون تاريخ، ج2، ص365. والشيرازي، أبو إسحق، طبقات الفقهاء، تحقيق، إحسان عباس، بيروت، دار الرائد العربي 1981م، ص48. وخالد الجابري، الحياة العلمية في الحجاز خلال العصر المملوكي، مؤسسة الفرقان، لندن، ص327.

(3) خالد الجابري، الحياة العلمية في الحجاز، ص328.

أنتجت مدرسة ابن عباس فيما أنتجت: سعيد بن جبير (ت95 هـ/ 713م)، ومجاهد بن جبر (ت104 هـ/ 722م) وطاووس بن كيسان (ت106 هـ/ 724م) وعكرمة مولى ابن عباس (ت107 هـ/ 725م)، وعطاء بن رباح (ت144 هـ/ 732م).

ظلت هذه المدرسة تؤدي وظيفتها، فذاع صيتها، واشتهر أمرها، ووفد الكثير من طلاب العلم، وعشاق المعرفة، وعن تلك المدرسة أخذ الإمام الشافعي (ت204 هـ/ 819م) صاحب المذهب المعروف - الذي ملأ علمه الآفاق، وكان الشافعي واحدًا من تلاميذ سفيان بن عيينة (ت198 هـ/ 813م) أحد علماء مدرسة مكة المشهورين، وفي العصر المملوكي كان المسجد الحرام والمسجد النبوي جامعتين كبيرتين لنشر العلوم الإسلامية[1]، وتفيض كتب التراجم بأسماء العلماء والمجاورين الذين درسوا بهما، ويكفي مثلًا نظرة سريعة في كتاب «العقد الثمين في تاريخ البلد الأمين»، لنرى مختصين في شتى فروع المعرفة لهم حلقات علمية منتظمة[2].

هنا نرى التراكم عبر الزمن يصنع مدرسة علمية ممتدة عبر العصور، هذا ما سنراه لاحقًا في مدرسة مسجد عمرو بن العاص وامتدادها في مدرسة الجامع الأزهر التي مازالت مستمرة إلى اليوم.

النموذج الثاني هو المدارس المستقلة كبنايات، وكانت مساجد في ذات الوقت، وهي إما أن تكون متخصصة في مذهب محدد كالمذهب المالكي أو الحنفي أو في مادة علمية معينة كدور الحديث ومنها دار الحديث الكاملية في القاهرة التي شيَّدها السلطان الكامل الأيوبي، فهذه المدارس أسست أيضًا لفكرة المدارس في الجامعات الغربية. بقي لنا أن نشير إلى أن علومًا كالطب كانت لها مدارس مستقلة كالبيمارستان القلاووني في القاهرة، وكانت علوم الرياضيات أو الفلك أو غيرها تدرس في المساجد الجامعة أو المدارس المستقلة، لكننا لابد وأن نشير إلى نمط العلم بالممارسة كالهندسة المعمارية التي يرتقي فيها الفرد من (أسطى) لمعلم إلى خبير في الصنعة تستعين به المحاكم، وكان الفرد الممارس يجاز بشهادة معلمه وأقرانه في حفل تخرج يشابه حفلات التخرج في عصرنا، ولابد لنا أن نقرَّ أن الموروث الشفهي لعب دورًا في العملية التعليمية حتى إننا افتقدنا جزءًا من معارفنا باختفائه دون تدوينه.

---

(1) شوقي ضيف، تاريخ الأدب العربي «عصر الدول والإمارات، الجزيرة العربية - العراق - إيران» دار المعارف، القاهرة، ج5، ص53.

(2) خالد الجابري، الحياة العلمية في الحجاز، ص330.

إن رعاية مؤسسة الوقف للمؤسسة التعليمية لم تترك شاردة ولا واردة إلا ووضعت حسابها، حتى في المساجد الجامعة والمدارس التي لم يشمل وقفها بعض المناحي، وجدنا من يغطي هذا عبر الوقف، ومن ذلك حبس الخبز الذي حبسه المحبسون ليصرف ريعه كاملًا أو جزء منه على شراء الخبز وتوزيعه يوميًا على الطلبة بجامع القرويين بفاس، ومدرسة ابن يوسف، ومدرسة المواسين، ومدرسة ابن صالح، ومدرسة الشراطين، ومدرسة باب دكالة وغيرها من المدارس، كما نجد ذات الوقف يوزع الخبز على الفقراء والضعفاء في أيام معلومة من الأسبوع كيومي الخميس والجمعة(1).

جامع وجامعة عمرو بن العاص

جامع عمرو بن العاص

هو أول مسجد جامع أقيم في مصر، لذا يسمى بالجامع العتيق، وتاج الجوامع، أنشأه بالفسطاط الصحابي الجليل عمرو بن العاص عام 21هـ/ 641م، وبإنشاء هذا الجامع تكاملت الوظائف الحضارية لمدينة الفسطاط، التي يمثل فيها المسجد الجامع مركزَ الإشعاع، فقد حددت تعاليم الإسلام ضرورة وجود مسجد جامع لأهل المدينة يخطب فيه إمام المسلمين، وتغلق المساجد الأخرى يوم الجمعة، إذ تقام الصلاة الجامعة لأهل المدينة، وهذا المسجد بطبيعة الحال يمثل رمزًا سياسيًا، إذ يعكس وحدة المسلمين تحت راية إمام المدينة، ووحدتهم الدينية وتضامنهم، وشارك في تشييد هذا المسجد جمع من صحابة رسول الله ﷺ، منهم الزبير بن العوام، والمقداد، وعبادة بن الصامت. كان المسجد بسيطًا في عمارته، كمساجد الإسلام الأولى تأسيًا بمسجد المدينة المنورة، ومساحته آنذاك 50 ذراعًا × 30 ذراعًا، وله ستة أبواب؛ بابان في كل ضلع من أضلاعه، ما عدا حائط القبلة.

وعبر عصور التاريخ الإسلامي إلى اليوم أجريت توسعات بالمسجد وتجديدات، ومن العبث فصل هذه الإضافات أو التجديدات عن عمران الفسطاط، إذ تمثل كل توسعة مرحلة من مراحل التطور العمراني للمدينة، فكثافة عدد السكان تتطلب توسعة المسجد، وكل تجديد أو زخرفة تتم بالمسجد، تنم عن ازدهارها، أو أهميتها، خاصةً في عصور انحسار الوظيفة السياسية عن المدينة.

---

(1) محمد عبد السلام المهماه، المعجم لألفاظ الحبس أو الوقف، المغرب، ص60، 61.

- **الزيادة الأولى**

أول زيادة في المسجد حصلت في عام 53 للهجرة، على يد مسلمة بن مخلد الأنصاري، والي مصر من قبل معاوية بن أبي سفيان، وكانت بعد تأسيس المسجد باثنين وثلاثين عامًا، نقل الكندي «أن المسلمين شكوا إلى مسلمة ضيق المسجد بهم، فأبلغ شكواهم إلى الخليفة معاوية، فأمر بتوسيع المسجد»[1] من الناحية الشرقية، حيث كانت دار عمرو، ومن الجهة البحرية دون الجهتين الغربية والقبلية، وأنشئت به رحبة في الجهة البحرية، وزينت الحيطان والسقف بأنواع الزخرفة، وأضيف إلى المسجد أربع مآذن في أركانه الأربعة، يصعد إليها من الخارج، كما غطي المسجد بالحصر، وقبل ذلك كان مغطى بالحصباء.

- **الزيادة الثانية**

في ولاية عبد العزيز بن مروان على مصر، هدم المسجد عام 79هـ/ 698م، لتجديده وتوسيعه من الجهة الغربية، وأنشأ فيه رحبة، وبعد عشرة أعوام، أي في 89هـ/ 707م، عُلِّي سقف المسجد.

- **الزيادة الثالثة**

في عام 93هـ/ 710م، هدم قرة بن شريك المسجد، وأدخل فيه دار عمرو، ودار ابنه عبد الله، وجزءًا من الطريق، وأنشأ به محرابًا مجوفًا، وسُمي محراب عمرو، وطلى قرة أعمدة المسجد بالذهب، كما نصب بالمسجد منبرًا خشبيًا.

- **الزيادة الرابعة**

في عام 133هـ/ 750-751م، وسَّع الوالي العباسي صالح بن علي في المسجد من الجهة البحرية، وأدخل فيه دار الزبير بن العوام، وبهذا أزال النتوء الذي نتج عن إدخال داري عمرو وابنه عبد الله في المسجد، وأنشأ بابًا خامسًا في الجهة الشرقية سمي فيما بعد، باب الكحل، لمقابلته لزقاق الكحل. وأضاف أربع دعامات خلف المسجد بجانب الباب الأول، وفي عام 175هـ/ 791م زاد في المسجد موسى بن عيسى الهاشمي، الوالي على مصر من قبل هارون الرشيد، من الناحية البحرية، فأدخل فيه نصف رحبة أبي أيوب، ولما انتقص الطريق بسبب امتداد المسجد، وسعه موسى بن عيسى الهاشمي بجزء من دار الربيع بن سليمان.

---

(1) حسن عبد الوهاب، تاريخ المساجد الأثرية، القاهرة، 1946م، ص24.

- الزيادة الخامسة

في عام 212هـ/ 827م، ولي مصرَ عبد الله بن طاهر، من قبل الخليفة المأمون، وفي جمادى الآخرة من العام ذاته، أمر بتوسيع المسجد، فأضيف إلى مساحته من الجهة الغربية مثلها، فاستوعبت هذه التوسعة النصف الغربي من رحبة أبي أيوب، وفي شهر رجب عاد ابن طاهر إلى بغداد، وعهد إلى عيسى بن يزيد الجلودي إتمام الزيادة، وكانت مساحة الجامع في ذلك العهد 160 × 150 ذراعًا.

وفي عام 275هـ/ 888م، وفي يوم جمعة، اشتعلت نيران شديدة في المسجد، وبدأ اشتعالها في أحد الأبواب، وامتد اللهب إلى رحبة الحارث، ونشأ عن هذا الحريق تلف معظم الإضافات التي أنشأها ابن طاهر، فأمر خمارويه بن أحمد بن طولون بتجديد بناء هذا الجزء من المسجد، وروعي أن يتم هذا التجديد طبقًا للأصل، وتعاقبت منذ ذلك الحين التجديدات على المسجد، إلى أن تأثر المسجد عام 564هـ/ 1168م-1169م بحريق الفسطاط الشهير، مما جعل صلاح الدين الأيوبي يجدد المسجد بأكمله، فجدد واجهة القبلة كلها هي والمحراب الكبير، ورخَّمه ونقش عليه اسمه، وقد رأى الرحالة البلوي الذي زار مصر في القرن 8هـ/ 14م النص الكتابي الذي يثبت تجديد صلاح الدين للمسجد على محرابه وقرأه كما يلي:

(بسم الله الرحمن الرحيم. إنما يعمر مساجد الله من آمن بالله واليوم الآخر. النصر والفتح المبين لسيدنا ومولانا الإمام المستضيء بنور الله. أبي محمد الحسن أمير المؤمنين. أمر بتجديده الملك الزاهر الناصر المجاهد، صلاح الدنيا والدين، أبو المظفر يوسف، وفقه الله تعالى لطاعته)[1].

وتوالت الإصلاحات في العصرين المملوكي البحري والجركسي، ثم أُهمل المسجد فترات طويلة إلى أن هدمه مراد بك عام 1212هـ/ 1798م وذلك لسقوط سقفه وأعمدته، وميل إيوانه الغربي وسقوط بعضه، ثم أقام الأعمدة من جديد، وبنى مئذنتين، وجدد الأسقف، وعلق قناديل الزيت، وجُدِّد المسجد أيضًا على يد محمد علي، ولقي رعاية خاصة من لجنة حفظ الآثار العربية، وقد قدَّم ابن دقماق، نقلًا عن ابن المتوج، وصفًا مسهبًا للمسجد في عصره، والإصلاحات التي تمت به عبر العصور.

---

(1) البلوي: تاج المشرق في تحلية علماء المشرق، تحقيق الحسن السائح، الرباط، 2008م، ص112.

والمسجد حاليًا يقع بالقرب من الآثار الباقية لمدينة الفسطاط القديمة، وهو يتكون من صحن واسع مكشوف تحيط به أربع ظلل، ويتوسط الصحن قبة مقامة على ثمانية أعمدة رخامية مستديرة، وتتكون ظلة القبلة من إحدى وعشرين بائكة على جدار القبلة، وتتكون كل بائكة من ستة عقود مدببة، مرتكزة على أعمدة رخامية مستديرة، وبصدر ظلة القبلة محراب مجوف مزخرف ومحراب آخر غير مزخرف، وعن يمين هذا المحراب منبر من الخشب، وبجدار القبلة لوحتان من عصر مراد بك؛ إحداهما مؤرخة (1212هـ/ 1792م)، كما تقع دكة المبلغ الخشبية بين البائكتين التاسعة والعاشرة، ولها سلم، وأقيم أمام ظلة القبلة بائكة[1] جديدة من اثني عشر عقدًا، ترتكز على ثلاثة عشر عمودًا، وهي موازية لحائط القبلة، وتتكون كل من الظلتين الشمالية الشرقية، والجنوبية الغربية من تسع بائكات، تحصر بينها سبعة أروقة موازية لجدار القبلة، وترتكز كل العقود من ناحية الصحن على عمودين، كما تشرف واجهات ظلات القبلة والمقابلة لها على الصحن من خلال بائكة، من اثني عشر عقدًا، وواجهات ظلات الجانبين من خلال بائكة من ثمانية عقود، وتوجد في كوشات العقود صرر مزخرفة، وبقي من مآذن المسجد اثنتان جُدِّدتا في العصر العثماني، وترجعان على الأرجح إلى عصر مراد بك؛ إحداهما فوق المدخل الأيمن في الواجهة، والثانية فوق الزاوية القديمة عند الطرف الأيمن من جدار القبلة، وكلتاهما ذات قمة سدبة على الطراز العثماني.

جامعة عمرو بن العاص

كان جامع عمرو كالجوامع الأولى في ديار الإسلام مقرًا للعلم والعلماء، فتُلقى به علوم الفقه والتفسير الحديث، والعلوم اللغوية من نحو وبلاغة وأدب، والتاريخ الإسلامي، والرياضيات، والفلك.

وكان بالمسجد زوايا لتدريس العلم، وقف الخيِّرون عليها أموالًا كثيرة، فكثرت المناظرات العلمية، ومطارحة الشعر، وظهر التنافس بين العلماء والتلاميذ، وخاصة بين المذاهب الفقهية، وسجل المقريزي حالة المسجد العلمية فقال:

«كانت هناك زاوية الشافعي يدرس بها الإمام ﵁ فعرفت به، وتولى التدريس بها أعيان الفقهاء وجملة من العلماء»، «والزاوية المجدية -بصدر المسجد بين المحراب الكبير

(1) البائكة: صف من العقود يكون موازيًا لحائط القبلة، وهذه العقود تكون حاملة لسقف المسجد، وتحدد البائكة كخط مستقيم صفوف المصلين.

ومحراب الخمس، داخل المقصورة الوسطى- رتبها الوزير مجد الدين بن أبي الأشبال»، «والزاوية الصاحبية، رتبها الصاحب تاج الدين محمد بن فخر الدين محمد بن بهاء الدين، وجعل لها مدرسين؛ أحدهما مالكي، والآخر شافعي»، «والزاوية الكمالية -بالمقصورة المجاورة التي يدخل إليها من سوق الغزل- رتبها كمال الدين السمنودي»، «والزاوية التاجية -أمام المحراب الخشب- رتبها تاج الدين السطحي»، «والزاوية الزينية، رتبها زين الدين للقراءة»، وهذه الزوايا كانت أماكن داخل الجامع خصصت للعلم وأهله، وكانت تقوم مقام المدارس التي انفصلت وظيفتها عن مسجد عمرو ابتداء من العصر الأيوبي بالفسطاط بالقاهرة[1].

تعود رمزية مسجد عمرو بن العاص إلى كونه أول مسجد جامع شيد في عاصمة مصر الإسلامية بالفسطاط، وشارك فيه جمع من الصحابة والتابعين، وكان يلي إمامته والخطابة فيه والي مصر، وكان الأمير يستخلف عنه في الصلاة صاحب الشرطة إذا شغله أمر، وصادف عمرو بن العاص مرضٌ في ليلة الجمعة 17 رمضان سنة 40 هجرية، فأناب عنه صاحب شرطته خارجة بين حذافة، ليصلي بالناس صلاة صبح يوم الجمعة المذكورة، فتوجه خارجة إلى الصلاة، فقتله أحد الخوارج الثلاثة الذين اتفقوا على قتل كل من علي بن أبي طالب، ومعاوية بن أبي سفيان، وعمرو بن العاص، في هذه الليلة، وكان اسمه دادوية، وقيل زادوية، وهو رجل من بني العنبر بن عمرو بن تميم، وقيل مولى بني العنبر، وقيل اسمه عمرو بن بكر.

ولما قتله، قبض عليه، وأدخل على عمرو، ورأى الناس يسلمون عليه بالإمارة، فقال: من هذا الذي أدخلتموني عليه، فقالوا: الأمير عمرو بن العاص، فقال: فمن قتلت؟، قالوا نائبه خارجة، فقال الرجل لعمرو: أما والله ما أردت غيرك، فقال عمرو: أردتني، وأراد الله خارجة، ثم قتله عمرو، وكان يقول ما نفعني بطني قطُّ إلا تلك الليلة، وإلى هذا أشار أبو محمد عبد المجيد بن عبدون في قصيدته التي رثى فيها بني الأفطس وأولها:

«الدهر يفجع بعد العين بالأثر» بقوله:

وليتها إذ فـدت عـمـرًا بخارجة فدت عليًا بمن شاءت من البشر[2]

(1) خالد عزب، الفسطاط، دار الآفاق العربية، القاهرة، 1998م، ص148-154.

(2) يوسف أحمد، جامع سيدنا عمرو بن العاص، سلسلة المحاضرات الأثرية، القاهرة 1917م، ص90:91.

وظل أمراء مصر يخطبون الجمعة، ويقومون بإمامة الصلاة إلى الأمير عنبسة بن إسحق، الذي ولي مصر من قبل المستنصر بن المتوكل على الله، وهو آخر الولاة من العرب على مصر، وعزل منها سنة 242 هجرية[1].

عبَّر مسجد عمرو بن العاص بهيمنته المعمارية عن عمران الفسطاط، وبسعته كأكبر منشأة في المدينة على الحياة بها، فهو محور الحياة، ومنه يتحرك الوالي لإمامة الناس، وفيه يعبر عن مواقف الدولة عبر خطبه، كما أن الدعاء على منبره للحاكم يؤكد شرعيته. عبَّر المسجد بكل هذا عن مكانة الدين في الدولة التي أسست على سيوف نشدت نشر الإسلام فتحًا بالقوة أو خضوعًا للقوة الصاعدة.

هذه الهيمنة للمسجد جعلت منه مقرًا لبيت مال المسلمين، وهو ما يعرف اليوم اصطلاحًا بالمال العام، ويعرف بأنه «كل ما استحقه المسلمون، ولم يتعين مالكه منهم، فهو من حقوق بيت المال، وكل حق وجب صرفه في مصالح المسلمين، فهو حق على بيت المال»[2].

بنى بيتَ المال داخل الجامع العتيق «مسجد عمرو بن العاص» الأميرُ أسامة بن زيد التنوخي[3] متولي الخراج بمصر في عصر سليمان بن عبد الملك، وكان والي مصر آنذاك عبد الملك بن رفاعة الفهمي، وقد ظل بيت المال على عمارته هذه، إلى أن زاد فيه الوزيرُ الفاطمي يعقوب بن يوسف بن كلس، بأمر الخليفة الفاطمي العزيز بالله، الفوارةَ التي تحت بيت المال، أما السقف الخشب الذي كان يحيط بها فأضيف في سنة 387هـ، في عصر الحاكم بأمر الله[4]. يشبه بيت المال في مسجد عمرو بن العاص إذن نظيره في المسجد الأموي بدمشق، ويبدو أن اختيار صحن المسجد الجامع ليكون مقرًا لحفظ المال العام لتأكيد حرمة هذا المال، وأنه مال الأمة وليس الحاكم، ولكون المسجد الجامع هو المكان الرمزي الذي يجمع المسلمين، فضلًا عن مركزيته في المدينة.

---

(1) المقريزي، المواعظ والاعتبار بذكر الخطط والآثار، تحقيق أيمن فؤاد سيد، مؤسسة الفرقان للتراث الإسلامي، لندن 2003م، ص78.

(2) يوسف أحمد، جامع سيدنا عمرو بن العاص، ص92.

(3) ابن ظهيرة، الفضائل الباهرة في محاسن مصر والقاهرة، تحقيق مصطفى السقا وكامل المهندس، دار الكتب، 1969، ص178.

(4) ابن ظهيرة، الفضائل الباهرة في محاسن مصر والقاهرة، تحقيق مصطفى السقا وكامل المهندس، دار الكتب، 1969، ص178.

يرى البعض أن الدراسة بدأت فيه 36هـ/ 656م[1] ويبدو أنها لم تكن حلقات علم بالمعنى المفهوم، ولكنها غالبًا كانت دروس وعظ فقط وتفقيه الناس في أصول دينهم، وشرحًا للقرآن والسنة، ثم بدأت حلقات العلم تأخذ في النمو مع ظهور المذاهب السنية واتخاذ كل فريق أماكن له للتدريس في الجامع، فعندما حضر الإمام الشافعي إلى مصر سنة 182هـ/ 798م وجد به ثماني زوايا للتدريس فدرَّس هو في واحدة منها، فعرفت به. ويذكر أنه في سنة 326هـ/ 937م. كان بالجامع ثلاث وثلاثون حلقة منها خمس عشرة حلقة للشافعية ومثلها للمالكية وثلاث حلقات للحنفية[2]، هذه الزوايا أو الحلقات، رتب عليها الأمراء والأثرياء أوقافًا للصرف عليها ومنها:

الزاوية المجدية: رتبها مجد الدين أبو الأشبال وقرر في تدريسها قاضي القضاة وجيه الدين عبد الوهاب البهنسي فدرَّس بها إلى حين وفاته... ومعظم من تولوا التدريس بها من قضاة القضاة، هذا ما يدل على أن هذه الزاوية كانت لها مكانتها العلمية وأن كثيرًا من الطلبة كانوا يتلقون تعليمهم بها نظرًا لشهرة شيوخها العلمية[3].

الزاوية الصاحبية التاجية: رتبها الصاحب تاج الدين محمد بن فخر الدين بن حنا ورتب لها مدرسين؛ أحدهما مالكي والآخر شافعي، ووقف عليها أوقافًا بظاهر القاهرة[4].

الزاوية الخشابية: كانت تعرف من قبل بزاوية الشافعي لأن الإمام الشافعي رضي الله عنه أقام بضع سنين يدرس بها. فاشتهرت به ولا زال يدرِّس بها قضاة القضاة والعلماء وغيرهم من كبار الفقهاء.

هذا بالإضافة إلى خمس زوايا أخرى ذكرها كل من ابن دقماق والمقريزي في خططه، أنشأها واقفوها ورتبوا عليها الأموال وعينوا لها الفقهاء لتدريس من يحضر إليها من الطلبة وأهل العلم.

تطورَ حجم العملية التعليمية في جامع عمرو بن العاص، وانعكس ذلك على تطور حجم الجامع والزيادات به عبر السنين، إلا أن هذه المدرسة العلمية بدأت تتأثر سلبًا بظهور الجامع الأزهر كمدرسة سنية، بدأت تنتقل إليها بالتدريج الحركة العلمية بدءًا من عصر

---

(1) مصطفى أمين، تاريخ التربية، القاهرة، 1926م، ص181.

(2) عبد الغني محمود عبد العاطي، التعليم في مصر زمن الأيوبيين والمماليك، ص160.

(3) ابن دقماق، الانتصار لواسطة عقد الأمصار، المكتب التجاري للطباعة والنشر، بيروت، ج4، ص100.

(4) ابن دقماق، الانتصار لواسطة عقد الأمصار، ج4، ص100.

الظاهر بيبرس إلى العصر المملوكي الجركسي حيث توقفت الحركة العلمية في جامع عمرو بن العاص وورثها الجامع الأزهر، واستتبت به إلى أن تفوقت على سائر مدارس العالم الإسلامي في العصر العثماني.

الجامع الأزهر وجامعته

التعليم في الأزهر - لوحة من أوائل القرن 20

المسجد الجامع (الأزهر)

الجامع الأزهر أو جامع القاهرة كما عُرف عند الشروع في تأسيس حصن القاهرة، هو المسجد الجامع لحصن القاهرة، موضعه من الحصن شاهد على التراجع الديني أمام السياسي في دول الإسلام، فبعد أن كان المسجد قلب المدينة وأكبر منشآتها، صار جزءًا منها، لكنه متمم لأركان السلطة في الدولة الإسلامية. شيِّد الأزهر في الجانب الجنوبي الشرقي لقصور الفاطميين، بالقرب من باب زويلة، حيث تصبح حركة زواره من الراغبين في الصلاة وحضور

الخطب والدروس به، ممن يسكنون خارج الحصن سهلة ميسورة، كما أن الجامع قريب من الطرف الجنوبي للقصر الشرقي «مشهد رأس الحسين حاليًا»، شرع جوهر الصقلي في بناء المسجد في يوم السبت لست بقين من جمادى الأولى سنة تسع وخمسين وثلاثمائة[1]، أي بعد تسعة أشهر من بدء بناء أسوار القاهرة والقصور، هذا الترتيب في الإنشاء عكس ما كان معهودًا في مدن الإسلام الأولى: الكوفة والبصرة والفسطاط، حيث كان البَدء ببناء المسجد الجامع سنَّة عن الرسول ﷺ، وبني الجامع الأزهر في شهر رمضان من سنة 361هـ، وأقيمت الصلاة به من اليوم السابع من ذلك الشهر 22 يونيه 972م[2]. أثبت المقريزي في خططه النص التأسيسي للأزهر، وكان قرأه داخل القبة التي كانت بالركن الأيمن للجامع نصه:

«بسم الله الرحمن الرحيم مما أمر ببنائه عبد الله ووليه أبو تميم معد الإمام المعز لدين الله أمير المؤمنين صلوات الله عليه وعلى آبائه (الطاهرين) وأبنائه الأكرمين على يد عبده جوهر الكاتب الصقلي وذلك سنة ستين وثلاثمائة»[3].

تعاهد الأئمة الفاطميون الأزهر بالتجديد والعمارة طوال العصر الفاطمي، فجدده العزيز بالله (365-386هـ/ 975-996م)، وجدَّده الحاكم بأمر الله (386-411هـ/ 996-1020م) وأوقف عليه أوقافًا عام 400 هجرية. أحاط الحاكم بأمر الله الجامع الأزهر بعنايته ورعايته، وقد بقيت نسخة لأول وثيقة وقف معروفة في تاريخ الأزهر باسم الحاكم بأمر الله ترجع إلى عام 400هـ/ 1009م يتضح منها كيف أن الحاكم بأمر الله عني بالأزهر عناية فائقة[4]، وقد تبقى من عمارة الحاكم بأمر الله باب خشب من الصنوبر محفوظ في متحف الفن الإسلامي بالقاهرة[5].

كما جدد المستنصر بالله الأزهر أثناء خلافته (427-487هـ/ 1036-1095م)، في سنة لم يحددها المؤرخون، واقتصرت هذه الأعمال غالبًا على تدعيم المبنى، وترميمه وتجديد زخارفه[6]. وفي عام (519هـ/ 1125م) أضاف الآمر بأحكام الله (495-524هـ/ 1101-1130م)

---

(1) المقريزي، الخطط، جزء2، تحقيق أيمن فؤاد سيد، ص60.

(2) المقريزي، الخطط، جزء2، تحقيق أيمن فؤاد سيد، ص61.

(3) المقريزي، الخطط، جزء2، تحقيق أيمن فؤاد سيد، ص62.

(4) حسن الباشا، باب الحاكم بأمر الله، ضمن موسوعة العمارة والآثار والفنون الإسلامية، المجلد الثاني، ط1، مكتبة أوراق شرقية 1999م، ص278.

(5) فرج الحسيني، النقوش الكتابية الفاطمية، مكتبة الإسكندرية، الإسكندرية 2006م، ص97.

(6) أحمد فكري، مساجد القاهرة ومدارسها، جزء1، العصر الفاطمي، دار المعارف، الطبعة الثانية، القاهرة 2008م، ص41.

محرابًا خشبيًا للأزهر[1] محفوظًا الآن في متحف الفن الإسلامي في القاهرة[2]، كما أسفرت الحفائر عن التأكد من أن الحافظ لدين الله (524-544هـ/ 1131-1159م) قد أجرى أعمالًا مهمة في الأزهر أضافت إليه عناصر جديدة في التخطيط والعمارة والزخرفة، وذلك بإضافة بائكة تحيط بجوانب الصحن الأربعة وقبة على رأس المجاز القاطع[3]، هذا وقد أغلق صلاح الدين الأيوبي الجامع الأزهر عقب إسقاطه الخلافة الفاطمية سنة 565هـ/ 1169م.

عمارة المسجد الفاطمي

يتكون الجامع الفاطمي الذي شيده جوهر الصقلي من مستطيل أبعاده 88 × 70 مترًا مربعًا، يتكون من صحن سماوي مستطيل تحيط به ثلاث ظلات من ثلاث جهات فقط هي:

- **ظلة القبلة**: في رسم لباسكال كوست، حيث ظهرت عقوده المطلة على الصحن، وظهر المجاز القاطع متباينًا عن أرضية الصحن، كما ظهرت زخارف واجهة المجاز القاطع متمايزة عن زخارف باقي واجهات الصحن، وأظهر الرسم قبة البهو، وهي ذات قطاع مدبب، وأظهر قماقم على طرفي واجهة الشباك، كما حرص الفنان على إظهار التنور المتدلي في ظلة القبلة.
- **الظلتان الجانبيتان**: تشتمل كل ظلة على عشر بائكات موازية لحائط القبلة، تحصر بينهما أحد عشر رواقًا تجري موازية لحائط القبلة أيضًا[4].

لما كان الجامع الأزهر هو المسجد الجامع للدولة الفاطمية ذات المذهب الشيعي، فإن صلاح الدين الأيوبي حين أنهى الخلافة الفاطمية في مصر أنهى معها المذهب الشيعي في مصر لصالح أهل السنة، فأبطل إقامة الجمعة بالجامع الأزهر سنة 565 هـ/ 1169م، غير أن قطع الخطبة بالجامع الأزهر لم يقض على صفته العلمية التعليمية، فبقي مدرسة حرة تدرس فيها سائر العلوم العقلية واللغوية والفقهية، كذلك كانت تقام فيه الصلوات الخمس كأي مسجد، فقد قصده مجموعة من العلماء وجلسوا للتدريس فيه ومنهم عبد اللطيف البغدادي

---

(1) Cerswell, (K.A.C), The Muslim Architecture of Egypt, p37.

(2) عن محراب الآمر بأحكام الله، انظر: حسن عبد الوهاب، تاريخ المساجد الأثرية، ص50.

(3) محمد السيد حمدي، شيماء السايح، الجامع الأزهر، المجلد الأول، مكتبة الإسكندرية، 2013، ص24-28.

(4) محمد السيد حمدي، شيماء السايح، الجامع الأزهر، المجلد الأول، مكتبة الإسكندرية، 2013، ص24-28.

الذي قدم إلى الجامع الأزهر في سنة 589 هـ/ 1193م وجلس للتدريس فيه حوالي ست سنوات، وكان يدرِّس علم الطب[1].

أعاد الملك الظاهر بيبرس البندقداري (658-676 هـ/ 1250-1277م) صلاة الجمعة إلى الجامع الأزهر بعد انقطاعها مدة تقارب مئة سنة[2]. وأحدث ترميمًا شاملاً للجامع وعهد بذلك إلى الأمير عز الدين أيدمر الحلبي نائب السلطنة الذي «عمَّر الواهي من أركانه وجدرانه وبيَّضه وأصلح سقوفه وبلَّطه وكساه حتى عاد حرمًا في وسط المدينة، واستجدَّ به مقصورة حسنة»[3]، كما نال الجامع الأزهر اهتمامًا كبيرًا في عهد السلطان الناصر محمد بن قلاوون.

وفي عهد الملك الناصر حسن بن قلاوون في فترة حكمه الثانية (755–762 هـ/ 1354-1361م) جدَّد الأمير سعد الدين بشير الجمدار سنة 761هـ/ 1359م عمارة الجامع وأنشأ حانوتًا على باب الجامع القبلي لتسبيل المياه، وأقام فوقه مكتبًا لتعليم أيتام المسلمين، ونتيجة لتلك الأعمال فقد ظل مؤذنو الأزهر يدعون للسلطان حسن أكثر من مئة سنة[4].

إن الازدهار الذي شهده الأزهر في العصر المملوكي تطلب زيادة مساحته فتوالت ملحقاته من المنشآت بصورة متزايدة ومن هذه المنشآت المضافة:

المدرسة الطيبرسية

أنشأها الأمير علاء الدين طيبرس بن عبد الله الوزيري نقيب الجيوش في عهد السلطان المنصور لاجين 696هـ–698 هـ/ 1296-1299م، وفرغ من عمارتها سنة 709 هـ/ 1309م[5] وهي تقع على يمين الداخل من باب المزينين، وتبلغ مساحتها 167م، وهي على شكل جامع صغير، كانت المدرسة تضم ميضأة وحوض ماء لشراب الدواب وسبيلًا، وقبة ضريحية دفن بها الأمير،

---

(1) عبد النعيم ضيفي عثمان، الأزهر ودوره في الممالك الإسلامية في إفريقيا في عصر سلاطين المماليك (648-923هـ/ 1250-1517م)، رسالة ماجستير غير منشورة، جامعة القاهرة 2002م، ص21.

(2) سليمان الزياتي، كنز الجوهر في تاريخ الجامع الأزهر، مطبعة هندية، القاهرة 1902م، ص36، 37.

(3) سوسن سعد علي الشامي، دراسة أثرية معمارية لظاهرة إلحاق المدارس بالجامع الأزهر في العصر المملوكي، رسالة ماجستير غير منشورة كلية الآثار، جامعة القاهرة 1994م، ص75.

(4) سليمان الزياتي، كنز الجوهر في تاريخ الجامع الأزهر، مطبعة هندية، القاهرة 1902م، ص36، 37.

(5) سوسن سعد علي الشامي، دراسة أثرية معمارية لظاهرة إلحاق المدارس بالجامع الأزهر في العصر المملوكي، رسالة ماجستير غير منشورة كلية الآثار، جامعة القاهرة 1994م، ص75.

توجد على يمين الداخل، اندثرت جميعها فيما عدا المدرسة والقبة، وأدى بناء هذه المدرسة إلى اختفاء جزء من واجهة الأزهر الأصلية الشمالية الغربية.

المدرسة الأقبغاوية

توجد على يسار الداخل إلى الجامع الأزهر من باب المزينين، كان موضعها دار الأمير عز الدين أيدمر الحلي نائب السلطنة في عهد الظاهر بيبرس البندقداري، أنشأ المدرسة الأمير أقبغا عبد الواحد الذي كان عبدًا للتاجر عبد الواحد بن بدال، اشتراه الملك الناصر محمد بن قلاوون فصار من أمرائه، وعهد بإنشائها إلى ابن السيوفي رئيس المهندسين في أيام الناصر محمد بن قلاوون، وأدى إنشاء المدرسة إلى اختفاء جزء من واجهة الجامع الأزهر الرئيسية.

أنشأ الأمير أقبغا بجوار المدرسة مئذنة وقبة واستخدم في بنائها 16 عمودًا، وكان المدفن معدًا لأن يدفن به، ولكنه دفن بالإسكندرية.

المدرسة الجوهرية

تقع هذه المدرسة في الطرف الشرقي من الظلة الشمالية الشرقية عند باب السر للجامع الأزهر، أنشأها الأمير جوهر القنقبائي خازندار الأشرف برسباي، ودفن بها عندما توفي سنة 844هـ/ 1441م.

عمارة الأزهر في العصر العثماني

أضاف ولاة مصر في العصر العثماني العديد من الإضافات للجامع الأزهر فضلًا عن صيانة الجامع وملحقاته، فقد جدَّده سنة 1004هـ/ 5159م الشريف محمد باشا في عهد السلطان العثماني محمد الثالث (1003-1012هـ/ 1595-1603م)، وعمَّر به الوزير حسن باشا رواق الحنفية وفرش أرضيته بالبلاط في سنة 1104هـ/ 1605م، وفي سنة 1148هـ/ 1725م بنى الأمير عثمان آغا القزدوغلي زاوية العميان خصصها لهم بأوقاف تقوم على تغطية نفقاتهم، وكان يربط بينها وبين المدرسة الجوهرية ممر من الحجر يمشي عليه، وكانت تحتوي على أربعة أعمدة وقبلة وميضأة ومراحيض، وفوقها ثلاث غرف لإقامة العميان، وجدد رواق الأتراك ورحبته، ورواق السليمانية الأفغانيين، وزاد في رواق الشوام.

كما يذكر المؤرخون أن إبراهيم جاويش آغا في ولاية أحمد باشا (1162-1163هـ/ 1748-1749م) شرع في عمارة الجامع الأزهر وجعل وجه باب الجامع الأزهر بابين مثل أبوابه

باب زيادة، وفوقه كُتَّاب وبجانبه مئذنة وزاوية من داخل الجامع وحوانيت خارجه، كما ذكر المؤرخون أنه شرع في توسعة الجامع واشترى أماكن في حوض السلطان وحوانيت وهدَّها، ومراده كان إدخالها في الجامع الأزهر ليوسعه، وينقل الطريق قرب مطبخ الأزهر، فحصل له أمر أبقاه على خيرات وصدقة جارية.

طلبة العلم وحلقاته في صحن الجامع الأزهر

تعتبر أعمال عبد الرحمن كتخدا الأبرز في العصر العثماني في الأزهر فقد علق عبدالرحمن الجبرتي على هذه الإنشاءات بقوله: «ولو لم يكن له من المآثر إلا ما أنشأه

بالجامع الأزهر من الزيادة والعمارة التي تقصر عنها همم الملوك لكفاه ذلك»(1). فقد زاد عبد الرحمن كتخدا من مساحة الجامع الأزهر خاصة ناحية ظلة القبلة، وأضاف ثلاثة أبواب يعرف الأول باسم باب المزينين والثاني بباب الصعايدة والثالث بباب الشوربة، بالإضافة إلى قبة ضريحية دفن بها سنة 1190هـ/ 1776م، وسبيل يقابل القبة الضريحية على يمين الداخل من باب الصعايدة وثلاث مآذن ذات قمم مدببة، كما رمَّم المدرسة الطيبرسية.

أروقة الأزهر الشريف

عرف الأزهر ازدهارًا علميًا متزايدًا منذ العصر المملوكي البحري، وهذا ما جعله مدرسة علمية ترسخ أقدامها ومكانتها عامًا بعد عام، ولكنه في العصر المملوكي الجركسي بات مركزًا علميًا كبيرًا في العالم الإسلامي، ومحورًا لاتجاهات بحثية وفكرية متميزة، ففي سنة 808 هـ/ 1415م كان عدد الطلبة المقيمين في أروقة الأزهر قد بلغ في تلك السنة سبعمائة وخمسين طالبًا ينتمون إلى جنسيات متعددة، كان منهم المصريون، ومنهم الوافدون من أقاليم نائية مثل زيلع، وبلاد المغرب، وبلاد الأعاجم(2)، ولكل طائفة من الطلبة رواق خاص بها، ويعرف باسمها، لكن نستطيع أن نقف عند بعض أروقة الأزهر ومنها:

رواق الشوام: خصص هذا الرواق للطلبة الوافدين من بلاد الشام، يشتمل على إيوانين متسعين، شيَّد أعلاهما مساكن للطلبة، بلغ عددها زهاء ثلاثين مسكنًا. وبالرواق خزانة كتب يشرف عليها قيِّم وبلغ عدد محتوياتها 2100 مجلد، وفي الرواق بئر وصنابير داخلية ومطبخ، أنشأ هذا الرواق السلطان الأشرف قايتباي (872- 901 هـ/ 1468-1496م) وهو أحد سلاطين المماليك الجراكسة، وزاد فيه عثمان كتخدا القازدغلي، ثم الأمير عبد الرحمن كتخدا، وهما من الأمراء البارزين في الحقبة العثمانية في مصر(3).

رواق المغاربة: خصص هذا الرواق للطلبة الوافدين من برقة وتونس والجزائر ومراكش وغيرها من بلاد المغرب، جدد هذا الرواق السلطان الأشرف قايتباي، ويحتوي على خمس عشرة بائكة قائمة على أعمدة من الرخام، وفيه مساكن علوية، ومكتبة كان يسمح بالاستعارة منها، وفي الرواق مطبخ وبئر وصنابير، وكان مقدار الجراية التي تقدم لطلبته كل يومين

---

(1) الجبرتي، عبد الرحمن، عجائب الآثار في التراجم والأخبار، طبعة دار الثقافة 1932، ج2، ص37.

(2) عبد العزيز الشناوي، الأزهر جامعًا وجامعة، مكتبة الأنجلو المصرية 2013م، ج1، ص230.

(3) عبد العزيز الشناوي، الأزهر جامعًا وجامعة، ج1، ص234.

ثمانمائة واثنين وستين رغيفًا، وكانت تصرف لهم مرتبات شهرية، ومن شروط الأوقاف المحبوسة على هذا الرواق أنه لا يستحق مرتباته وجراياته إلا من كان مالكيَّ المذهب[1].

رواق الأتراك: كان هذا الرواق مخصصًا للطلاب الوافدين من تركيا وشرق أوروبا وتركستان، وهو يقع على يسار الداخل من باب المغاربة وإلى يمين الداخل من باب المزينين، وله باب محاذٍ لباب رواق المغاربة، كما كان له باب على صحن الجامع، وهو يحتوي على ستة عشر عمودًا من الرخام، واثني عشر مسكنًا علويًا، وبه مطبخ وبئر وصنابير ماء، والنظافة كانت الخصيصة الأولى في رواق الأتراك، وكان لها الاعتبار الأول لدى شيخ الرواق وناظره، أنشأه السلطان الأشرف قايتباي، وجدد بناءه الأمير عثمان كتخدا القازدغلي، وبنى الرحبة المسقوفة أمامه، وأضاف إليه زيادات معمارية، وكانت الجراية التي تقدم للطلبة بالرواق تبلغ مائتين وستة وخمسين رغيفًا كل يومين. وكان ديوان الروزنامة في القاهرة يتولى صرف المرتبات النقدية في أول كل شهر هجري لطلبة الرواق[2].

رواق اليمنية: أفرد هذا الرواق للطلبة الوافدين من اليمن. ويحتوي على دواليب وخزن مكتوب على بعضها «بسم الله الرحمن الرحيم، وقف هذه الخزانة الفقير إلى الله تعالى الخواجة مصطفى أفندي ابن الخواجة محمود، على المجاورين باليمنية بالجامع الأزهر»، وبه مكتبة تضم 145 مجلدًا، ولهذا الرواق جراية تصرف كل يومين مقدارها أربعة وثلاثون رغيفًا[3].

رواق البرنية: يطلق عليه أيضا رواق البرناوية، ورواق البرنو، وهو مخصص للطلبة الوافدين من السنغال، والنيجر، وغينيا، وغانا.

رواق الصعايدة: أشهر أروقة الأزهر، وأغناها أوقافًا. وكان يقبل الطلبة الوافدين من أقاليم صعيد مصر، يقع هذا الرواق عن يمين الداخل إلى الجامع الأزهر من باب الصعايدة. أنشأ هذا الرواق أثناء الحكم العثماني الأمير عبد الرحمن كتخدا، وأجرى عليه ما عرف «بالجراية الكبرى» وهي عبارة عن رغيفين تقدم يوميًا للمدرسين والطلبة المقيمين بالرواق والمكتوبة أسماؤهم في سجل الرواق، واستقرت مشيخة الرواق في عائلة العدوية من بني عدي في مديرية أسيوط، لكثرة من أنجبته هذه الأسرة من علماء أفذاذ[4].

---

(1) عبد العزيز الشناوي، الأزهر جامعًا وجامعة، ج1، ص234.

(2) عبد العزيز الشناوي، الأزهر جامعًا وجامعة، ج1، ص235.

(3) عبد العزيز الشناوي، الأزهر جامعًا وجامعة، ص236، 237.

(4) عبد العزيز الشناوي، الأزهر جامعًا وجامعة، ص240، 241.

رواق العميان: يطلق عليه أيضًا زاوية العميان أو رواق زاوية العميان، أنشأه الأمير عثمان كتخذا القازدغلي، وشيد هذا الرواق على مقربة من المدرسة الجوهرية، وكان يفصل بينها ممر من الحجر يمشي عليه المتوضئون من ميضأتها. ويحتوي الرواق على أربعة أعمدة من الرخام، وله قبلة وميضأة وبعض المرافق، وفوقها ثلاث غرف يقيم فيها المجاورون المكفوفون، ولا يسكنها غيرهم. وللرواق شيخ من المكفوفين، ولهم جراية تصرف لهم يوميًا[1].

تعددت أروقة الأزهر بصورة متزايدة على مر السنين، وزاد الإقبال على الدراسة به من كل حدب وصوب، ومما زاد من أهميته رسوخه كمدرسة علمية متعددة المذاهب، تلعب دورًا العقل محوره، ففي القرن 10 هـ/ 16م انتشر القول بحرمة القهوة كمشروب، وظن البعض أنه مسكر خاصة أن القهوة اسم أحد أسماء الخمر، إلا أن الشيخ زكريا بن محمد الأنصاري المتوفى 926هـ، ألف في القهوة كتابًا عنوانه «إيناس القهوة» وموجبه أنه كتب بعض متعصبي المالكية وساعده من لا بصيرة له بتحريم شرب القهوة ومنع الناس منها، وكان السلطان سليمان القانوني أصدر فرمانًا بتحريم شرب القهوة، فكتب المولعون بها سؤالًا واستفتوا شيخ الإسلام الأنصاري -رحمه الله-، فاستحضر متعاطيها وسألهم عن عملها فقالوا له: تقوي على الخير، واختبر بنفسه الأمر إذ أمر بالبن وطبخ وجعل أهل القوة يشربونها أمامه، فلم ير بأسًا ولا تغيرًا ولا طربًا فاحشًا، بل رأى معهم نشاطًا قليلًا فشرب منها فلم يتأثر فصنف فيها كتابًا[2] ومنذ ذلك الحين انتشر مشروب القهوة في العالم.

كما تعددت العلوم التي كانت تدرس في الأزهر، ولم تقف عند العلوم الشرعية، فها هو أبو العباس أحمد بن عبد المنعم الدمنهوري[3] الذي ولي مشيخة الأزهر في أواخر حياته، له العديد من المؤلفات في علوم عديدة، أشهرها «عين الحياة في علم استنباط المياه» وهو كتاب يقدم تقنيات استنباط المياه الخفية في باطن الأرض وبالنسبة لمعارف

(1) عبد العزيز الشناوي، الأزهر جامعًا وجامعة، ص246، 247.

(2) أحمد بن عبد المنعم الدمنهوري، ولد في دمنهور بمصر 1101هـ، نشأ يتيمًا وكان ذكيًا، وفي نفسه طموح وعزم، ووجد في اكتساب الرزق بالعلم والتحلي بحليته ما يخرجه من واقع حاله، والتحق بالأزهر وتفوق فيه حتى صار شيخًا للأزهر سنة 1181هـ، وتوفي سنة 1182هـ.

(3) أحمد بن عبد المنعم الدمنهوري، ولد في دمنهور بمصر 1101هـ، نشأ يتيمًا وكان ذكيًا، وفي نفسه طموح وعزم، ووجد في اكتساب الرزق بالعلم والتحلي بحليته ما يخرجه من واقع حاله، التحق بالأزهر وتفوق فيه حتى صار شيخًا للأزهر سنة 1181هـ، وتوفي سنة 1182هـ.

عصره كان يجاريها(1)، وله في علم الكيمياء (الدرة اليتيمة في الصنعة الكريمة)، وفي الطب «منظومة في علم الطب المجرب»، وفي الرياضيات (عقد الفرائد في ما للمثلث من الفوائد) ومن الطريف أنه ألف مسردًا يضم مؤلفاته عنوانه (القول المنيف في بيان أسماء التآليف)(2).

الجرايات والأوقاف

ترجع بدايات تخصيص الجرايات على طلبة الأزهر وعلماء الجامع الأزهر الشريف إلى عهد الإمام العزيز بالله الفاطمي عندما سأل الوزير أبو الفرج يعقوب بن كلس الإمامَ العزيز بالله في صلة رزق جماعة الفقهاء، فأطلق لهم ما يكفي كل واحد منهم من الرزق، وفي عهد الملك الناصر حسن بن قلاوون خلال العصر المملوكي خصص للمجاورين بالجامع طعامًا يطبخ كل يوم، وفي سنة 756 هـ/ 1355م أوقف الأمير ركن الدين عمر بن الشهاب أحمد السيفي مبلغ مائة درهم شهريًا للإنفاق على شراء الخبز البر ليوزع على مجاوري الجامع، وفي سنة 870هـ/ 1466م أسست فاطمة زوجة الأمير الزيني شعبان وقفًا لتقديم خبز القمح بما قيمته عشرون درهمًا يوزع يوميًا على الفقراء في الجامع، وأمرت زينب بنت العلائي عليَ بن الجمالي عبدالله في وقفيتها المؤرخة بسنة 870 هـ/ 1465م بإنفاق مبلغ أربعمائة درهم شهريًا لشراء الخبز وتوزيعه بالجامع على الفقراء المجاورين، وأسس الأمير السيفي يشبك الدوادار من أمراء الأشرف قايتباي في سنة 885هجرية/ 1480ميلادية وقفًا لصالح الفقراء المجاورين بالجامع، وكان مخصصًا لكل طالب فقير رطلان من أرغفة الخبز يوميًا بالإضافة إلى بعض القمحية، وهو طبق كان يصنع من اللحم واللبن والقمح.

كما زُوِّد الجامع الأزهر بالمياه لخدمة الطلاب والعلماء والمجاورين، ويذكر أوليا جلبي الرحالة العثماني أنه كان بصحن الجامع صهريج يملأ بحمل أربعين ألف بعير من ماء النيل وقد وصفه بقوله: «الصهريج كأنه بحر ماؤه زلال»(3).

---

(1) خالد عزب، كيف واجه المسلمون مشكلة ندرة المياه دار الهلال للنشر 2010م، ص41-43.

(2) خالد عزب، كيف واجه المسلمون مشكلة ندرة المياه دار الهلال للنشر 2010م، ص41-43.

(3) أوليا جلبي، الرحلة إلى مصر والسودان وبلاد الحبش، ج1، ص138، ترجمة الصفصافي أحمد القطوري، المركز القومي للترجمة القاهرة 2010م.

كما يذكر أوليا جلبي عند زيارته للجامع الأزهر أنه كان «لجميع الفقراء من طلبة الأزهر رزق مقرر من مطبخ الله صباحًا ومساء، وهو صحن من حساء الأرز والعدس ورغيف خبز، وفي كل ليلة جمعة يقدم إليهم الأرز واللحم بالبصل والحلو»[1].

ورتب محمد باشا أبو النور (1004هـ/ 1595م) العدس ليطبخ كل يوم للطلاب، أما الأمير عبد الرحمن كتخدا فقد كان يقدم كميات وافرة من الأرز والزبد والزيت والدقيق في رمضان للترفيه عن الطلاب، فرتب لمطبخ الأزهر كل يوم خمسة أرادب أرز أبيض وقنطار سمن ورأس جاموس وغير ذلك من المرتبات والزيت والوقود وزاد في طعام المجاورين ومطبخهم، وقدم لهم الهريسة (حلوى مصرية) في يومي الإثنين والخميس.

أما عن أوقاف الجامع الأزهر الشريف فتعود إلى بدايات تأسيسه، ففي سنة 386هـ/ 996م أوقف الإمام الحاكم بأمر الله الكثير من الأوقاف على الجامع الأزهر، وقد بلغ ما تم وقفه من ربع العديد من المنشآت ما وزنه ألف دينار وسبعة وستون دينارًا ونصف دينار، ومن تلك المخصصات أوقف: 48 دينارًا للخطيب، 181 دينارًا لفرش الجامع بالحصر، 12,75 دينارًا لثلاثة قناطير زجاج، 15 دينارًا ثمن عود هندي للبخور في شهر رمضان وأيام الجمع وكافور ومسك وأجرة الصانع، و7 دنانير قنطار شمع للإضاءة، 5 دنانير ثمن كنس الجامع ونقل التراب وخياطة الحصر، ودينار لسرج القناديل. لم يترك هذا الوقف أي شأن في الجامع إلا ورتب أمره بصورة محددة.

وفي العصر المملوكي زادت أوقاف الأزهر الشريف وتنوعت فأوقف أبو العباس أحمد بن الزيني رجب بن السيفي طيبغا الماجدي الشافعي وقفًا لصالح الطلبة الغرباء سنة 842هـ/ 1439م وقرر هذا الوقف للطلبة الذين يحفظون القرآن الكريم في الجامع.

ونرى سباقًا من المصريين في العصر العثماني لدعم الأزهر الشريف فأوقف الحاج محمد باشا أبو سلطان 150 فدانًا للصرف على رواق الصعايدة، وأوقف التجار المغاربة العديد من الأوقاف على رواق المغاربة، فقد أوقف محمد بن قاسم ديلون مبلغ 58200 بارة سنة 1079هـ/ 1685م، وأوقف الخواجة أحمد بن حسوس مبالغ كثيرة سنة 1148هـ/ 1735م.

---

(1) أوليا جلبي، الرحلة إلى مصر والسودان وبلاد الحبش، ترجمة الصفصافي أحمد القطوري، ج1، ص138، المركز القومي للترجمة القاهرة 2010.

كذلك أوقف الأمير عثمان كتخدا عدة أوقاف على زاوية العميان بالجامع، يصرف من ريعها على الزاوية، فقد قرر 30 نصفًا من الفضة لإمام الزاوية، 45 نصفًا من الفضة لكل من الفراش والوقَّاد والبواب، وقرر صرف 1200 نصف فضة تصرف للعميان بالزاوية على أربع مرات في أربع ليال من كل سنة هي ليلة الإسراء والمعراج وليلة النصف من شعبان وليلتي العيد، وقرر صرف 150 نصفًا من الفضة ثمن ماء عذب يصب في أزيار الزاوية مع ثمن قلل وكيزان وأباريق وذلك كل شهر، بالإضافة إلى ما يقدره ناظر الوقف من صرف على تزويد الزاوية من زيت للإنارة وحصر للفرش، كما قرر صرف مبلغ 15885 نصفًا من الفضة سنويًا للصرف على رواق الشوام، ومبلغ 2619 نصفًا من الفضة سنويًا للصرف على رواق الجاوية، ومبلغ 3856 نصفًا من الفضة سنويًا للصرف على رواق السليمانية، ومبلغ 3820 نصفًا من الفضة للصرف على رواق الأكراد، ومبلغ 540 نصفًا من الفضة سنويًا كراتب لشخص يوزع الشوربة وينقلها من المطبخ إلى رواق معمر، وأوقفت حسيب بنت بكير عدة أوقاف يصرف من ريعها على طلاب العلم بالجامع.

كانت أوقاف الأزهر من الكثرة والتنوع بحيث أمنت حياة كريمة لأساتذته وأمنت مصروفات طلبته فضلًا عن متطلبات العمل به، فزاد الإقبال على الدراسة به من كل أنحاء العالم الإسلامي لوفرة خيراته وعظم شأن العلم به.

المدرسة المستنصرية

على ضفة دجلة الشرقية يقف البناء الشامخ كالطود الأشم في بغداد، ذلك الذي بناه الخليفة المستنصر بالله العباسي وقد بدأ بتشييده سنة 625 هـ/ 1227م، وقد تولى بناءه أستاذ الدار مؤيد الدين أبو طالب محمد بن العلقمي، وتكامل البناء في جمادى الآخرة سنة 631 هـ/ 1234م، فكان آية فنية رائعة، هذا البناء الذي طاول الزمن ولا يزال عظيمًا باقيًا يعتبر بحق أثرًا من آثار تلك المدينة الزاهية، فهو بالرغم من حوادث الزمن التي مرت به ظل رابضًا كالطود يتحدى الحوادث ويهزأ بالنكبات، وكانت المستنصرية ولا تزال من أجمل مباني بغداد وأعظمها أثرًا على مر الزمن[1].

---

(1) حسين أمين، المدرسة المستنصرية، بغداد 1960م، ص30، 31.

عمارة المدرسة

يتوسط المدرسة صحن على غرار المساجد والمدارس الإسلامية، ومهندس البناء توخى أن تتسع المسافة تدريجيًا من الأسفل إلى الأعلى، هذا الصحن مستطيل الشكل تقريبًا طوله 62.40م وعرضه 27.40م، ومن المرجح أن الصحن كان في عهده الأول مبلطًا، كانت تتوسط الصحن بركة ماء، فقد قال صاحب الحوادث الجامعة «ثم يجري الماء تحت الأرض إلى بركة عملت في صحن المدرسة»[1].

كانت الحفلات تقام به لسعته وجماله، وأقيمت حفلة افتتاح المدرسة في صحنها حيث «مُدَّ سماط في صحن المدرسة أجمع فكان عليه من الأشربة والحلواء وأنواع الأطعمة»[2].

يتوسط الضلع المطل على دجلة مصلى المدرسة ومساحته 155.10 مترًا مربعًا، ويقع على جانبي الصحن من جهتيه الشمالية والجنوبية إيوانان كبيران مرتفعان بارتفاع طبقتي المدرسة، وزخرف هذان الإيوانان بالزخارف الجميلة المشتملة على نقوش هندسية ونباتية ودقيقة، تحيط بالصحن من جميع جهاته باستثناء المصلى. الغرف العديدة ومعظمها غرف صغيرة عددها 78 غرفة صغيرة 39 منها في الطابق الأول ومثلها في الطابق الثاني، وأيضًا هناك عدد قليل من الغرف الكبيرة وعددها اثنتا عشرة غرفة، ويرى حسين أمين أن الغرف الكبيرة استخدمت للتدريس وبعضها استخدم مخازن للكتب، أما الغرف الصغيرة فاستخدمت للنوم والمطالعة والاستراحة[3].

كان بالمدرسة مخزن لمهماتها من الورق والحبر والزيت والمصابيح والملابس، والصابون، وأدوات الأكل، والنوم.

وألحق بها حمام للطلبة فيذكر ابن العبري «وبنى لهم داخل المدرسة حمامًا خاصًا للفقهاء»[4]، وكان للمدرسة مطبخ، يطبخ فيه للطلبة، فقد ورد في شروط المدرسة أن لكل فقيه أربعة أرطال خبز، وغرف طبخ مما يطبخ في مطبخها، وكانت تزين المدرسة ساعة عجيبة الصنع صنعها نور الدين علي بن تغلب الساعاتي. ذكر هذه الساعة القزويني حيث

---

(1) مجهول، الحوادث الجامعة، مطبعة الفرات، بغداد 1351هـ، ص365.
(2) مجهول، الحوادث الجامعة، مطبعة الفرات، ص365.
(3) حسين أمين، المدرسة المستنصرية، ص37.
(4) ابن العبري، تاريخ مختصر الدول، المطبعة الكاثوليكية 1890م، ص425.

قال: «وعلى باب المدرسة إيوان ركب في صدره صندوق الساعات على وضع عجيب يعرف منه أوقات الصلاة وانقضاء الساعات الزمانية ليلًا ونهارًا»[1].

إنشاء المستنصرية يعتبر تطورًا هامًا في تاريخ المدارس المستقلة في العالم الإسلامي بوجه عام، فبعد أن كانت كل مدرسة تنشأ خصيصًا لتدريس مذهب واحد هدف المستنصر بإنشاء هذه المدرسة إلى إتاحة الفرصة لأتباع كل مذهب من المذاهب الأربعة كي يدرسوا معًا في مدرسة واحدة، وخصص لفقهاء كل مذهب إيوانًا خاصًا يجتمعون فيه وقت الدرس، وهو النمط نفسه الذي اتخذته مدرسة الصالح نجم الدين أيوب في القاهرة.

وضع الخليفة المستنصر بالله نظامًا دقيقًا لمدرسته على النحو التالي:

- يكون عدد الفقهاء (طلاب الفقه) 248 متفقهًا، من كل طائفة (مذهب) منهم 62 فقيهًا لهم المشاهرة[2] والجراية واللحم والمطبخ والحلوى والفواكه والفرش والصابون والمسرجة وإبريق النحاس مع راتب شهري قدره ديناران يضاعف في شهر رمضان.

- يعين لكل طائفة (مذهب) مدرس وأربعة معيدين ومرتب ينظم أمور الطلاب ويسهر على راحتهم وطعامهم ويراقبهم ليلًا ونهارًا، وهذا يفيد في حرص أهل ذلك العصر على متابعة هؤلاء الطلبة وتربيتهم تربية جيدة من خلال المتابعة المستمرة.

- يكون في دار القرآن ثلاثون صبيًا من الأيتام لكل منهم الخبز والطبيخ مع راتب شهري.

- يعين في دار القرآن شيخ مقرئ صالح لتلقين القرآن الكريم، له في كل يوم الخبز والطبيخ مع راتب شهري قدره ثلاثة دنانير.

- يعين مع الشيخ المذكور معيد يحفِّظ القرآن الكريم للصبيان، له الخبز والطبيخ والراتب الشهري.

- يكون في دار الحديث شيخ عالي الإسناد ويشتغل بعلم الحديث، له في كل يوم الخبز واللحم مع راتب شهري قدره ثلاثة دنانير.

- يساعد المذكورَ قائمان للحديث، لكل منهما الخبز والطبيخ مع راتب شهري.

---

(1) القزويني، آثار البلاد وأخبار العباد، ليدن 1848م، ص211.

(2) المشاهرة: أي بصورة دورية أو شهرية وعادة ما يكون مبلغًا من المال.

- يكون في دار الحديث عشرة أشخاص، لكل منهم الخبز والطبيخ مع راتب شهري.
- يعين في المدرسة طبيب حاذق مسلم، له في كل يوم الخبز واللحم مع راتب شهري.
- يكون مع الطبيب عشرة أشخاص من المسلمين يشتغلون بعلم الطب، لهم الجرايات مثل طلاب الحديث.
- يعالج الطبيب من يعرض له مرض من أرباب المدرسة وأوقافها.
- يعطى المريض مجانًا ما يوصف له من الأدوية والأشربة والأطعمة وغير ذلك.
- اشترط الخليفة أن يكون في هذه المدرسة من يشتغل بعلم الفرائض والحساب.
- جعل الخليفة للمدرسة أوقافًا كثيرة كان المسؤول عنها يسمى «صدر الوقوف» وقيل عن تلك الأوقاف إنها بلغت ما قيمته ألف ألف دينار، وإن واردتها في العام نيف وسبعون ألف مثقال ذهبًا[1].

هكذا وقف المستنصر بالله على مدرسته وقفًا جليلًا واجتهد أن يرفِّه عن طلابها بأمور لم يسبق إليها ليتمكنوا من التفرغ للبحوث العلمية.

ولئلا تشغلهم عنها مشاكل الحياة، وأعباؤها الثقيلة، فقد خصص لنظارها وخزانها، والأئمة والخطباء في جامعها، وطلابها... إلخ ما يكفيهم من الأطعمة والأشربة، والنفقات، ورتب لهم فيها البيوت والمساكن.

كانت هذه الأطعمة توزع يوميًا مطبوخة في مطبخها على طلابها وأعضاء هيئة التدريس وغيرهم، وذلك من غير الأخباز، والحلوى، والفاكهة، والصابون... وعدا ما كان يهيأ لهم من الحصر، والسراج، والزيت، والفرش، والحبر، والورق، والأقلام للاستنساخ، وعدا الماء البارد الذي كان يهيأ لهم في الصيف، والحمام الحار الذي أعد لهم شتاء[2].

---

(1) خالد خليل حمودي، المدرسة المستنصرية، المؤسسة العامة للآثار والتراث، بغداد 1981م، ص14، 15.

(2) خالد خليل الحموي، المدرسة المستنصرية، ص14، 15، بغداد 1981.

مدرسة السلطان حسن

مدرسة السلطان حسن

هذه المدرسة من حيث البنيان المعماري من أعظم ما شُيِّد في ديار الإسلام، أما من حيث البنيان العلمي فوقفيتها كانت تمثل الكمال في هذا المضمار، لذا فإنها تعد تاج العمارة والمعرفة في مصر المملوكية. احتفل السلطان الناصر حسن بن قلاوون بإنشائها قبل تمامها في شهر رجب سنة 760 هـ/ 1359م، ولكنه قتل في جمادى الأولى سنة 762 هـ/ 1361م، ولم تكتمل عمارة هذه المدرسة، واستكمل بعض أعمالها بشير الجمدار، فأعمال الرخام والوزرات والأرضيات من أعماله، لذا تقرأ في النصوص الكتابية بالمدرسة: «بسم الله الرحمن الرحيم أمر بإنشاء هذه المدرسة المباركة مولانا السلطان الشهيد الناصر حسن بن قلاوون وذلك في شهور سنة أربع وستين وسبعمائة»؛ أي في خلال شهور هذه السنة، وهذا النص نراه يتكرر أربع مرات على أربعة أبواب في صحن المدرسة مع الإشارة لمذهب من المذاهب السنية الأربعة حسب مذهب كل مدرسة[1].

---
(1) حسن عبد الوهاب، تاريخ المساجد الأثرية، ص165-181.

وصف ابن حبيب مدرسة السلطان حسن وصفًا يجعلنا عاجزين أمامها، فيقول: «هو بناء مشيد محكم، عظيم الشأن، مرفوع القواعد، عالي الأركان، متسع الفناء، ثابت الأساس، يكاد يخرج عن الحد والقياس. يشتمل على جامع فسيح له صحن كبير فيه أربعة أواوين متقابلة، ارتفاع الأكبر القبلي منهن يزيد على إيوان كسرى بثلاثة أذرع على ما ذكر. في صدره قبة تضاهي قبة النسر التي بجامع دمشق، وفيه منبر وبه تقام صلاة الجمعة، والأواوين الثلاثة دونه، وعلى كتفي الإيوان الشرقي بابان عظيمان يدخل منهما إلى مدرستين، وعلى كتفي الإيوان الغربي مثل ذلك، وعلى كتفي الإيوان الشمالي بابان أعظم من الأربعة المشار إليهن: الأيمن منهما حجاز إلى الجامع الكبير، والأيسر تتطرق منه إلى دهليز ينتهي إلى أماكن، وبيوت، ومساكن، ومرافق. وبوسط هذا الجامع بركة ماء عليها قبة عظيمة وعلى بابه سبيل فيه ماء النيل على أحسن وضع، وفوقه مكتب يرسم تعليم الأيتام، وفيه منافع كثيرة وله محاسن وجوهها منيرة، أسواره رفيعة، ومقاماته بديعة، وقبته شاهقة، وقنطرته باسقة، ومطارفه أنيقة، وزخارفه شريفة، وأبوابه عالية، ومنازله من الخلل خالية، وعلا على من يشاكله، وأتعب من يباهله، وأناف على من يطاوله. يظهر هرم الأهرام، ويبين تقصير القصور والأعلام...»[1].

وحددت وثيقة وقف مدرسة السلطان حسن عددًا من الوظائف منها:

- مدرس حنفي: يرتب مدرسًا مفتيًا حنفي المذهب مشهورًا بالديانة، يقوم بوظيفة التدريس من فقه مذهبه في الإيوان البحري المعين له بأعاليه.
- مدرس مالكي: يرتب مدرسًا فقيهًا مالكي المذهب مشهورًا بالديانة يقوم بوظيفة التدريس من فقه مذهبه في الإيوان الشرقي المعين له بأعاليه.
- مدرس الحنابلة: ويرتب مدرسًا فقيهًا حنبلي المذهب مشهورًا بالديانة يقوم بوظيفة التدريس.
- مدرس الشافعية: هذا كان محله أكبر إيوانات المدرسة.
- مدرس التفسير: مدرسًا مفتيًا أهلًا لتدريس تفسير كتاب الله تعالى، ويصرف له في كل شهر ثلاثمائة درهم نقرة ويرتب معه ثلاثين نفرًا من طلبة علم التفسير.

---

(1) ابن حبيب الحلبي، تذكرة النبيه في أيام المنصور وبنيه، تحقيق محمد أمين، الهيئة المصرية العامة للكتاب، القاهرة، 1986م، ج3، ص209، 210.

- مدرس الحديث النبوي: مدرسًا أهلًا لتدريس الحديث النبوي، مشهورًا بالثقة والديانة يقوم بوظيفة التدريس... ويصرف له في كل شهر ثلاثمائة درهم نقرة، ويرتب معه ثلاثين طالبًا من طلبة الحديث الشريف النبوي[1].

حرص الواقفون على جدية الدراسة بالمدارس فنجد أن السلطان حسن يشترط في وثيقة وقفه تعيين طالب من كل مجموعة دراسية ليكون نقيبًا لهذه المجموعة يتولى ضبط حضور مجموعته وغيابها، وفي مقابل ذلك رتب له زيادة في راتبه عشرين درهمًا.

شملت رعاية وقف السلطان حسن كل شيء يمكن من إتمام نقل المعرفة للطلاب وإكسابهم العلم حتى كسوتهم، حيث نص كتاب وقفه على ما يلي: ويصرف من ريع الوقف المذكور ثمن ألف قميص وألف طاقية وألف مداس[2]، فيعطى لكل طالب من الطلبة المشروطة إقامتهم في المدارس الأربعة المذكورة أعلاه قميص وطاقية ومداس، ويعطى لكل من الأيتام والمؤدبين والعريفين مثل ذلك ويصرف الباقي على الفقراء والمساكين من جيران المكان وغيرهم، لكل منهم قميص وطاقية ومداس[3].

كانت الرعاية الطبية ضمن ما وفره الواقف للطلاب لذا نرى الواقف في كتاب وقفه ينص على أن «يرتب الناظر رجلين مسلمين؛ أحدهما عارف بالطب خبير بمعالجة الأبدان، والثاني عارف بصناعة الكحل. على أن كلًا منهما يحضر كل يوم إلى المكان المذكور ويداوي من يحتاج إلى المداوة من أرباب الوظائف ممن ليس له سكن بالمكان ومن مرض من المقيمين بالأماكن المذكورة أعلاه توجه الطبيب إليه في مكان إقامته ولا يكلف المريض الحضور إلى الطبيب، ويصرف إليهما في كل شهر مائة درهم... ويرتب الناظر رجلًا... مجبرًا يحضر في كل يوم، إلى المكان المذكور ويفعل نظير ما شرط على الكحال والطبيب بأعاليه فيصرف إليه في كل شهر أربعون درهما»[4].

إن كل ما سبق يؤشر على أن تلقي العلم هو هدف الواقف، وهدف المجتمع، لذا نرى أن هذه المدارس التي شيدت في مدينة القاهرة جذبت آلاف الطلاب من كل أنحاء

---

(1) هويدا الحارثي، كتاب وقف السلطان الناصر حسن على مدرسته بالرميلة، بيروت 2001م، ص150، 153، 231. محمد أمين، الأوقاف والحياة الاجتماعية، ص52.

(2) المداس: الحذاء.

(3) هويدا الحارثي، كتاب وقف السلطان الناصر حسن، ص17.

(4) هويدا الحارثي، كتاب وقف السلطان الناصر حسن، ص165.

العالم الإسلامي، وبات تراكم الإنتاج المعرفي في العصر المملوكي مؤشرًا على زخم علمي غير مسبوق لم يدرس بعناية إلى الآن.

المكتبات في الحضارة الإسلامية

دار كتب بغير كتب ومال   من تراب أنفقته في تراب

بيتان من الشعر ذكرهما العماد الأصفهاني للشاعر أبي فراس بن محمد بن غالب العامري في القرن 6 هـ/ 12م.

تنبع أهمية المكتبات من كونها مكانًا لقراءة الكتب والبحث في كل الأوعية التي تحمل أمانة الكرامة المكتوبة، وهي مستودع للتراث الفكري والعلمي للإنسانية من يوم بدأ الإنسان يسجل أفكاره ومعتقداته. ولا يستقيم فهم عطاء الحضارة الإسلامية دون تعقب فهم إنتاجها المعرفي وكيفية إنتاجه وتداوله وتوارثه، ولن يتأتى هذا إلا عبر فهم سياق المؤسسات التعليمية السابق ذكرها وما صاحبها من خزانات للكتب، كان لها آليات عمل متماسكة.

إن أول مؤسسة أسست في الإسلام جديرة بهذا الاسم هي المسجد، فهذا الأخير لم يكن فقط مكانًا للعبادة والصلاة ولكنه معهد حقيقي للتعليم، ومع مرور الزمن تراكمت المعرفة وظهرت علوم مثل الفقه وأصول الدين، لذا كان من الطبيعي أن ترفق المساجد بمكان أو حجرة تضم نسخًا من القرآن الكريم، ومدونات الحديث النبوي الشريف، وبعض مؤلفات الفقه التي كان يحتاجها الطلبة والشيوخ على حد سواء، وبهذا الشكل ظهرت المكتبات في الإسلام مرتبطة مع المكان المقدس على غرار المكتبات القديمة، وتوافرت حجرات أو زوايا تضم نسخًا من القرآن الكريم وبعض مصنفات الحديث في مساجد كانت النواة الأولى للمكتبات في الحضارة الإسلامية[1].

يرى عبد الله الجبوري أن حب المسلمين للعلم وأهله وحث الإسلام على التعلم كان وراء استثناء الفقهاء لجواز وقف المنقول الذي جرى العمل بوقفه: الكتب من الأصل العام في الوقف، وهو أن يكون الوقف مؤبدًا فلا يصح إلا في العقار لا في المنقول،

---

(1) أحمد شوقي بنبين، تاريخ خزائن الكتب بالمغرب، ترجمة مصطفى طوبى، الخزانة الحسينية، الرباط 2003م، ص27.

وجعلوه من باب الاستحسان والمعروف، ومن هنا نشأ وقف الكتب، وطفق المسلمون وأهل الخير والإحسان يوقفون الكتب نفعًا للناس، وحبًا لعمل الخير[1].

لقد وجد الحكام والأثرياء والعلماء في الكتاب وسيلة من وسائل العمل الخيري، وذلك من منطلق الرغبة في إشاعة العلم، والتغلب على مصاعب الحصول على الكتب، فمن الناس من يوقف كتبه على المسلمين عامة دون تعيين فتوضع كتبه في خزانة الجامع، ومنهم من يخصص فيقول: «أوقفتها على المكان الفلاني أو البلدة الفلانية... إلخ، ومنهم من يترك استعمالها حرًا، على حين يضع آخرون شروطًا لاستعمالها وإعارتها كما فعل القاضي بن حبان الذي منع إعارة كتبه خارج المبنى...»[2].

إن أكثر ما يلفت الانتباه في المكتبات في الحضارة الإسلامية سمات تجعلها أقرب إلى سمات المكتبات المعاصرة أو قل هي من أسست لهذه السمات وهي:

- حرص مكتبات العالم الإسلامي على اقتناء النادر من الكتب وأصول الكتب التي كتبت بأيدي مؤلفيها.

- التدقيق في صحة الكتب لذا ظهر ما عرف «بقراءة العرض وقراءة التصحيح» وهي قراءة الكتاب ومراجعته قبل نسخه أو شرائه، ومن هنا يجري التأكد من صحة الكتاب.

- كان اقتناء كتب ومؤلفات حسنة الخط، جيدة التجليد والتذهيب من سمات دور وخزائن الكتب في العديد من المدن، فاستعانت هذه الخزائن بخيرة الناسخين والخطاطين، والمجلدين والمذهبين كابن البواب، وهو ما أكد عليه الجاحظ في كتابه الحيوان[3] وابن الصايغ في صناعة الكتاب[4] وغيرهم.

تزود المكتبات بالكتب اعتمادًا على مصادر أربعة:

الواقف: وهو الذي يحبس على المكتبة الكثير من الكتب حسب حالته الاقتصادية، إذ يذكر القاضي الفاضل أنه زود مكتبة مدرسته في العصر الأيوبي بالقاهرة بجملة عظيمة من

---

(1) عبد الله الجبوري، مكتبة الأوقاف العامة، تاريخها ونوادر مخطوطاتها، بغداد مجلة الرسالة الإسلامية، مطبعة المعارف 1969م، ص8. يحيى بن جنيد، الوقف وبنية المكتبات العربية، مركز الملك فيصل للبحوث والدراسات الإسلامية، 2009، ص47.

(2) يحيى بن جنيد، الوقف وبنية المكتبة العربية، ص49.

(3) الجاحظ، الحيوان، ج1، ط3، دار إحياء التراث العربي، بيروت 1969م، ص13.

(4) عبد الرحمن بن الصايغ، تحفة أولي الألباب في صناعة الخط والكتاب، تحقيق هلال ناجي، 1981م، ص32.

الكتب في سائر العلوم تقدر بحوالي مائة ألف مجلد[1]، من الكتب التي اشتراها من مخلفات المكتبة الفاطمية في القاهرة.

- **الهدايا والهبات**: وهو ما يهديه إلى المكتبة بعض من أهل الجاه والعلم لينتفع به الطلبة.

- **النسخ**: سواء كان ذلك بدفع أجرة للنساخين أو بواسطة بعض الطلبة أو الصوفية بالمنشأة التي يقيمون بها.

- **الشراء**: من الوراقين أو تجار الكتب ودفع ثمنها من الوقف[2]. تمدنا سجلات المحكمة الشرعية في القدس، والنصوص المثبتة على معظم المخطوطات المقدسية، أنها كانت موقوفة، وكان أكثر مالكي المخطوطات يقفونها على ذرياتهم، ويشترطون تحويل الكتب إلى مسجد أو مدرسة معينة، أو إلى طلبة العلم بشكل عام، وفي حال انقراض ذريتهم فقط اشترط: خليفة بن إبراهيم عام 957 هـ/ 1550م تحويل كتبه إلى المدرسة الأرغونية، واشترط أبو النصر بن محب الدين السكري عام 1002 هـ/ 1594م تحويلها إلى خزانة الكتب بالصخرة المشرفة[3].

أما الكتب الموقوفة على المسجد الأقصى، فكان معظمها ذا نوعية فاخرة، بدليل دوامها عبر العصور، وكان بعضها يرد من مدن أخرى، ومنها كتاب منسوخ بدمشق عام 748 هـ/ 1348م، ومنها كتاب وقفه مصطفى باشا أمير لواء طرابلس 978 هـ/ 1571م، وكان بعض الواقفين لا يكتفي بوقف الكتب فحسب، بل يشترط أيضًا عدم خروجها من أسوار القدس الشريف، كما فعل والي القدس محمد حيدر باشا عام 1260 هـ/ 1844م، وفي حالات نادرة كان الواقف يحجم عن ذكر اسمه على الكتاب، ومنهم: واقف «السراج المنير المفسر لبعض كلام الله اللطيف الخبير» حيث ورد عليه ما نصه: «وقف هذا الكتاب الجليل أحد أهل الخير الراغبين في الثواب على الصخرة المشرفة»، أما وقف الكتب على المؤسسات

---

(1) المقريزي، الخطط، ج2، ص365.

(2) عبد الغني محمود عبد العاطي، التعليم في زمن الأيوبيين والمماليك، ص191.

(3) بشير بركات، تاريخ المكتبات العربية في بيت المقدس، مركز الملك فيصل للدراسات والبحوث الإسلامية، الرياض 2012م، ص125.

فربما تكون المدرسة الصلاحية في القدس أكثرها حظًا خلال العهدين الأيوبي والمملوكي، لاختصاصها في الفقه الشافعي الذي ساد في العهدين المذكورين[1].

إذا كانت المكتبات العامة قد انتشرت سواء ملحقة بالمساجد والمدارس أو كجزء منها أو كمنشآت مستقلة، فإن الحضارة الإسلامية انتشرت خلالها المكتبات الخاصة أيضًا، وكان بعضها مفتوحًا للجمهور، ولم يفت الكُتَّاب الذين يترددون على هذه المكتبات أن يذكروها في مقدمات كتبهم، فالونشريسي الفقيه المالكي المغربي، أنبأنا أنه كان يتردد في جمعه لمادة أثره الفقهي الهام «المعيار» على المكتبات الخاصة لابن غرديس والمنجور، وكانت الخاصية الهامة للمكتبات الخاصة هي إعارة الكتب، فإذا كانت الكتب الموقوفة في مختلف المكتبات العامة تمنع الإعارة خارج القاعة أو المسجد، فإن الكتب الخاصة كانت تعار إلى من له رغبة في ذلك.

إن الوقف على المكتبات لم يقتصر على الكتب، بل امتد إلى كافة مناحي العمل داخلها، ونستطيع أن نقف عند نص وقفية على مجمع معماري ضم دار كتب أسسه غازان خان في تبريز، حدد فيه أوجه الصرف إلى: إضافات ومصالح، أما الإضافات فكانت تشتمل على: الفرش وثمن الشمع المذاب على سبيل المثال، وأما المصالح فاشتملت على تكاليف إصلاح الكتب وترميمها، وسداد ثمن الكتب الضرورية التي تُشترى[2].

تحولت المكتبات في الحضارة الإسلامية إلى شكل مؤسس راسخ له هيكل وظيفي واضح غير مسبوق، ومن هذه الوظائف التي تبلورت عبر الزمن:

الخازن: المشرف على المكتبة والمسؤول عن كتبها وتنظيم العمل بها وفقًا للشروط التي يعينها له الواقف. ونظرًا لما كان لهذه الوظيفة من أهمية في حياة الطلبة والمشتغلين بالعلم وما يكون تحت الخازن مباشرة من أمهات المخطوطات الثمينة، نجد أن الكثير من العلماء والمشايخ تولوا العمل بهذه الوظيفة، فقد تولى شيخ الإسلام ابن حجر العسقلاني خزن الكتب بالمدرسة المحمودية[3] والشيخ شرف الدين الميدمي النحوي المحدث خزن الكتب بالمدرسة الكاملية ثم مشيختها[4].

---

(1) أحمد شوقي بنبين، تاريخ خزائن الكتب بالمغرب، ترجمة مصطفى طوبى، الخزانة الحسينية، الرباط 2003م، ص112، 113، 114.حمد

(2) رشيد الهمذاني، جامع التواريخ، ترجمة وتعريب فؤاد الصياد وآخرين، وزارة الثقافة، القاهرة، ص246.

(3) سعيد عبد الفتاح عاشور، مصر في عصر دولة المماليك البحرية، مكتبة النهضة المصرية، 1959م، ص195.

(4) السخاوي، محمد بن عبد الرحمن، الضوء اللامع لأهل القرن التاسع، دار الجيل، بيروت 1992م، ج5، ص143.

حددت لنا الوقفيات والمصادر التاريخية وظيفة الخازن بدقة، فوثيقة أزبك بن ططخ على مدرسته في القاهرة تقدم لنا توصيفًا لوظيفة خازن الكتب على النحو التالي فقد كان على الخازن: «... أن يتولى إحراز الكتب المذكورة بالخزانة المذكورة ونفضها من الغبار وتعهدها على العادة وصونها عما يفسدها ومناولتها لمن يريد المطالعة فيها والكتابة منها بحيث يكون ذلك بالجامع المذكور وغير ذلك مما جرت خزانة الكتب بعمله في مثل ذلك»[1].

حدد لنا تاج الدين السبكي (8هـ/ 16م) واجبات خازن الكتب (أمين المكتبة) على النحو التالي: «وحق عليه الاحتفاظ بها، وترميم شعثها وحبكها عند احتياجها للحبك، والضن بها على من ليس من أهلها، وبذلها للمحتاج إليها، وأن يقدم في العارية الفقراء الذين يصعب عليهم تحصيل الكتب على الأغنياء، وكثيرًا ما يشترط الواقف ألا يخرج الكتاب إلا برهن يحرز قيمته، وهو شرط صحيح مقيد، فليس للخازن أن يعير إلا برهن يحرز قيمته، وهو شرط صحيح مقيد، فليس للخازن أن يعير إلا برهن»[2]، هذه الواجبات تتطابق مع المعايير الدولية المعاصرة لأمين المكتبة، التي ترى أن وظيفة خازن الكتب تتعدى حفظ الكتب إلى رعايتها، والتعاطي بالتقييم مع من يرغب في قراءتها.

هذا النص يتكامل ويؤكده نص حجة وقف فرج بن برقوق على مسجده في القاهرة في العصر المملوكي الجركسي، أكدت لنا حجة الوقف العديد من الاشتراطات لوظيفة خازن الكتب ومهامه على النحو التالي: «... ويصرف لرجل يكون ثقة خيِّرًا يقظًا قادرًا على القيام بخدمة الكتب، عارفًا بترتيبها، يقيمه خازنًا لها بالجامع المذكور مع الختمات الشريفة والربعات العظيمة وكتب العلم الشريف، على أن يتولى حفظها ونفضها ويتفقد أحوالها بالإصلاح ووضعها بموضعها بالخزانة المرصودة لها، وعلى أنه من حضر إليه يطلب شيئًا من ذلك، فإن كان أهلًا بالمطالعة والاشتغال بها، وكان من أهل المكان وممن يوثق به دفعه إليه، وأخذ حظه منه، فإذا أعاده إليه دفع إليه خطة، ولا يُمكنه من التأخير مدة بعيدة يخشى منها حصول النسيان، بل يتعهده بالسؤال وأخذ ما أخذه منه، فإذا طلب غيره أجابه لذلك وفعل كما فعل أولًا، وإن كان الطالب من خارج المكان لا يعطيه شيئًا من ذلك، ولا يمكنه

(1) عبد اللطيف إبراهيم، دراسات في الكتب والمكتبات، دار الشعب، القاهرة 1962م، ص64.

(2) تاج الدين السبكي، معيد النعم ومبيد النقم، مكتبة الخانجي، القاهرة 1980م، ص87، 88.

من إخراج شيء إلى خارج المكان، ويفعل الخازن في ذلك ما يفعله أمثاله من الخزنة من حفظ ذلك وحفظ ما لم يسلك إليه من يواصل الجامع أسوة أمثاله على العادة، ويصرف له على ذلك في كل شهر من الفلوس المذكورة عشرون درهمًا»[1]، هنا نجدد التشديد في إعارة الكتب وهو ما سنفصل فيه لاحقًا، لكن من الواضح أن مهام العمل كانت واضحة بقوة.

النساخ: عمل في المكتبات نساخ للمخطوطات إما لنسخها أو لتسجيل ما يقال في حلقات العلم أو ما يذكره العالم لأحد تلامذته ليكتبه. من هنا، نستطيع أن نفهم لماذا كان بعض الخطاطين يمتازون بجودة الخط، ومنهم من كان يصل إلى مرتبة الخطاط المجيد أحيانًا، مثل الشيخ شرف الدين موسى بمدرسة الأشرف برسباي بالقاهرة خلال العصر المملوكي الجركسي. كان النساخ يقومون بتزويد المكتبة بما لا يوجد فيها من كتب نادرة أو ما يتعذر تحصيله عن طريق نسخها، وخاصة إذا كانت من أمهات الكتب في علم من العلوم، أو كان الإقبال عليها كثيرًا لأهميتها وأصالتها. ولذلك وجدت في بعض المكتبات أحيانًا أكثر من نسخة واحدة من الكتاب الواحد[2].

لقد وصلت إلينا أسماء عدد كبير من النساخين أو الوراقين، ومنهم ياقوت الحموي، الذي أعطى اهتمامًا خاصًا لدراسة أشهر الوراقين والنساخين الذين انتهوا أدباء ومفكرين وفلاسفة، مثل إمام الوراقين أبو حيان التوحيدي، الذي وصفه بأنه كان متفننًا في جميع العلوم من نحو ولغة وفقه ونثر وأدب، بل وصفه بأنه «فيلسوف الأدباء وأديب الفلاسفة» ويجيء في مقدمة النساخين الموسوعيين محمد بن إسحق النديم، الذي اشتهر بالوراق، وهو الذي سار على نهجه ياقوت الحموي الذي ألف درَّتيه الخالدتين معجم الأدباء ومعجم البلدان، وظل ياقوت مبدعًا إلى وفاته عام 626هـ/ 1229م[3].

من مشاهير النساخين العرب، الذين أصبحوا فيما بعد من كبار الأدباء، وأهل الفكر الحظيري الوراق، مؤلف الكتاب المشهور «زينة الدهر وعصر أهل العلم» والمتوفى 568هـ، وكذلك الوطواط المتوفى 631هـ/ 1234م، مؤلف «مباهج الفكر ومناهج العبر»[4].

---

(1) صالح لمعي، الوثائق والعمارة، دراسة في العمارة الإسلامية في العصر المملوكي، الجامع الأبيض في الحوش السلطاني بقلعة القاهرة، القاهرة، دار النهضة العربية، ص25.

(2) عبد اللطيف إبراهيم، دراسات في الكتب والمكتبات، ص76، 77.

(3) سيد أحمد الناصري، الوراقون والنساخون ودورهم في الحضارة العربية الإسلامية، مجلة الدارة، السنة 14، فبراير، مارس، إبريل 1989م، ص187، 188.

(4) سيد أحمد الناصري، الوراقون والنساخون ودورهم في الحضارة الإسلامية، ص188.

المناول: هو صاحب وظيفة وسط بين وظيفة الخازن أو الأمين والفراش في المكتبة المملوكية، والمناول لا يمكن الاستغناء عنه لأن المكتبة تعتمد في تأدية خدماتها على نشاطه وتعاونه مع الخازن. كان المناول يحضر الكتب والمصاحف والربعات الشريفة من الخزانة، ويقوم بتوصيلها إلى طالبها، وكان يعرف أماكن الكتب، ويعثر عليها بسهولة، كما كان يسعى بها إلى القراء والنساخين وغيرهم من طلبة العلم والباحثين، وعندما ينتهون من حاجتهم إليها، كان يقوم بإرجاعها إلى الخزانة أو الرفوف ويضعها في أماكنها، كل ذلك تحت إشراف الخازن أو الأمين، ولذلك كان يعبر عنه أحيانًا بالخادم[1].

كانت المكتبات الإسلامية تقام في أبنية جميلة تشرح صدور المترددين عليها، وكان بها حجرات متعددة تربط بينها أروقة فسيحة، وكانت الكتب توضع على رفوف ضيقة على الحوائط، صممت بعض الأروقة للاطلاع، وبعض الحجرات للنساخ والنسخ، والبعض الآخر لدروس العلماء والمناظرات، وكانت هذه المكتبات تؤثث بأفخر الأثاث، وتفرش أرضياتها بالبسط والحصير حيث يجلس المطلعون، ومن وصف المقريزي نفهم أن الستائر كانت تقام على النوافذ والأبواب. ولراحة المطلعين، كانت أسماء الكتب ومؤلفوها تكتب على أطراف الصفحات وكان بالمكتبة العامة فهارس منظمة حسب موضوعات الكتب التي يحتويها، وسمح بالاستعارة الخارجية خاصة للعلماء والأعيان[2] هذا الوصف المثالي لمكتبة ذات بناية مستقلة في الحضارة الإسلامية، لكننا سنقف هنا عند نقطتين؛ الأولى: فهارس الكتب، والثانية إعارة الكتب.

فهارس المكتبات: يرجح الدكتور عبد اللطيف إبراهيم أنه كان لكل مكتبة من مكتبات المدارس المملوكية الكبيرة خاصة في القاهرة ودمشق وحلب والقدس وغيرها من كبريات مدن الحضارة الإسلامية، فهرس لتسهيل الاستفادة من الكتب المحفوظة بها، وعرفت الفهارس قبل ذلك في بيت الحكمة في بغداد العباسية ودار العلم بالقاهرة الفاطمية، ومكتبة قرطبة في الأندلس. فهارس المكتبات المملوكية في مصر وبلاد الشام كانت عبارة عن سجل على هيئة كتاب مجلد به قوائم بالكتب مرتبة بعناية حسب الموضوعات من الكتب المختلفة، هذا يعني أن الفهرسة والتصنيف كانا أساسيين في المكتبات المملوكية[3]،

---

(1) عبد اللطيف إبراهيم، دراسات في الكتب والمكتبات، ص78، 79.

(2) سيد الناصري، الوراقون والنساخون، ص1006.

(3) عبد اللطيف إبراهيم، دراسات في الكتب والمكتبات، ص57، 58.

ويبدو أن الفهارس كانت تستخدم في جرد محتويات المكتبة، وبصفة خاصة عند التسلم والتسليم من خازن لآخر.

اهتمت المكتبات العثمانية بإنجاز فهارس لمقتنياتها من الكتب، ومنها فهرس أعد في عهد السلطان سليمان القانوني، أعده محمد بن خضر الحاج حسن زاده، وهو خاص بمكتبة السلطان محمد الفاتح، في عام 1560-1561م. ظهر هذا الفهرس في مجلد، غلافه مغطى بورق، بأبعاد 35 × 12 سم ويقع في 87 ورقة، وقد كتبت عناوين الموضوعات وأرقام الصفحات بالحبر الأحمر، وكما اتضح من ملحوظة مدونة على القسم الأول منه فقد سمي الفهرس بـ«دفتر الكتب». تناول القسم الأول من الفهرس معلومات عن 839 كتابًا وقفها السلطان محمد الفاتح لهذه المكتبة، والكتب التي وقفها الآخرون للمكتبة، وردت في القسم الثاني من الفهرس المعنون بـ«الملحقات القديمة»، أما القسم الثالث فقد ضم المجموعات المستقلة التي أهديت لهذه المكتبة، وبموجب قيد ذكر في نهاية الفهرس، فإن عدد الكتب وصل في نهاية عملية الجرد إلى 1770 كتابًا. صنِّفت الكتب في الأقسام الثلاثة من الفهرس حسب الموضوعات المستقلة، ففي القسم الأول منه صنِّفت الكتب على النحو الآتي: التفسير، والحديث، وأصول الفقه، وفروع الفقه، والمؤلفات العربية، والمنطق، والمؤلفات المتفرقة في مختلف الموضوعات، والطب. وفي القسم الثاني أضيف إلى تلك العناوين التصوف والحكمة، أما القسم الثالث فقد زادت فيه عناوين الموضوعات، بسبب تنوع الكتب التي وقفت على المكتبة[1].

كانت المكتبات تجرد وفقًا لفهرسها، ومن ذلك أمر قاضي القدس في العصر العثماني بجرد موجودات مكتبة قبة الصخرة من حين لآخر، كما في عام 992هـ/ 1584م. حيث وجد بداخل خزانة الصخرة 99 مجلدًا، وفي عام 1010هـ/ 1601م، وجد بها 89 مجلدًا، إضافة إلى 19 مجلدًا كانت في العارية، وعند جردها في عام 1063هـ/ 1653م تبين أن 63 كتابًا منها كانت موجودة داخل الخزانة و38 كتابًا في دار أمين المكتبة، نقلت إلى خزانة الصخرة لاحقًا، إضافة إلى 20 كتابًا كانت في العارية (الاستعارة) وفي عام 1147هـ/ 1734م أصدر كشف بعناوين كتب خزانة قبة الصخرة المشرفة فبلغ عددها 110 كتابًا، وتضم سجلات المحكمة الشرعية في القدس قوائم جرد لمحتويات خزانة الصخرة المشرفة في سنوات متفرقة[2].

---

(1) سهيل جنابان، دراسات في الكتب والمكتبات العثمانية، الرياض 2010، ص177، 178.
(2) بشير بركات، تاريخ المكتبات العربية في بيت المقدس، مركز الملك فيصل للدراسات والبحوث الإسلامية، الرياض 2012م، ص41.

إعارة الكتب... الجدل

كانت خزانة كتب المدرسة المحمودية التي أسسها محمود الدين علي الأستادار الذي توفي 799هـ بالقاهرة، واحدة من أعظم المكتبات[1] وذكر ابن حجر العسقلاني في إنباء الغمر في حوادث سنة 856هـ وهو يترجم لأمين هذه المكتبة: أن الكتب التي بها وهي كثيرة جدًا من أنفس الكتب الموجودة الآن بالقاهرة، وهي من جمع البرهان بن جماعة[2] في طول عمره، فاشتراها محمود الأستادار من تركته بعد موته ووقفها واشترط ألا يخرج منها شيء من مدرسته، ويذكر شمس الدين السخاوي في «الجواهر والدرر في ترجمة شيخ الإسلام ابن حجر» عند الكلام عن وظائف شيخه ابن حجر: أنه كان بيده خزانة الكتب بالمدرسة المحمودية بعد أن عزل عنها خازنها الفخر عثمان المعروف بالطاغي في سنة 826هـ لكونها نقصت بتفريطه العُشر، وهو أربعمائة مجلد، لأن كتبها كانت أربعة آلاف مجلد، ولنفاسة كتبها رغب شيخنا ابن حجر في مباشرتها بنفسه، وعمل لها فهرسًا على الحروف في أسماء التصانيف ونحوها، وآخر على الفنون، وقد انتفع بذلك ونفع الله به، فإنه كان يقيم بها في الأسبوع غالبًا يومًا، وفي مدة الأسبوع يكتب في قائمة ما يحتاج لمراجعته منها بسببه في تصانيفه وغيرها ليتذكره في يوم حلوله بها، واستقرت بيده حتى مات.

لكننا نجد الحافظ جلال الدين السيوطي يؤلف رسالة تحت عنوان «بذل المجهود في خزانة محمود» ليواجه شرط منع استعارة الكتب من هذه الخزانة، فأفتى بجواز إعارة كتبها، واشترط: ألا يستعار من هذه الخزانة، إلا ما يتيسر وجوده في غيرها، والشرط الثاني: ألا يمكث الكتاب عند المستعير إلا بقدر ما يقضي حاجته منه في العادة[3].

لكن هذا كله كان يواجه بشروط الواقفين في منع إعارة الكتب خارج المكتبات، فقد شددت وثيقة وقف الغوري على مدرسته بالقاهرة على ذلك بالنص التالي «... ومن طلب منه كتابًا في علم من العلوم أو فن من الفنون يدفعه له فينتفع به في المدرسة ولا يمكنه من الخروج به من المدرسة ولو دفع إليه شيئًا يساوي أضعاف قيمته، فإذا انتفع كل منهم بما طلبه في نسخ منه أو مطالعة أو مقابلة عليه بالمدرسة، رده الخازن إلى الخزانة»[4]. ومن ذات

---

(1) فؤاد سيد، نصان قديمان في إعادة الكتب، مجلة معهد المخطوطات العربية، ص127.

(2) هو القاضي برهان الدين بن جماعة المتوفى سنة 790هـ. ترجم له ابن حجر في الدرر الكامنة، ج1، ص38.

(3) فؤاد سيد، نصان قديمان في إعادة الكتب، ص-134 136.

(4) عبد اللطيف إبراهيم، دراسات في الكتب والمكتبات، ص64.

العصر في القاهرة تشدد وثيقة وقف الأبشادي المالكي على منع الإعارة على النحو التالي: «... ولا يخرج من ذلك شيئًا من الأشياء من الجامع الأزهر برهن ولا بغيره ولا يعطي من ذلك شيئًا لمن يعرف به التفريط»[1]، لكن بالرغم من هذا وجدت مكتبات تعير الكتب لأرباب العلم ومن ذلك يذكر تاج الدين السبكي «وكثيرًا ما يشترط الواقف ألا يخرج الكتاب إلا برهن يحرز قيمته، وهو شرط صحيح معتبر، فليس للخازن أن يعير إلا برهن»[2].

تشترط إحدى حجج الوقف أن يوقع المستعير بتسلمه للكتاب، وعند رده للمكتبة يعطيه الخازن توقيعه (استمارة الاستعارة الموقعة منه) ولا يسمح الخازن بتأخير الكتب عند المستعير حتى لا يتسبب ذلك في نسيانها «... وعلى أنه من حضر إليه يطلب شيئًا من ذلك فإن كان أهلًا لمطالعة ذلك والاشتغال به وكان من أهل المكان وممن يوثق به دفعه إليه، وأخذ خطه منه فإذا أعاده دفع إليه خطه ولا يمكنه من التأخير مدة يخشى منها حصول النسيان»[3].

كانت إعارة كتب خزانة مسجد قبة الصخرة تتم وفق إجراءات مشددة، لضمان عودتها إلى مقرها، وغالبًا ما كانت الإعارة والإعادة تجريان في مجلس قاضي المدينة، كما في عام 1053هـ/ 1643م، حيث ورد في أحد السجلات الشرعية:

«تسلم مولانا شيخ الإسلام عين العلماء مولانا الشيخ عبد الغفار أفندي مفتي السادة الحنفية بالقدس الشريف من فخر المدرسين الكرام الشيخ بشير بن قدوة المدرسين الشيخ محمد الخليلي ستة مجلدات من تفسير القرآن العظيم للقاضي البيضاوي، وواحد عشرين مجلدًا من تفسير القرآن العظيم لمولانا أبي السعود مفتي دار السلطنة، وذلك ما كان تحت يد الشيخ بشير بالخزانة الكائنة بالصخرة المشرفة، وقف محمد آغا المشروط ذلك على علماء الحنفية بالقدس الشريف، والباقي من أجزاء البيضاوي: جزء من النساء إلى آخر القرآن الشريف بقي بالخزانة بالصخرة المشرفة. تحريرًا في 22 شوال سنة 1053هـ»[4].

---

(1) عبد اللطيف إبراهيم، دراسات في الكتب والمكتبات، ص64.

(2) السبكي، معيد النعم ومبيد النقم، مكتبة الخانجي القاهرة 1980م، ص111.

(3) حجة وقف السلطان فرج بن برقوق، 66 محفظة، دار الوثائق. وسعيد عاشور، المجتمع المصري في العصر المملوكي، القاهرة 1962م، ص146.

(4) بشير بركات، تاريخ المكتبات العربية في بيت المقدس، مركز الملك فيصل للبحوث والدراسات الإسلامية، 2012م، ص40.

شغلت إذن قضية إعارة الكتب الجدل لدى القدماء حتى أنشد العالم والأديب والنحوي أحمد بن فارس الرازي (ت395هـ) عن إعادة الكتب ما يلي:

تعجيل رد الكتب مما به يستكثر العلم أخو العلم
وحبسها يمنع من بذلها مع الذي فيه من الظلم[1]

ما سبق يؤشر إلى أن ارتفاع أسعار المخطوطات وفقدها جعل إعارتها شيئًا مستحيلًا عند بعض الواقفين، وانتهج البعض الحذر والشدة، والآخرون أباحوا الإعارة بشروط.

المكتبات الوقفية

يعد وقف خزائن الكتب من أقدم أنواع وقف الكتب والمكتبات، ويذهب عدد من المؤرخين إلى أن دار العلم في الموصل[2] أول مكتبة وقفية في الإسلام، صاحب الفضل في إنشاء هذه المكتبة هو أبو القاسم جعفر بن محمد بن حمدان الموصلي الفقيه الشافعي الذي يقول عنه ياقوت الحموي: «هو حسن التأليف، عجيب التصنيف، شاعر أديب فاضل، ناقد للشعر كثير الرواية، مات سنة ثلاث وعشرين وثلاثمائة ومولده سنة أربعين ومائتين، له عدة كتب في الفقه على المذهب الشافعي، فأما كتبه في الأدب فهي كتاب الباهر في أشعار المحدثين عارض به الروضة للمبرد...»[3]. يبدو أن تنوع اهتمامات أبو القاسم دفعت به إلى التفكير في إنشاء مكتبة يوفر فيها ما يساعد طلبة العلم في الموصل.

مسجد القيروان: أنشئت مكتبة مسجد القيروان، التي عرفت باسم «الخزانة العتيقة» أو «المكتبة العتيقة» في أوائل القرن الثالث الهجري، وذلك ضمن التوسعة التي حدثت في جامع القيروان عام 221هـ/ 836م، بناءً على أوامر السلطان الأغلبي زيادة الله بن إبراهيم، ولم يمضِ وقت طويل على إنشاء المكتبة، حتى سارع العلماء والعامة بإهدائها مجلدات قيمة من مجموعات كتبهم الخاصة إليها. كما شارك في هذا النشاط، الحكام والوجهاء والأثرياء[4].

خزانة كتب ابن حبان البستي: كانت مدرسة ابن البستي من أوائل المدارس في مشرق

(1) عبد السلام هارون، نوادر المخطوطات، ج1، ص159.

(2) يحيى بن جنيد، الوقف وبنية المكتبة العربية، مركز الملك فيصل للدراسات والبحوث، الرياض، ص5.

(3) ياقوت الحموي، معجم البلدان، دار صادر، بيروت 1977م، ج7، ص191، 192.

(4) مكي السباعي، مكتبات المساجد، ترجمة هاشم فرحات ومحمد غندور، مركز الملك فيصل للدراسات الإسلامية، الرياض 2006م، ص111، 112.

العالم الإسلامي في مدينة بست، ألحقت بهذه المدرسة مكتبة، وحللت الدكتورة هالة شاكر النصوص التاريخية حول هذه الخزانة واستخلصت ما يلي:

- أن هذه الخزانة كان بها من يقوم على أمرها، وهو من أشير إليه بالوصي، ولا يستبعد أن يكون ذلك الوصي هو من يعرف بخازن الكتب، خاصة وأن بالنصوص التاريخية إشارة إلى طبيعة المهام التي يقوم بها، ومنها بذل الكتب وإعطاؤها لمن يريد نسخها.
- لم تتح هذه الخزانة خدمة استعارة الكتب خارجها، حرصًا منها عليها وعلى إتاحتها للذين يقيمون ويدرسون في المدرسة.
- أتيحت خدمة النسخ لراغبيه من المترددين على خزان الكتب، ولا يستبعد أن الوصي القائم على هذه الخزانة كان يوفِّر الورق والأدوات اللازمة لذلك الأمر.
- كان بالخزانة مكان محدد للمترددين وراغبي النسخ[1].

دار العلم في بغداد

شيدها الوزير شابور بن أردشير بالكرخ في بغداد، وهناك تاريخان وردا في المصادر لتأسيسها هما 381هـ و383هـ[2]. لكن الذي يعنينا هو قدرة المسؤول وإدراكه أهمية إقامة مكتبة عامة. يقول أبو الفرج بن الجوزي عنها «وابتاع دارًا بين السورين في سنة إحدى وثمانين وثلاثمائة، وحمل إليها كتب العلم من كل فن وسماها دار العلم، وكان فيها أكثر من عشرة آلاف مجلد، ووقف عليها الوقوف، وبقيت سبعين سنة»[3]، مقتنيات هذه المكتبة ضمت مصحفًا بخط الخطاط الشهير في ذلك العصر ابن مقلة، وعددًا كبيرًا من الكتب التي امتلكها رجال مشهورون وأغلب الكتب بخطوط أصحابها... هذا يعني إدراك القائمين على هذه المكتبة معايير التصنيف والاقتناء التي تحرص عليها المكتبات في عصرنا[4].

---

(1) هالة شاكر، المكتبات في المشرق الإسلامي، دار العين للبحوث، القاهرة 2013م، ص31.

(2) يحيى بن جنيد، الوقف وبنية المكتبات العربية، مركز الملك فيصل للبحوث والدراسات الإسلامية، 2009، ص54.

(3) ابن الجوزي، أبو الفرج عبد الرحمن بن علي (597هـ) المنتظم في تاريخ الملوك والأمم، حيدر آباد، الدكن، دائرة المعارف العثمانية، 1359هـ، ج8، ص22.

(4) يحيى بن جنيد، الوقف وبنية المكتبة العربية، ص54.

جامع القرويين بفاس

اهتم سلاطين المغرب من بني مرين بالكتب، ووقفوا عدة خزائن منها على طلبة العلم بجامع القرويين بفاس، من أقدمها الخزانة العنانية التي أنشأها أبو عنان المريني في سنة 750هـ، وكانت شاملة لكافة العلوم، هذه الخزانة شرق صحن الجامع على يمين المتجه إلى صحن المسجد، ومن الطريف أن ذلك مثبت في نقش على الخشب أعلى باب الخزانة على النحو التالي: «... الحمد لله حق حمده، وصلى الله على سيدنا محمد نبيه وعبده، ورضي الله عن الخلفاء القائمين بالحق من بعده. مما أمر به من أحيا الله بإيالته[1] الأنام، وتدارك بدولته الإسلام، أمير المؤمنين المتوكل على رب العالمين، وطب ملوك الزمان، المظفر المنصور المولى أبو عنان، ابن الخلفاء الراشدين المرهبين أدام الله للمسلمين أيامه، ونشر أعلامه، إنشاء هذه الخزانة السعيدة، الجامعة للعلوم المجيدة المشتملة على الكتب التي أنعم بها مقامه الكريم المحتوية على أنواع العلوم الواجب لها التعظيم والتكريم. جعل ذلك، نصره الله، وقفًا مؤبدًا لجميع المسلمين، حتى يرث الله الأرض ومن عليها وهو خير الوارثين، حضًا منه -أيده الله- على طلب العلم وإظهاره، وارتقائه واشتهاره، تسهيلًا لمن أراد القراءة والنسخ منها والمطالعة والمقابلة، وليس لأحد أن يخرجها من أعلى المودع التي هي فيه، ولا يغفل المحافظة عليها من التشويه... وذلك في جمادى الأولى عام خمسين وسبعمائة، أوصله الله بالبركات الزكية»[2].

كما وقف ابن خلدون المتوفى سنة 808هـ نسخة من تاريخه بعد أن أتمه، على مكتبة هذا الجامع لا يزال منها مجلدان على غلاف أحدهما نص عبارة الوقفية حتى اليوم[3].

مكتبة جامع المؤيد شيخ

كان بمدرسة السلطان المؤيد التي شيدت (818هـ-819هـ/ 1415-1416م) مكتبة عظيمة حوت الكثير من الكتب والمصاحف، وتحدد وثيقة وقف المؤيد شيخ موقع المكتبة وتصفها لنا على النحو التالي:

---

(1) كانت الدولة العثمانية مقسمة آنذاك إلى إيالات ثم تحولت إلى ولايات.
(2) محمد بن عبد العزيز الدباغ، خزانة القرويين ودورها الإيجابي في حفظ التراث ونشره، الناشر العربي، فبراير 1987م، ص45، 46.
(3) حول هذه المدرسة ووقفيتها، انظر:
- نهى عبد العليم، جامع المؤيد شيخ، هيئة الآثار المصرية، القاهرة، 1994م.
- وثيقة وقف المؤيد شيخ، أوقاف 938.

«... دهليز به شبابيك نحاس يدخل منه إلى قاعة برسم الكتب تشتمل على إيوان ودور، قاعة مفروشة بالبلاط الكدان بها شبابيك نحاس» وعن خزانة كتب المدرسة المؤيدية يذكر لنا المقريزي: «... ثم نزل السلطان في العاشر من المحرم إلى هذه العمارة ودخل خزانة الكتب التي عملت هناك وقد حمل إليها كتبًا كثيرة في أنواع العلوم كانت بقلعة الجبل، وقدم له ناصر الدين البارزي كاتب السر خمسمائة مجلد قيمتها ألف دينار، فأقر ذلك بالخزانة، وأنعم على ابن البارزي بأن يكون خطيبًا وخازنًا للكتب هو ومن بعده ذريته»[1].

ظلت المكتبات تحظى باهتمام خاص حتى ازدهرت بنايات المكتبات المستقلة في إسطنبول خلال العصر العثماني بصورة غير مسبوقة وهو ما تطلَّب توظيف بعض العاملين ممن يقومون بحماية بناية المكتبة وصيانتها، فظهر ضمن العاملين في مكتبات القرن 17م: البواب، والفراش، والمرمم، والنجار والساقي[2].

---

(1) المقريزي، الخطط، ج2، ص329.
(2) عبد اللطيف إبراهيم، دراسات في الكتب والمكتبات، دار الشعب، القاهرة 1962م، ص168، 169.

الفصل الرَّابع
الرِّعاية الصحية

في فجر الإسلام وبداية دعوة سيِّدنا محمد ﷺ حدث شيء غاية في الأهمية بالنسبة للطب ذلك أن الرسول أولى صناعة الطب والأطباء أولوية ذات بعد عملي، إذ كان يسيطر على الفكر العربي قبل الإسلام شيء يجيء مركزه بعد اهتمام العرب بأمورهم المعيشية، ذلك الشيء هو اللغة، فلما دخلوا الإسلام صار دينهم الجديد أول مشاغلهم الفكرية، وصارت آيات الله الكريمة وأحاديث نبيه الشريفة هي كل شيء لديهم بما فيها اللغة، ومن هذا الطريق قوَّمت المعارف الطبية على أسس من فرائض وسنن الشريعة الإسلامية.

فأصاب الأطباء مركزًا محترمًا يتقدمون به على غيرهم ممن يمارسون الصنعة بالعرافة أو الكهانة أو الشعوذة، وصارت وصاياهم الصحية التي أيدها الرسول سننًا يعملون بها بإيمان وعقيدة.

تحدث الرسول في الطب، والصحة والمرض، والوقاية من العدوى، وفي فضائل الأطباء، حتى تجمعت للرواة عنه ثلاثمائة من أحاديثه الشريفة بهذا الموضوع سميت بعدئذ (الطب النبوي)[1]. وهي تشمل وصايا صحية في الوقاية من الأمراض، واختيار الأطعمة النافعة، ولزوم استشارة الأطباء، والتركيز على أهمية النظافة والرياضة للصحة.

كان للسحر وما يناظره تأثير كبير في أفكار الناس قبل الإسلام، وفي المعالجات الطبية فحرم الرسول ممارسته وأبان كذبه وضرره، فأزاح بذلك قطاعًا كبيرًا ممن يمارسون الطب بالدجل والشعوذة، وفتح الرسول الكريم الباب للناس كي يلتجئوا إلى خبرة الأطباء يستشفون بوصاياهم وعلاجاتهم الطبية. قال عليه السلام لسعد بن أبي وقاص وكان يعوده أثناء مرضه بمكة: «ادع الحارث فإنه رجل يتطبب» والحارث المذكور هنا هو الحارث بن كلدة الثقفي،

---

(1) هناك العديد من الكتب تحت عنوان «الطب النبوي» منها واحد ينسب إلى أحمد بن محمد الذهبي (كما ينسبه البعض إلى السيوطي)، وهو مختصر لكتاب «المنهج السوي والمنهل الروي في الطب النبوي»، وكتاب آخر في الطب النبوي للحافظ أبي نعيم وهو نادر، وكتاب آخر لابن قيم الجوزية، وغيرها كثير.

وكان وثنيًا، ولم يلتفت الرسول لديانته بل لعلمه الذي ينتفع به الناس[1]، من هنا جاءت القاعدة الفقهية التي مفادها أن حفظ النفس قبل حفظ الدين.

تقدم الطب بصورة غير مسبوقة في الحضارة الإسلامية، ورأينا ذلك في مؤلفات أشهر الأطباء كابن سينا وابن النفيس وغيرهم[2].

البيمارستانات[3]

الأصل في هذه الأنواع من الأبنية، بناؤها على قاعدة: كل ما دعت الحاجة والضرورة إليه من البناء فهو واجب. فقد سن رسول الله ﷺ إنشاء مقار للعلاج والتطبب، وقرر بعد رجوعه من غزوة الخندق وضع خيمة في المسجد للتداوي، وتأسى الحكام أهل البر والخير بهذه السنة، وسعوا إلى إنشاء «البيمارستانات» التي توفر العلاج لأهل المدينة والقادمين إليها، وأوقفوا الأوقاف الكثيرة عليها فبلغت مستوى متقدمًا في العلاج والتطبيب[4].

المعلومات عن أوائل البيمارستانات في الحضارة الإسلامية شحيحة جدًا، كان الحكام الأمويون أول من أنشأ المستشفيات النظامية من العرب، وأقدم بيمارستان عرف في دمشق عاصمة الأمويين، تنسب عمارته إلى الخليفة معاوية بن أبي سفيان، شيده سنة 60هـ/ 683م، كان مكانه تحت المئذنة الغربية في الجامع الأموي، وليس له أي أثر يذكر أو وصف في المصادر التاريخية[5].

يَعُدُّ عدد كبير من المؤرخين الوليد بن عبد الملك (المتوفى سنة 96هـ/ 715م)، أول من بنى المستشفيات في الحضارة الإسلامية، كان ذلك سنة 88هـ/ 707م. بنى الوليد هذا المستشفى للمجذومين بالدرجة الأولى، وأمر بحبسهم فيها لئلا يختلطوا بالناس وينشروا المرض فيما بينهم، وأجرى على العميان فيها الأرزاق، وجعل لكل واحد منهم دليلًا، ويفهم

---

(1) كمال السامرائي، مختصر تاريخ الطب العربي، بغداد، 1984م، ج1، ص65.

(2) انظر حول ذلك: سلمان قطاية، في التراث الطبي العربي، الإسيسكو، الرباط، 2005م، وفرج محمد الهوني، تاريخ الطب في الحضارة العربية الإسلامية، طرابلس الغرب، 1986م.

(3) بيمارستان، لفظ فارسي مركب من «بيمار» أي مريض و«ستان» بمعنى محل، أي دار المرضى، ويقال أحيانًا بيمرستان أو مارستان، وهو مستشفى عام لمعالجة كافة الأمراض، محمد أمين وليلى أمين، المصطلحات المعمارية في الوثائق المملوكية، دار نشر الجامعة الأمريكية القاهرة 1991م، ص24.

(4) محمد عبد الستار عثمان، المدينة الإسلامية، عالم المعرفة (128) الكويت 1988م، ص60.

(5) كمال السامرائي، مختصر تاريخ الطب العربي، ص309، 310.

من تأسيس هذا المستشفى تفشي مرض الجذام[1] آنذاك، ومعرفة الأطباء طبيعته المزمنة القاتلة التي لا ينفع فيها دواء[2].

انتشرت البيمارستانات في ظل الخلافة العباسية بمدن العالم الإسلامي آنذاك، وارتقت في العمارة والخدمات المقدمة للمرضى ومستوى العلاج، ويعد منها مستشفى الرشيد ببغداد الذي أسسه الخليفة هارون الرشيد (170-193هـ/ 786-809م)، وأمر أن يشرف على بنائه وتنظيمه طبيبه الخاص جبرائيل بن بختيشوع، وأسند رئاسته إلى ماسويه الخوزي وهو من أطباء جند نيسابور[3].

البيمارستان العضدي

بناه عضد الدولة البويهي سنة 368هـ/ 978م، وتمت عمارته سنة 371هـ/ 981م، وكان يقع في الجانب الغربي من بغداد، تمتع هذا البيمارستان بأوقاف كثيرة ومتنوعة أسهمت إلى حد بعيد في خدماته من حيث عدد الأطباء والخدمات الصحية المقدمة للمرضى، قال الروذراوري في بيان أوقافه: «ووقف الوقوف الكثيرة عليه»[4]، بينما ألقى ابن الجوزي بعض الضوء على نوعيتها فقال: «ووقف عليه وقوفًا كثيرة وعمل له أرجاء بالزبيدية من نهر عيسى ووقفها عليه»[5] يقصد هنا رحى لطحن الحبوب تدار بقوة جريان الماء.

يدل توالي نظار الوقف على البيمارستان العضدي لفترة طويلة على استمراره في تقديم الخدمات الصحية للناس وتوفر الأوقاف عليه، غير أن الإهمال الذي أصاب البيمارستان العضدي في النصف الأول من القرن الخامس الهجري، تسبب في اندثار سوق من أوقافه يحتوي على مائة حانوت، وفضلًا عن ذلك فقد تسلط على أوقافه الطامعون واستولوا عليها

---

(1) الجذام مرض معروف، نحت اسمه من الجذام أي القطع، لأن هذا المرض يسبب قطع الأصابع والأطراف والنسل فسمي على هذا المعنى. هذا المرض معروف منذ أقدم الأزمان، فقد عرفه البابليون وتفشى في شمال أوربا في القرن السادس والسابع الميلادي، ووصل ذروته في الشراسة في القرن الثالث عشر، القلقشندي، صبح الأعشى، ج1، ص431

(2) ابن سينا، القانون، ج3، ص140.

(3) كمال السامرائي، مختصر تاريخ الطب العربي، ص604، 605.

(4) الروذراوري، أبو شجاع ظهير الدين محمد بن الحسين (ت 488هـ/ 1095م) ذيل تجارب الأمم، ج3، نشر شركة التمدن الصناعية، مصر 1334هـ/ 1916م، ص69.

(5) ابن الجوزي، (ت597هـ/ 1200م)، المنتظم في تاريخ الملوك والأمم، ج7، دائرة المعارف العثمانية، حيدر آباد 1959م، ص114.

بشتى الطرق في فترات أخرى[1]، والظاهر أن سنة 449هـ/ 1057م تعتبر فاصلة في تاريخ البيمارستان العضدي، إذ في هذه السنة تولى النظارة فيه عبد الملك بن يوسف الملقب بالشيخ الأجل، فشرع بعمارته والمحافظة على أوقافه فانتزعها من المتسلطين والطامعين بها، وضمنها بما وفر الزيادة في الواردات فضلًا عما اشتراه من الأوقاف الجديدة له[2]، هكذا يتضح لنا أهمية الوقف في تمويل منشآت الرعاية الصحية، فيصف المؤرخون وضع البيمارستان بعد أن أعاد له الشيخ الأجل دوره قائلين: «فأعاده وجمع فيه من الأشربة والأدوية والعقاقير التي يعزُّ وجودها كثيرًا، وأقام الفرش واللحف للمرضى والأرايج الطبية والأشربة والثلج والمستخدمين من الأطباء والفراشين، فكان فيه ثمانية وعشرون طبيبًا ونساء طباخات وبوابون وحراس، والحمام والبستان إلى جانبه فيه أنواع الثمار والبقول، والسفن على بابه تنقل الضعفاء والفقراء، والأطباء ينتابونهم بكرة وعشية وينامون عندهم بالنوبة[3]، وكان فيه عدة حباب[3] فيها السكر المطبوخ واللوز والمشمش والخشخاش وسائر الحبوب والبراني[4] الصيني وفيها العقاقير وأربع قواصر[5] فيها الإهليلج[6] الأصفر والكابلي والهندي وأربع قواصر تمر هندي وزنجبيل وعود وند ومسك والرواند[7] الصيني في البراني والترياق الفاروقي، وجميع العقاقير، وصناديق فيها ثياب جدد للمرضى، ومناديل، وقدور كبار وصغار، وآلات، وأربعة وعشرون فراشًا، وأشياء ما توجد في دور الخلفاء والملوك، وكان يُختن به في السنة ثلاثمائة وواحد وثمانون صبيًا[8]، وكان راتب المقيمين من المستخدمين في كل يوم ألفًا وثمانمائة وسبعين رطلًا من الخبز»[9].

---

(1) عبد الحسين مهدي الرحيم، الخدمات العامة في بغداد، دار الشؤون الثقافية، بغداد 1987، ص155.

(2) عبد الحسين مهدي الرحيم، الخدمات العامة في بغداد، ص156.

(3) الحباب: آنية من الفخار.

(4) البراني: جمع البرنية، وهي إناء من الخزف وتعرف اليوم عند البغداديين بالستوقة، الزبيدي، تاج العروس، ج9، ص137، مادة البرني.

(5) القواصر، جمع قوصرة بالتشديد وتخفف، وعاء للتمر من قصب، وقيل من البواري، الزبيدي، تاج العروس، ج3، ص497، مادة قصر.

(6) الإهليلج: ثمر معروف على أقسام، منه أصفر ومنه أسود وهو البالغ النضج، ومنه كابلي وله منافع جمة ذكرها الأطباء في كتبهم، الزبيدي تاج العروس، ج2، ص116، مادة هلج.

(7) الرواند: دواء بارد جيد للكبد، وهو أربعة أنواع، الزبيدي: تاج العروس، ص359، 360، مادة رود.

(8) من الجدير بالذكر أن نقول: إن الخانقاه كانت منوطة بالأطباء، ابن العبري، أبو الفرج غريغوريوس بن أهرون الطبيب الملطي، تاريخ مختصر الدول، المطبعة الكاثوليكية، بيروت، 1890.

(9) عبد الحسين مهدي، الخدمات العامة في بغداد، دار الشؤون الثقافية، بغداد 1987، ص299.

البيمارستان المنصوري

عرفت مصر البيمارستانات منذ فترة مبكرة في تاريخها الإسلامي، وأقدم هذه البيمارستانات كان بالفسطاط بزقاق القناديل ولا يعرف من أنشأه ولا كيف انتهى أمره[1]، وتعددت البيمارستانات في مصر عبر العصور، لكن أعظمها كان بيمارستان قلاوون مفخرة الحضارة الإسلامية في مصر، وظل مثار دهشة وإعجاب الرحالة والمؤرخين لفترة طويلة بفخامة منشآته ودقة نظامه وحسن انتظام العمل به، بل وبإنجازاته العلمية كمدرسة طبية متميزة فقد عمل به آلاف الأطباء وأشهرهم ابن النفيس.

كان البيمارستان جزءًا من المجموعة الكبيرة التي أنشأها المنصور قلاوون وقد شملت المدرسة والقبة والبيمارستان، وأقيمت في موقع القصر الفاطمي الصغير، وعرف بقاعة ست الملك ابنة العزيز بالله الفاطمي، وأخيرًا آلت إلى الملك قطب الدين أحمد بن الملك العادل الأيوبي فعرفت بالدار القطبية، وظلت في يد ورثته حتى أخذها السلطان قلاوون من السيدة مؤنسة خاتون ابنة الملك العادل وعوضها عن ذلك بقصر الزمرد برحبة باب العيد[2].

تبلغ المساحة التي أقيمت عليها مجموعة قلاوون المعمارية عشرة آلاف وستمائة ذراع، وهي تمثل جزءًا من القصر الغربي الصغير[3]، وكان البدء في الإنشاء في ربيع الأول سنة 682هـ/ 1283م تحت إشراف الأمير علم الدين سنجر الشجاعي الذي أظهر من الهمة في مباشرة العمل ما لم يسمع بمثله[4].

لما تمت العمارة وقف عليها الملك المنصور من الأملاك بديار مصر القياسر والرباع والحوانيت والحمامات والفنادق والأحكار وغير ذلك والضياع بالشام ما يقارب ريعه ألف ألف درهم في كل سنة، ورتب مصارف المارستان والقبة والمدرسة ومكاتب الأيتام.

(1) ابن دقماق، الانتصار لواسطة عقد الأمصار، المكتب التجاري للطباعة والنشر، بيروت، ص99.

(2) المقريزي، السلوك في معرفة دول الملوك، تحقيق محمد مصطفي زيادة، القاهرة 1956م، ج1، ق1، ص716، 717.

(3) كان القصر الغربي تجاه القصر الشرقي، وقد شغل موقعه المارستان المنصوري وما في صفه من المدارس ودار الأمير بيسري وباب قبو الخرتشف وربع الملك الكامل المطل على سوق الدجاجين، وما يجاوره من الدرب المعروف بدرب الخضيري تجاه الجامع الأقمر وما وراء هذه الأماكن إلى الخليج. وقد بناه العزيز بالله، المقريزي، ج1، ص457، محمد سيف النصر أبو الفتوح، منشآت الرعاية الاجتماعية بالقاهرة حتى نهاية عصر المماليك، رسالة دكتوراه، جامعة أسيوط، كلية الآداب، 1980، ص81.

(4) المقريزي، الخطط، ج2، ص406.

أُنجزت عمارة المجموعة كلها بما فيها المارستان في زمن قياسي، وهو أحد عشر شهرًا وأيام حيث انتهى العمل بها في ربيع الآخر سنة 683هـ/ 1284م. وتوجه السلطان لافتتاح مجموعته المعمارية في موكب حافل ثم جلس بالبيمارستان ومعه الأمراء والقضاة والعلماء، وأخبر من شهد السلطان وشهد عليه أنه استدعى قدحًا من الشراب فشربه وقال: «قد وقفت هذا على مثلي فمن دوني»[1].

كان ممن حضر هذا الاحتفال الشاعر الشرف البوصيري حيث سجل إعجابه بهذا المشروع العظيم في قصيدة أولها:

أنـشـأت مـدرسـة ومـارسـتـانـا لـتـصـحـح الأديـان والأبـدانـا

يشير الواقف في وثيقة وقف البيمارستان المنصوري إلى الغرض من وقف هذا البيمارستان ويعدد المنتفعين به، كما يعدد الأمراض التي فيه، مما يعطينا صورة واضحة عن مدى أهمية هذا البيمارستان، والدور الذي قام به في تقديم الرعاية الصحية، لمختلف فئات المجتمع في العصر المملوكي وحتى أوائل القرن العشرين، فجاء في وثيقة وقف السلطان قلاوون: «... هذا البيمارستان هو الذي وقفه مولانا السلطان الملك المنصور الموكل الموقوف خلد الله ملكه بيمارستانا لمداواة مرضى المسلمين الرجال والنساء من الأغنياء المثرين والفقراء المحتاجين بالقاهرة، ومصر وضواحيهما، من المقيمين بهما والواردين إليهما من البلاد والأعمال على اختلاف أجناسهم وأوصافهم وتباين أمراضهم وأوصابهم من أمراض لأجسام قلت أو كثرت، اتفقت أو اختلفت، وأمراض الحواس، خفيت أو ظهرت، واختلاف العقول التي حفظها أعظم المقاصد والأغراض، وأول ما يجب الإقبال عليه دون الانحراف عنه، والأعراض، وغير ذلك مما تدعو حاجة الإنسان إلى صلاحه وإصلاحه بالأدوية والعقاقير المتعارفة عند أهل صناعة الطب، والاشتغال فيه بعلم الطب، والاشتغال به، يدخلونه جموعًا ووحدانًا، وشيوخًا، وشبانًا، وبلغًا وصبيانًا، وحرمًا وولدانًا، يقيم به المرضى الفقراء من الرجال والنساء لمداواتهم إلى حين برئهم وشفائهم، ويصرف ما هو مُعْدٍ فيه للمداواة، ويفرق للبعيد والقريب، والأهلي وللغريب والقوي والضعيف، والدني والشريف، والعلي والحقير، والغني والفقير، والمأمور والأمير، والأعمى والبصير،

(1) محمد سيف النصر أبو الفتوح، منشآت الرعاية الاجتماعية بالقاهرة حتى نهاية عصر المماليك، كلية الآداب، رسالة دكتوراه، جامعة سوهاج، 1980، ص82.

والمفضول والفاضل، والمشهور والخامل، والرفيع والوضيع، والمترف والصعلوك، والمليك والمملوك، من غير اشتراط لعوض من الأعواض، ولا تعويض بإنكار على ذلك، ولا اعتراض، بل لمحض فضل الله العظيم...»[1].

وجاء في وثيقة الوقف وصف تفصيلي لعمارة البيمارستان منه «... وبأقصى هذا الدهليز باب كبير معقود حنية بالطوب الآجر والجبس بعقبة سفلى صوانًا يغلق عليه زوج أدراف مدهون مذهب، بحشوات منقوشة مذهبة وصفائح حديد مذهبة يدخل منه إلى قاعة كبرى وهي البيمارستان المبارك، تحوي أربعة أواوين متقابلة[2] مسقفة بقباب وأخياط معرقة بالذهب واللازورد والأصباغ المختلفة وأربع قاعات متفرقة ومطبخ وبيوت برسم الحواصل، وفسقية كبيرة بديعة الشكل تعلوها قبة محمولة على أربعة عمد رخام أبيض مكملة القواعد الرخام المذهبة، وأربعة أركان حجر نحيت مرخم ظاهرها بالرخام الأبيض والأزرق والأحمر والكريدانات المنوعة المجزعة إلى علو صحاف العمد المذكورة...»[3].

كان البيمارستان مقسمًا إلى قسمين أحدهما للذكور، والآخر للإناث، وكل قسم مقسم إلى قاعات: قاعة للأمراض الباطنية، وقاعة للجراحة وقاعة للكحالة «أمراض العيون»، وقاعة للتجبير، وكانت قاعة الأمراض الباطنية مقسمة هي الأخرى إلى أقسام صغيرة تبعًا لاختلاف الأمراض فمنها قسم للمحموسين، وهم المصابون بالحمى، وقسم للممرورين وهم مرضى الجنون السبعي، وقسم للمبرودين أي المتخومين، وقسم لمن به إسهال...[4] وهكذا،

---

(1) محمد محمد أمين، وثائق وقف السلطان قلاوون على البيمارستان المنصوري، ملحق بالجزء الأول من كتاب «تذكرة النبيه في أيام المنصور وبنيه لابن حبيب الحلبي»، الهيئة المصرية العامة للكتاب، القاهرة، 1976، محمد أمين، الأوقاف والحياة الاجتماعية في مصر، ص160، 161.

(2) إيوان: كلمة فارسية معربة مأخوذة من «إيفان» وتعني لغويًا قاعة العرش ومنه إيوان كسرى، أما في العمارة المملوكية فالإيوان يمثل وحدة معمارية مربعة أو مستطيلة الشكل لها ثلاثة حوائط أي من ثلاث جهات فقط، والجهة الرابعة مفتوحة، وإذا سد الإيوان بحائط من الجهة الرابعة فلا يقال له إيوان بل مجلس، والإيوان يعلو دائمًا بمقدار درجة أو سلمة أو أكثر عن باقي مسطحات المكان، وسقف الإيوان إما معقود أو مسطح، وعلى واجهة الإيوان عقد أو قوصرة أو كريدي عدا ما في الوحدات السكنية الصغيرة فتعلوه فتحة عادية، 3 محمد أمين وليلى إبراهيم، المصطلحات المعمارية في الوثائق المملوكية، ص17.

(3) محمد أمين، الأوقاف والحياة الاجتماعية في مصر، ص158، 159، انظر شرحًا لعمارة البيمارستان والمصطلحات المعمارية الشارحة لها، محمد سيف النصر أبو الفتوح، منشآت الرعاية الاجتماعية بالقاهرة حتى نهاية عصر المماليك، رسالة دكتوراه، جامعة أسيوط، كلية الآداب، 1980، ص144-154.

(4) محمد أمين، الأوقاف والحياة الاجتماعية، ص162.

وكان لكل قسم من أقسام البيمارستان ما بين طبيب وثلاثة حسب اتساع القسم وعدد المرضى، ولكل قسم رئيس، فكان فيه رئيس للأمراض الباطنة، ورئيس للجراحين، ورئيس للكحالين[1].

تحدد وثيقة الوقف الخدمات التي تقدم للمرضى، ومنها توفير الأسرة والفرش اللازمة لهم، وتوفير الأدوية والعقاقير على اختلاف أنواعها، وتوفير الغذاء المناسب لكل مريض حسب حالته الصحية، فضلًا عن توفير الإضاءة، والماء العذب، وترتيب الفراشين والقومة الذين يتولون أعمال النظافة وغسل ملابس المرضى والقيام بمختلف مصالحهم التي يحتاجون إليها، كما يوضح لنا الواقف في وثيقة وقفه بعض الأنظمة التي كان معمولًا بها، وتعدُّ من أسس الرعاية الصحية الحديثة، من ذلك ما يشترطه من ضرورة تحضير الأدوية، في أوانها وتخزينها لحين الحاجة إليها، على أن يصرف لكل مريض ما يحتاج إليه فقط دون زيادة أو نقصان، فقد كان للبيمارستان خزانة كاملة للشرب، كذلك راعى الوقف حالة الطقس في مصر خلال فصل الصيف، فاشترط ضرورة صرف مراوح من الخوص ليستخدمها المرضى في التخفيف من حرارة الصيف، كذلك حرص الواقف على أن يكون هناك ما يغطي به غذاء المرضى لمنع تلوثه، وأن يتناول كل مريض غذاءه من غير مشاركة مع مريض آخر زيادة في الحيطة، واتباعًا لأساليب صحية، وأصبحت بمرور الزمن، ونتيجة للعمل بشرط الوقف، من التقاليد الصحية المرعية، فجاء في وثيقة وقف البيمارستان: «ويصرف الناظر من ريع هذا الوقف ثمن ما تدعو حاجة المرضى إليه من سرر حديد أو خشب، على ما يراه مصلحة، ولحف محشوة قطنًا، وطراريح محشوة بالقطن أيضًا، وملاحف قطن، ومخادع طرح، أو أدم محشوة على ما يراه، ويؤدي إليه اجتهاده... فيجعل لكل مريض من الفرش والسرر على حسب حاله، وما يقتضيه مرضه... ويصرف الناظر في هذا الوقف ثمن سكر يصنعه أشربة مختلفة الأنواع، ومعاجين، وثمن ما يحتاج إليه لأجل ذلك من الفواكه والخماير، ورسم الأشربة، وثمن ما يحتاج إليه من أصناف الأدوية والمعاجين والعقاقير والمراهم، والأكحال، والشيافات[2]، والذرورات والأدهان، والسفوفات، والدرياقات[3]، والأقراص، وغير ذلك.

---

(1) محمد أمين، الأوقاف والحياة الاجتماعية، ص162.

(2) الشيافات، جمع شياف، وهي عبارة عن دواء مسحوق يستعمل للعيون كما أنها أيضًا الدواء الذي يعمل قمعًا أو تلبيسةً (فتيلة).

(3) الدرياقات أو الترياقات جمع درياق أو ترياق، وهو دواء مركب لعلاج السموم، المنجد، طبعة بيروت، 1960، ص17.

يصنع كل صنف في وقته وأوانه، ويدخره تحت يده في أوعية معدة له، فإذا فرغ استعمل مثله من ريع هذا الوقف، ولا يصرف من ذلك لأحد شيئًا إلا بقدر حاجته إليه ولا يزيده عليها، وذلك بحسب الزمان، وما تدعو الحاجة إليه بحسب فصول الاستعمال وأوقاتها، وقدم في ذلك الأحوج فالأحوج من المرضى والمحتاجين، والضعفاء والمنقطعين، والفقراء والمساكين، ويصرف الناظر من ريع هذا الوقف ما تدعو حاجة المرضى إليه من مشموم في كل يوم، وزبادي فخار برسم أغذيتهم، وأقداح زجاج برسم أشربتهم، وكيزان وأباريق فخار، وزيت للوقود عليهم، وماء من بحر النيل المبارك برسم شربهم وأغذيتهم، وثمن مكبات خوص لأجل أغطية أغذيتهم عند صرفها عليهم، وفي ثمن مراوح خوص لأجل استعمالهم إياها في الحر، يصرف الناظر ثمن ذلك من ريع هذا الوقف في غير إسراف ولا إجحاف، ولا زيادة على ما يحتاج إليه كل ذلك بحسب ما تدعو الحاجة، لزيادة الأجر والثواب...»[1].

ومن الوظائف التي رتبها الواقف بالبيمارستان، ما يماثل الصيدلي فقد رتب رجلين اشترط فيهما الأمانة والديانة، يتولى أحدهما حفظ الأدوية والعقاقير، ويكون مسؤولًا عن صرف الأدوية حسب أوامر الأطباء، فيسلمها لآخر يقوم بتوزيعها على المرضى، وعليه أن يتأكد من أن كل مريض تناول الدواء الموصوف له، وعليه كذلك الإشراف على المطبخ، وتوصيل الطعام إلى المرضى كل حسب ما وصف له، فنصت الوثيقة على أن «يصرف الناظر في هذا الوقف لرجلين مسلمين موصوفين بالديانة والأمانة، يكون أحدهما خازنًا لمخزن حاصل التفرقة يتولى تفرقة الأشربة والكحال والأعشاب والمعاجين والأدهان والشيافات المأذون له في صرف ذلك من المباشرين، ويكون الآخر أمينًا، يتسلم صبيحة كل يوم وعشيته أقداح الشراب المختصة بالمرضى والمختلين، من الرجال والنساء، المقيمين بهذا المارستان، ويفرق ذلك عليهم، ويباشر شرب كل منهم لما وصف له من ذلك، ويباشر المطبخ بهذا المارستان، وما يطبخ به للمرضى من... ودجاج وفراريج ولحم وغير ذلك، ويجعل لكل مريض ما طبخ له، في كل يوم، في زبدية منفردة له من غير مشاركة مع مريض آخر، ويغطيها، ويوصلها إلى المريض، إلى أن يتكامل إطعامهم، ويستوفي كل منهم غذاءه، وعشاءه، وما وصف له بكرة وعشية[2]...».

---

(1) محمد أمين، الأوقاف والحياة الاجتماعية، ص164.

(2) محمد أمين، وثائق وقف السلطان قلاوون على البيمارستان المنصوري، دراسة ملحقة بكتاب (تذكرة النبيه بأيام المنصور وبنيه لابن حبيب)، دار الكتب المصرية، القاهرة 1977م، ص365، 366.

أما أطباء البيمارستان فكانوا حسب ما جاء بالوثيقة ثلاث فئات: «الطبائعيون» وهم الذين يقومون بعلاج الأمراض الباطنية physician، والجراحون، وهم الذين يقومون بالعمليات الجراحية surgeon، والكحَّالون، وهم المختصون بمعالجة أمراض العيون ophthalmic surgeon، وتشرح الوثيقة أن الأطباء يباشرون المرضى، ويصفون لكل مريض ما يحتاج إليه من علاج وغذاء في دستور ليصرف على (حكمة) أي روشتة، كذلك حدد الواقف مواعيد وجود الأطباء بكل دقة، فشرط ضرورة وجود الأطباء الكحالين صباح كل يوم حتى لا يأتي مريض للعلاج ويرد، كذلك توضح لنا وثيقة الوقف نقطتين على جانب كبير من الأهمية الأولى: ضرورة مراجعة الطبيب الكحال (طبيب العيون) للطبيب الطبائعي (طبيب الأمراض الباطنية)، للنظر معًا في علاج المريض الذي قد يرجع مرض عينيه إلى أسباب باطنية وتوضح لنا هذه النقطة مدى التعاون بين الأطباء في فروع الطب المختلفة في ذلك العصر، يذكر لنا ابن أصيبعة أهمية تشاور الأطباء فيقول: «فتتضاعف الفوائد المقتبسة من اجتماعهما، ومما كان يجري بينهما من الكلام في الأمراض ومداواتها، وما كانا يصفان للمرضى»[1].

والنقطة الثانية: هي حرص الواقف على ضرورة وجود الأطباء بالبيمارستان ليلًا «مجتمعين أو متناوبين» مما يدل على اهتمام الواقف بالرعاية الصحية، وضرورة الاحتياط لما قد يحدث من أزمات للمرضى أثناء الليل، فقد نصت وثيقة الوقف: «ويصرف الناظر من ريع هذا الوقف لمن ينصبه بهذا المارستان من الأطباء المسلمين الطبائعيين والكحالين والجرائحين بحسب ما يقتضيه الزمان وحاجة المرضى، وهو مخير في العدة، وتقرير الجاميكات[2]، ما لم يكن في ذلك حيف ولا شطط، يباشرون المرضى والمختلين، الرجال والنساء، بهذا المارستان مجتمعين ومتناوبين، باتفاقهم على التناوب، أو بإذن الناظر في التناوب، ويأتون عن أحوالهم، وما يتجدد لكل منهم من زيادة مرض أو نقص، ويكتبون بما يصلح لكل مريض من شراب وغذاء وغيره، في دستور ورق ليصرف على حكمة، ويلتزمون المبيت في كل ليلة بالبيمارستان مجتمعين أو متناوبين، ويجلس الأطباء الكحالون لمداواة أعين الرمداء بهذا المارستان، ولمداواة من يرد إليهم به من المسلمين بحيث لا يرد أحد من المسلمين الرمداء من مداواة عينيه بكرة كل يوم، ويباشرون المداواة، ويتلطفون فيها،

(1) ابن أبي أصيبعة، عيون الأنباء في طبقات الأطباء، ج2، القاهرة، دار المعارف 1977، ص243.
(2) الجامكيات: المرتبات الشهرية للعاملين.

ويرفقون بالرمداء في ملاطفتهم، وإن كان بينهم من به قروح أو أمراض في عينيه، تقتضي مراجعة الكحال للطبيب الطبائعي راجعه، وأحضره معه من غير انفراد عنه، وراجعه في أحواله إلى حين برئه وشفائه...»[1].

نصت الوثيقة على ترتيب تعليم الطب في البيمارستان، وكان من أبرز علمائه ابن النفيس وأسرة القوصي وداود الأنطاكي وغيرهم، فتذكر الوثيقة عن تعليم الطب به بما يلي: «ويصرف الناظر في هذا الوقف لمن ينصبه شيخًا للاشتغال بعلم الطب على اختلافه، يجلس بالمصطبة الكبرى المعينة له في كتاب الوقف المشار إليه، للاشتغال بعلم الطب على اختلاف أوضاعه في الأوقات التي يعينها له الناظر، ما يرى صرفه إليه»[2].

لقد أجريت عمليات صيانة مستمرة للبيمارستان، فقد وجدنا تفصيلًا لعناصر البيمارستان في وقفية الأمير عبد الرحمن كتخدا، الذي تولى نظارة وقف السلطان المنصور قلاوون، إذ جدد كتابة وثائق الوقف الثلاث التي كتبت في السنوات (683-684-685هـ/ 1284-1285-1286م)، في وقفية جديدة سنة (1174هـ/ 1760م) عرفت باسم الأمير عبد الرحمن كتخدا الذي جدد عمارة البيمارستان سنة 1190هـ/ 1776م جاء فيها:

«وجميع البيمارستان بصدد الدهليز الجامع لذلك، ومكتب السبيل علو باب القيسارية المستجدة والصهريج بداخل البيمارستان المرقوم، وما يتبع ذلك من الأواوين والقاعات والأروقة والخلاوي والطباق وبيوت المختلين من الرجال والنساء، وأواوين الضعفاء والمرضى، وفساقي المياه وبيوت الأخلية (المراحيض) وغير ذلك.. على أن تكون المصطبة الكبرى التي بالبيمارستان المرقوم مرصدة لجلوس مدرس من الحكماء الأطباء.. ولجلوس المشتغلين بعلم الطب على اختلافه. وتكون المصطبة المقابلة لها مرصدة لجلوس المستخدمين والمباشرين لإدارة البيمارستان المرقوم وتكون القاعة المتوصل إليها من الباب الثالث مرصدة لإقامة الرمداء. ويكون المخزن الكبير المتوصل إليه من الباب السادس مرصدًا لحفظ الأعشاب، وتكون القاعة المتوصل إليها من الباب السابع برسم إقامة المرضى.. وتكون المصطبة الكبرى المتوصل إليها من الدهليز الذي بأوله باب المطبخ برسم إقامة المجروحات والمكسورات من النساء... إلخ».

---

(1) محمد أمين، وثائق وقف السلطان قلاوون على البيمارستان المنصوري، ص365، 366.

(2) محمد أمين، وثائق وقف السلطان قلاوون، ص366.

لكننا نستطيع أن نقف كثيرًا أمام وصف أوليا جلبي الرحالة التركي لهذا البيمارستان في القرن 11هـ/ 17م، الذي نستشف منه مدى ما كان عليه بعد قرون من إنشائه حيث يذكر أنه «مستشفى عظيم في سرة القاهرة في ركن من حرم جامع السلطان قلاوون الذي وصفناه فيما سبق. بناء عجيب لا نظير له في بلاد الترك «الروم» والعرب والعجم، فقد بني على أسلوب لو اختل عقل امرئ عالجه الحكماء فارتد عاقلًا، بوسط حرمه العظيم الذي تبلغ مساحته مائة وخمسين خطوة طولًا وعرضًا، والمفروش برخام مجلو، حوض عظيم يتفجَّر الماء من فوارته طول قامة رجلين، وبجانب الحوض مصلى، وعلى الحوض قبة منقوشة السقف يحملها اثنا عشر عمودًا رشيقًا. وبكل جانب من جوانب الحرم الأربعة قاعة عظيمة تتسع لألف رجل، بجانبيها أروقة ذات سقوف منقوشة معقودة بالجير، والقاعات مفروشة برخام مختلف الألوان يمثل نقش الأرتنك. وبنهاية كل قاعة سبيل ارتفاعه طول قامة رجلين طويلي القامة، يجري منه الماء كالسيل إلى تلك الأروقة، ثم يصب في الحوض الكبير الذي يتوسط الحرم. وقد بنيت القاعات الأربع كلها على هذا النظام. وينام المرضى تحت ألحفة حريرية فوق تلك الأروقة. وإذا ما قارب بعض المرضى الإفاقة سمح لهم بالاستحمام على حافة تلك المياه الجارية، وحولهم الممرضون يخدمونهم كأنهم فراش حول الشمع. بيد أن بعض إخواننا المجانين يقضون أوقاتهم في أركان مظلمة، وبعضهم يقضونها في جحر مكشوفة ذات أحواض وفوارات مقيدين بالسلاسل هازمين كالرعد، على حين يظل بعضهم هادئين. ولما كانت في طبيعة أرض مصر اليبوسة، فإن جميع أهلها سوداويون، ولكنهم لقدمهم ذوو شهرة ومكر وحيلة فما إن يظهر مريض حتى يعرضه أهل الحي على الباشا ويستصدرون الأمر بوضعه في المستشفى ومعالجته. وذلك لأن المستشفى لا يقبل المريض إلا بأمر منه، لأنه يكلفه قرشًا في كل يوم. فقد كان فيه زماننا ثلاثمائة وستة بين مريض ومجنون.

وفي مكان صرف الطعام للمرضى من العمارة اثنا عشر طبيبًا مع تلاميذهم يحضرون لكل مريض ما يوافق طبعه من الطعام والدواء. وللحكماء أتباع من الممرضين لهم جرأة وطبع الجلادين، يطعمون بعض الإخوان فاقدي العقل خشافًا من عصا الشوم فيعقلون.

وإذا قدم إلى مستشفى قلاوون مريض مضى عليه ثلاثة أعوام أفاق في أربعين يومًا بإذن الله، وانقلب لون وجهه الشاحب ورديًا. لأن فيه حكماء كأبقراط وسقراط وأفلاطون وفيثاغورث والتوحيدي وأبي علي ابن سينا، كل منهم حكيم كالمسيح يحيي الموتى. لكن لا يظهر أن الحكماء من أهل المدينة، فكل الحكماء غرباء، بيد أنهم من أبناء العرب،

لأن الطب علمهم. والطب ألزم العلوم، فقد قال رسول الله «العلم علمان علم الأبدان وعلم الأديان» ويفهم من هذا الحديث أن الطب نشأ عند العرب. كان الطب موجودًا في عصر الإسكندر الأكبر وفليقوس وجالينوس، حتى إذا جاء رسول الله اشتهر حكماء المسلمين بالطب، ثم وصل حكماء اليونان والفرنج إلى دقائق علم الطب فاشتهروا ولكنهم لا يزالون محتاجين إلى حكماء العرب، لأن العربي إن عني بالمريض قلبًا وروحًا متمسكًا بالزهد والتقوى وقوة العلم شفي بإذن الله، ولا سيما حكماء مستشفى قلاوون فإنهم جميعا من أكمل الأساتذة ومهرة الفصادين، فلا يجسُّ أحدهم نبض مريض ويصف له الدواء الموافق لمزاجه حتى يشفى بإذن الله، وذلك لأن في بلاد الإقليم الأول بالصعيد والواحات والحبش وبلاد الفرنج وجبل القمر أنواعًا من النبات والأعشاب والحيوان لا يوجد في الهند أمثالها. فترد تلك العقاقير إلى القاهرة فيستعملها الحكماء في علاج المرضى فيشفون. فلهذا اشتهر مستشفى قلاوون في بلاد الترك والعرب والعجم»[1].

البيمارستانات المتنقلة

يبدو أن وسائل الدولة والموسرين في الوقاية من الأمراض لم تقتصر على البيمارستانات الثابتة في تقديم الخدمات الصحية للمجتمع، بل وجدت وسائل أخرى منها البيمارستانات المتنقلة. وهذا النوع من البيمارستان ينشط في ظروف تحددها الحاجة، ويرى فريق من المعنيين أن المسلمين لهم الفضل في ابتكار هذا النوع من البيمارستانات، وقد ازداد الاهتمام بمثل هذا النوع من الرعاية في أوقات تفشي الأمراض وانتشار الأوبئة، وفى مواسم الحج. ومن أبرز رجال الدولة العباسية الذين اهتموا بهذا النوع من البيمارستانات الوزير علي بن عيسى (ت335هـ/ 947م) فيما أمر به الطبيب سنان بن ثابت (ت331هـ/ 943م) بتقديم الخدمات الصحية للسجناء من جهة وأهل القرى والأرياف البعيدة من جهة ثانية باعتبارهم من المجتمعات المفتقرة إلى الرعاية الاجتماعية والصحية.

ومن ضروب هذه البيمارستانات البيمارستان المنسوب للسلطان محمود بن سبكتكين (ت421هـ/ 1030م) المحمول على أربعين جملًا في أوقات الحروب، والراجح أن هذا البيمارستان استمر محمولًا من بعده حتى عهد الخليفة المقتفي (566هـ575-هـ/ 1170م-1198م).

---

(1) أوليا جلبي، سياحتنامه مصر، ترجمة محمد علي عوني، تحقيق عبد الوهاب عزام، أحمد السعيد سليمان، تقديم أحمد فؤاد متولي، دار الكتب والوثائق القومية، 2003، ص346: 348.

العلاج بالموسيقى

إن أبدع ما أنتجته الحضارة الإسلامية هو إدراك أطبائها أن المرض النفسي عرض طبيعي يصيب البشر، على عكس التعامل الأوربي معه، حتى رأينا العلاج بالموسيقى في البيمارستان القلاووني بالقاهرة، ووقف الموسيقى في المغرب الذي أوقفه الواقفون ليصرف دخله للترويح بالموسيقى كعلاج نفسي عن المرضى بالأمراض العصبية والنفسية بالبيمارستانات، كمارستان سيدي فرج بفاس الذي كان له وقف برسم الموسيقيين الذين يزورونه أسبوعيًا مرة أو مرتين، ليقدموا لنزلائه نغمات موسيقية مناسبة لأمزجتهم وطباعهم ويوجد بمدينة تطوان بوق موسيقى جعل غايته من كل أسبوع الترويح على نفوس الذين أصيبوا بأعصاب مرهقة وأتعاب مدمرة في نفوسهم، فكان يشنف الأسماع بألحان يجد لها المريض لذة[1].

وقف الملهوف

إن تعرض الإنسان لمآزق في حياته يؤثر فيه بالسلب، لذا رأينا في المغرب وقف الملهوف وأصل اللفظ: لهف على الفائت لهف حزن وتحسر فهو لهف ولهيف، ولاهف ولهفان، وفي الحديث: «اتقوا دعوة اللهفان». وهذا الوقف يصرف ريعه لمساعدة الذين تعرضوا لظروف قاهرة لمآس ومشاكل اجتماعية أحزنت قلوبهم واضطرتهم إلى الاستغاثة[2].

إن الوقاية الصحية ومراعاة ذلك في المدن وتخطيطها بلغت ذروة نضجها في رؤية علماء المسلمين، ففي كتاب في الطب لأبي عبد الله يحيى محمد بن الشيخ السوس يقول حين يتكلم عن الوباء والعمليات الطبية التي يجب أن يعامل بها وكيف يتعامل الأصحاء مع المرضى، يقول: «ويحترس من تناول الحوائج من المرضى خصوصًا كسوتهم ولباسهم وفراشهم والمائع من فضل طعامهم وما وصله عرق المرضى ورطوباتهم وروائحهم والمكث في موضع مريض أو ميت، قال ويتحفظ في حفظ المرضى ويفرد لهم موضع يليق بهم بعيدًا عن مسكن غيرهم بنحو قدر رمح ولا يكون في جهة الريح للأصحاء، ويجدر في تمريض المرضى وغسل الموتى وحملهم ومس ثيابهم باستعمال الضماد على الأنف والبعد منهم إن أمكن، ويغسل ثيابهم بعد البرء أو الموت بماء بارد بعد مضي ثلاثة عشر يومًا ويترك الكسوة خارج البيت في تلك المدة

---

(1) محمد عبد العزيز، الوقف في الفكر الإسلامي، وزارة الأوقاف والشؤون الإسلامية، الرباط 1996م، ج1، ص157، 159.

(2) محمد عبد العزيز، الوقف في الفكر الإسلامي، ج1، ص155، 157.

للرياح وينبغي غسل ثياب الأموات في مجرى الماء على حجر صلد مستو بحيث يذهب الماء المنفصل بسرعة وكذا غسل الأموات إنما يكون بالماء البارد في موضع مكشوف ويقف الغاسل والمعين وراء الريح ويمسح أنفه بالقطران أو الصبر أو الورد عند مخالطة المرضى والأموات أو الصبر والريحان مع الخل أو ماء الليمون أو الماء ويحذر عند دفن الميت من ذكر أو أنثى فيأمر الناس بالبعد عن القبر جدًا ويقف من يتولاه وراء الريح ويفعل ذلك بسرعة مشمرًا ثيابه مالئًا أنفه بالصبر والخل ونشر النارنج المدقوق وهو جيد... إلخ[1]».

كان الناس يدركون منذ فترة مبكرة في تاريخ الحضارة الإسلامية، أهمية أن تكون أماكن إقامة ذوي العاهات والأمراض المعدية بعيدة عن مهاب الريح، ففي روض القرطاس لابن أبي زرع من أن باني فاس الإمام إدريس حين بنى سور المدينة إلى كرواة صنع هناك بابًا شرقيًا يعرف بباب الكيسة ومنه يخرج إلى حارة المرضى ليكون سكناهم تحت مجرى الريح الغربية فتحمل الرياح أبخرتهم ولا يصل إلى أهل المدينة منها شيء، وليكون تصرفهم في الماء وغسلهم بعد خروجه من البلد[2].

لكن أروع الابتكارات جاءت حين هاجم الطاعون مراكش سنة 571هـ/ 1175م، فكان الرجل لا يخرج من منزله حتى يكتب اسمه ونسبه وموضعه في براءة ويجعلها في جيبه، فإذا مات حمل إلى موضعه وأهله. وهذا النوع من الابتكارات كان سابقًا لعصره[3].

وقف المجذومين

الحبس الذي حبسه المحبس أي الواقف على مركز العزل للمرضى بالجذام في مدينة فاس، وسمي «حبس حارة المجذومين» أي المنطقة المخصصة للمجذومين، وجد هذا الحبس في عهد الدولة الموحدية حيث نقلهم إلى كهوف بقرب الوادي من جهة المصادرة زمن يعقوب المريني فرفعت الشكاية لما يفعلونه من غسيل ثيابهم وأقذارهم بنهر فاس وأن ذلك مضر بأهل المدينة فأمر بنقلهم إلى حارة برج الكوكب خارج باب عجيسة في سنة 658هـ ليصدوا عن التصرف في ماء المدينة وقاية من الضرر[4].

---

(1) محمد عبد الحي الكتاني، الملاجئ الخيرية الإسلامية في الدولة الموحدية والمرينية بالديار المغربية، المجلة الزيتونية، ج7، 8، تونس جمادى 1، 2، 1358هـ، 1939م، المجلد 3، ص19.

(2) محمد عبد الحي الكتاني، الملاجئ الخيرية الإسلامية، ص20.

(3) محمد المنوفي، حضارة الموحدين، دار توبقال للنشر، الدار البيضاء، 1989، ص94.

(4) محمد عبد العزيز، الوقف في الفكر الإسلامي، ج1، ص151.

وقف الأضرَّاء

وجد في المغرب وقف على المكفوفين الذين فقدوا نعمة البصر، ليصرف ريعه على رعايتهم، كوقف سيدي أبي العباس السبتي بمراكش للعميان، يأخذون كل يوم من ريعه ما يعيشون به ذكورًا وإناثًا على كثرة عددهم، وحبس سيدي علي بوغالب ينفق منه على ذوي العاهات المزمنة، واهتم السلطان أبو يوسف ابن عبد الحق بهذه الفئة المهمشة اجتماعيًا، فخصص لهم مرتبات منتظمة عند كل شهر وسار على منواله أبو الحسن المريني وبنى لهم دورًا[1].

وجد في العصر المملوكي بمصر وقف لتغسيل فقراء المسلمين ودفنهم، خاصة مع انتشار الأوبئة والطواعين، ومن أشهر هذه الأوقاف وقف الطرحاء، الذي أنشأه الظاهر بيبرس، وكثيرًا ما صنع الناس التوابيت في أوقات الطواعين، وأوقفوها على نقل الموتى، لتغسيل الأموات والصلاة عليهم، وجدد في هذا العصر مصلى المؤمني بالقاهرة لذات الغرض[2].

---

(1) محمد عبد العزيز، الوقف في الفكر الإسلامي، ج1، ص138، 141.

(2) سعيد عاشور، موسوعة الحضارة العربية الإسلامية، دار النهضة العربية، القاهرة 1980م، ص342-346.

الفصل الخامس
الرِّعاية الاجتماعيَّة

الدور الاجتماعي للوقف

أخرج ابن ماجه في سننه أن رسول الله ﷺ قال: «إن مما يلحق المؤمن من عمله وحسناته بعد موته: علمًا ينشره، أو ولدًا صالحًا تركه، أو مصحفًا ورَّثه، أو مسجدًا بناه، أو بيتًا لأبناء السبيل بناه، أو نهرًا أجراه، أو صدقة أخرجها من ماله في صحته وحياته تلحقه من بعد موته»(1).

ووردت خصال أخرى، يكون مجموعها عشرًا، نظمها السيوطي فقال:

إذا مات ابن آدم ليس يجري ... عليه من فعال غير عشر
علوم بثها ودعاء نجل ... وغرس النخل والصدقات تجري
وراثة مصحف ورباط ثغر ... وحفر البئر أو إجراء نهر
وبيت للغريب بناه يأوي ... إليه، أو بناء محل ذكر

يعكس هذا كله تطور الدور الذي يقوم به المجتمع لسدّ احتياجاته، من خلال مؤسسة الوقف، خاصة مع ميل الناس وأصحاب الأملاك والمؤسرين منهم إلى المساهمة في شدِّ أزر بعض دور الرعاية الاجتماعية، تقربًا إلى الله تعالى ونشدانًا للخير وللمشاركة في عمل البر، فتعددت أوجه الوقف، فهناك أعيان حبست على رصف الطرقات وتعديلها وفكاك الأسرى ولأبناء السبيل وللمعاونة على القيام بأداء فريضة الحج، ولإعارة الحلى الذهبية لكل عروس فقيرة حتى تبدو ليلة زفافها إلى عريسها في أكمل صورة، ولمن يغضبن من الزوجات اللائي ليست لهن أسر يلجأن إليها، وتكون أسرهن في بلاد بعيدة فيؤسس لهن دار، جميع موظفيها من النساء، يقدمن لهن الطعام والشراب حتى لا يتعرضن لأخطار المجتمع، وعلى رأس هذه الدار مرشدة تعالج أسباب الغضب وتهيِّئ نفوس الزوجات لعودة العلاقة الطيبة بينهن وبين أزواجهن(2).

---

(1) سنن ابن ماجه، كتاب المقدمة، باب ثواب معلم الناس، ص200، دار القاهرة، القاهرة 1932.

(2) محمد عبد العزيز مرزوق، الفن الإسلامي، تاريخه وخصائصه، مطبعة أسعد، بغداد، ص168.

وقف رفع الأذى: الوقف أو الحبس الذي حبسه المحبسون من أملاك لتصرف إيراداتها على من وقع عليه زيت مصباح أو تلوث ثوبه بشيء آخر يؤخذ من هذا الوقف أو الحبس ليشتري به ثوبًا آخر ويصرف منه لنقل الأزبال، وإضاءة البلد، وجمع الفئران، ورفع الحجارة من الطرق وبناء دور للوضوء...(1).

وقف تحرير الرقبة: وقف يتعلق بتحرير رقبة المملوك من العبودية إلى الحرية وأصله يرجع إلى أيام شراء العبيد من سوق النخاسة ويعتبر المملوك كباقي الأشياء المملوكة(2).

وقف الألبسة الشتوية: الوقف الذي أوقف ليصرف جزء من ريعه على شراء الألبسة الشتوية وتوزيعها على الفقراء في أوائل الشتاء ليتدثروا بدفئها(3).

هذا يقودنا إلى الصرف من ريع بعض الأوقاف على كسوة العرايا والمقلين، وستر عورات الضعفاء والعاجزين، وإرضاع الأطفال عند فقد أمهاتهم أو عجزهن عن إرضاعهم، ووفاء دين المدينين(4).

هنا نستطيع أن نتحدث عن واحد من أطرف ما أوقف في الحضارة الإسلامية، (**وقف الميزاب**) الذي أوقفه صلاح الدين الأيوبي، إذ جعل في أحد أبواب قلعة دمشق ميزابًا يسيل منه الحليب، وميزابًا يسيل منه الماء المذاب في السكر، وتأتي إليه الأمهات الفقيرات يومين في كل أسبوع ليأخذن لأطفالهن وأولادهن ما يحتاجونه من الحليب والسكر(5).

ومن الأوقاف ما ينفق على تطبيب الحيوان، ومن الطريف أن وقف المرج الأخضر بدمشق كان وقفًا للحيوانات المريضة العاجزة تظل ترعى فيه حتى تموت، وكان وقف القطط في سوق ساروجة خاصًا بإيواء الحيوانات الأليفة(6)، كما وقفت حدائق بجميع أشجارها المثمرة ليأكل منها كل عابر سبيل(7)، ربما كان من أطرف أنواع الأوقاف ما ذكره ابن بطوطة في رحلته عن (**أوقاف الأواني**) إذ يقول: مررت يومًا ببعض أزقة دمشق فرأيت به مملوكًا صغيرًا قد سقطت من يده صفحة من الفخار يسمونها الصحن فتكسرت واجتمع عليه الناس

---

(1) محمد عبد السلام المهماه، المعجم لألفاظ الحبس أو الوقف، ص62.

(2) محمد عبد السلام المهماه، المعجم لألفاظ الحبس أو الوقف، ص57.

(3) محمد داود، تاريخ تطوان، معهد مولاي الحسن، تطوان 1959م، ج2، ص357.

(4) يحيى بن جنيد، الوقف والمجتمع، مؤسسة اليمامة الصحفية، الرياض، ص37.

(5) مصطفى السباعي، روائع حضارتنا، الكويت 1980م، ص181، 182.

(6) صبحي الصالح، النظم الإسلامية نشأتها وتطورها، دار العلم للملايين، بيروت، ص370.

(7) ابن بطوطة، تحفة النظار في غرائب الأمصار وعجائب الأسفار، القاهرة، 1938، ص63.

فقال له بعضهم: اجمع شقفها واحملها معك لصاحب «أوقاف الأواني»، الذي عرف أيضًا بوقف الزبادي، فجمعها الصبي وذهب به إليه فأراه إياها فدفع له ما اشترى به مثل ذلك الصحن، وهذا كما يقول ابن بطوطة «من أحسن الأعمال فإن سيد هذا الغلام لابد أن يضربه على كسر الصحن أو ينهره فينكسر قلبه ومن أجل ذلك كان هذا الوقف جبرًا للقلوب»(1).

وفي المغرب عرفنا حبس أو وقف الفخار وهو الوقف الذي خصص لشراء مواعين الفخار وكان نظار الأوقاف يشترون المواعين الفخارية، حيث يعطى من ذلك من تكسر له ماعون أو آنية ممن كان ذاهبًا لغرض من العجزة أو الصبيان أو الضعفاء مجانًا بعد أن يطلع من يقوم على هذا الوقف على الإناء المكسور... هذا النوع من الوقف عرف في مدينة فاس(2). كما كانت هناك أوقاف خيرية تنفق على أسر السجناء وأولادهم، فيقدم لهم الغذاء والكساء وكل ما يحتاجونه حتى خروج عائلهم من السجن(3).

دور الضيافة العامة

امتد الوقف إلى الاحتفاء بزواج الفقراء، ففي فاس قصر يحمل اسم «دار الشيوخ»، كانت معدة لتعريس المكفوفين الذين لا سكنى لهم، فكلما اقترن كفيف بنظيرته أقاما بهذه الدار مراسم الزفاف(4).

دور الضيافة

خصصت بالمدينة المنورة على عهد رسول الله ﷺ دور للضيافة واستقبال الوفود كان من أهمها دار عبد الرحمن بن عوف الكبرى، وكانت تسمى «دار الضيفان» أو «دار الأضياف»(5)، ودار رملة بنت الحارث الأنصارية التي نزلتها وفود غسان، وبني ثعلبة، وعبد القيس، وبني فزارة، وعذرة وبني حنيفة(6). تنقسم دور الضيافة إلى ثلاثة أنواع كما يلي:

---

(1) ابن بطوطة، تحفة النظار في غرائب الأمصار وعجائب الأسفار، القاهرة، 1938، ص63.

(2) محمد عبد السلام المهماه، المعجم لألفاظ الحبس أو الوقف، المغرب، ص70.

(3) عبد الله السدحان، الأوقاف والمجتمع، مركز الملك فيصل للبحوث والدراسات الإسلامية، 2006، ص40.

(4) محمد عبد الحي الكتاني، الملاجئ الخيرية الإسلامية في الدولة الموحدية والمرينية بالديار المغربية، المجلة الزيتونية، ج6، مجلد3، تونس، يونية 1939، ص21، 22.

(5) ابن سيد الناس، عيون الأثر في فنون المغازي والشمائل والسير، ج2، تحقيق لجنة حفظ التراث، بيروت 1980، ص328.

(6) السمهودي، وفاء الوفا بأخبار دار المصطفى، ج2، تحقيق محمد محيي الدين عبد الحميد، بيروت، 1971، ص739.

اشتهر العرب بكرمهم، وحسن استقبالهم، وحث الإسلام على إكرام الضيف وبصفة خاصة أبناء السبيل، ومن أجلهم أنشئت دور الضيافة في المدن الإسلامية وأوقفت عليها الأوقاف لتوفي بنفقاتها، كان أمير المؤمنين عمر بن الخطاب ﷺ اتخذ دار ضيافة في سنة 17 هجرية، وجهزها بالمؤن من دقيق وسمن وعسل... إلخ، وجعل بين مكة المكرمة والمدينة المنورة من يحمل المنقطعين من ماء إلى ماء حتى يوصلهم إلى البلد، فلما استخلف عثمان بن عفان ﷺ أقام الضيافة لأبناء السبيل والمتعبدين في المسجد[1].

يذكر البعض أن دار الضيافة التي اتخذها عمر بن الخطاب اقتضتها ظروف الجدب في عام الرمادة سنة 17-18 هجرية، بينما كانت دار الضيافة التي أنشأها الخليفة عثمان رمضانية مستدلين على ذلك بقول الطبري: «وضع طعام رمضان فقال للمتعبد الذي يتخلف في المسجد وابن السبيل والمعترين بالناس في رمضان»[2]. والراجح عندي أن الوفود التي تفد على المدينة وزوارها كانت تتطلب وجود دور للضيافة.

وشيد الوليد بن عبد الملك دارًا للضيافة (86-96هـ/ 705-715م)[3] اتخذها[4] من بعده عمر بن عبد العزيز (99-101هـ/ 717-720م)، وأوقفها على المساكين والفقراء وابن السبيل دون غيرهم.

انتشرت دور الضيافة في شتى أنحاء العالم الإسلامي، وكان يشيدها الولاة أو التجار أو الأفراد أو العائلات، وفي مدينة بولعوان بالمغرب شاد سكانها بناية من عدة غرف استخدمت كدار ضيافة يستضاف فيها الذين يمرون بالمدينة على نفقة السكان[5].

وعرف المصريون في ريف مصر صعيده ووجهه البحري المضايف، وقد شوهدت العديد منها، وتعددت وظائفها فبالإضافة لتأديتها واجب الضيافة والإيواء للغرباء، كانت تقام

---

(1) المقريزي، الخطط، ج2، ص338.

(2) الطبري، تاريخ الرسل والملوك، ج3، ص246، عبد الحسين مهدي الرحيم، الخدمات العامة في بغداد، دار الشؤون الثقافية، بغداد، 1987، ص98.

(3) العسكري، الأوائل، نشره أسعد طرابزوني الحسيني، المدينة المنورة. بدون تاريخ، ص346، ابن الكازروني، الشيخ ظهير الدين علي بن محمد البغدادي (ت697هـ/ 1297م)، مختصر التاريخ، حققه د. مصطفى جواد، ووضع فهارسه سالم الألوسي، مطبعة الحكومة، بغداد 1970، ص91.

(4) محمد المنوفي، دور الأوقاف المغربية في التكامل الاجتماعي في عصر بني مرين، كتاب مؤسسة الأوقاف في العالم الإسلامي، بغداد، 1983، ص219.

(5) محمد المنوفي، دور الأوقاف المغربية في التكامل الاجتماعي في عصر بني مرين، كتاب مؤسسة الأوقاف في العالم الإسلامي، بغداد، 1983، ص219.

بها الأفراح وليالي العزاء وتجتمع بها العائلات الكبيرة الممتدة، ومن أمثلة هذه المضايف مضيفة الشندويلي بقرية شندويل مركز المراغة في محافظة سوهاج، ظهرت هذه المضيفة في القرن 19م، وقف عليها محمد بك حسن الشندويلي من أعيان سوهاج، ثلاثة منازل، ومساحة قدرها 200 فدان و15 قيراطًا من الأطيان الزراعية، ونص في حجة وقفه على أن يكون ريع تلك المنازل مع ريع 200 فدان مصروفًا على «محل الضيافة المعروف بالقصر بناحية شندويل، للضيوف، والواردين عليها، وما يلزم له من الأثاث، والقهوة، والمأكل، والمشرب، والصدقات، وأرباب العادات المترددين»، على تلك المضيفة، وأن يُشترى لها «سجاجيد، وأباريق، وحصر، وما يلزم للنور، وأجرة طباخ، وقهوة بن، وخلافه، حسبما يتراءى للناظر صرفه، بحيث لا يكون مقترًا في الصرف ولا مبذرًا ولا مسرفًا أيضًا»[1].

اشترط الواقف أن تكون «النظارة» على المضيفة من بعده للأرشد فالأرشد من أبنائه وذريته، أي أن تكون إدارتها عائلية، ولحرصه على لم شمل عائلته فقد اشترط أيضًا أن يتشكل مجلس عائلي من أولاده وأولاد ابن أخيه، تكون مهمته محاسبة الناظر آخر كل سنة بخصوص ما صرفه على المضيفة من الريع المخصص لها، فإذا تبقى شيء من الريع «يقسم بينهم أسداسًا»[2].

وفي فاس أيضًا دور ثلاث عرفت بأوقاف العرائس فرشت وأسست وأوقفت خصيصًا على زواج المقلين من الأشراف والفقراء، واحدة بحومة الكدان من عدوة الأندلس، وثانية بحومة العيون بعدوة القرويين، وثالثة، ولعلها الأقدم، وتعرف بدار العافية، تفاؤلًا للذين يقترنون فيها، أوقفت منذ نهاية القرن 6هـ/ 12م، وتقع بدرب الطرون المعروف اليوم بدرب العرايس بجوار جامع القرويين.

كان يسمح للعروسين أن يقضيا في إحدى هذه الدور أسبوعًا كاملًا متمتعين بألبسة حريرية رفيعة، وطيب وحلي ونفقة كاملة للعرس، بما في ذلك نزهة في «عرصة» قرب باب مسافر من عدوة الأندلس[3]. وعرفت مكناس في المغرب وقفًا لتعريس المكفوفين،

(1) حجة وقف محمد بك الشندويلي، المحررة في 1/ 10/ 1899، أمام محكمة طهطا الشرعية، سجلات وزارة الأوقاف، سجل 11/ قبلي، مسلسلة 1015، إبراهيم البيومي غانم، الأوقاف والسياسة في مصر، ص327.

(2) إبراهيم البيومي غانم، الأوقاف والسياسة في مصر، ص327.

(3) محمد المنتصر الكتاني، فاس عاصمة الأدارسة، الدار البيضاء 2002م، ص487، محمد اللبار، دور أوقاف البيمارستان في الحياة الاجتماعية بمدينة فاس، ص180.

حيث جهزت دار لهذا الغرض، فكلما اقترن كفيف بنظيرته أقاما بهذه الدار مراسيم الزفاف[1].

دور ضيافة الحجاج

قال الحسن بن عبد الله في توضيح واجبات الحاكم الإسلامي في شؤون الحج إن منها: أن «يوسع عليهم في الزاد والماء والمحل»[2]، هذه الواجبات تبلورت في دور ضيافة الحجاج، وكانت خدمات الحجاج تبلورت بشكل ملموس في خلافة الخليفة العباسي الناصر لدين الله (575-622هـ/ 1180-1225م) وصف ذلك ابن الساعي: «في حوادث سنة 605هـ/ 1208م في المحرم منها تقدَّم الإمام الناصر لدين الله ببناء دار ضيافة لوجه الله تعالى: بالجانب الغربي فبنيت على دجلة بالقرب من تربة الجهة الشريفة السلجوقية مجاور عون ومعين، وتكافل بناؤها في آخره، وصنعت منها الأطعمة الكثيرة وتقدم إلى النواب بها ألا يردُّوا واحدًا من الحجاج ولا غيرهم من تناول طعام، ويدفع إلى كل فقير عند عزمه على السفر دينار بعد أن يكسى ويعطى زاده»[3].

ظاهر النص يوضح أن الخليفة الناصر شيد مكانًا لدار الضيافة وجهَّزه بالطعام ورتب عليه من الموظفين من يشرف على إدارته في تأمين طعام الحجاج وغيرهم. كما تعهدت هذه الدار بالفقراء من المسلمين الذين يرغبون في أداء فريضة الحج بالكسوة والطعام مع تزويد كل منهم بدينار[4].

انتشرت دور الضيافة للحجاج على طول طرق الحج، وازداد عددها بمرور السنين، وقد أنشئ عدد منها في الإسكندرية والقاهرة وبغداد، قال ابن الكازروني: «موسم الحج وهو أعظم مواسم السنة التي تكل عن وصف حسنه الألسنة، وتفتح فيه آدر المضيف لكل يائس من الحجاج وضعيف، وتضرب على دجلة الحياض والروايا ويؤذن بالحج في سائر الرعايا»[5].

---

(1) رقية بلمقدم، أوقاف مكناس، وزارة الأوقاف 1996م، ص62.

(2) الحسن بن عبد الله، آثار الأول في ترتيب الدول، طبعة بولاق، القاهرة 1295هـ، ص33.

(3) ابن الساعي، الجامع المختصر في عنوان التواريخ وعيون السير، المطبعة السريانية الكاثوليكية، بغداد 1934م، ج9، ص258، 259.

(4) عبد الحسين مهدي الرحيم، الخدمات العامة في بغداد، ص41.

(5) ظهير الدين الكازروني، مقامه في قواعد بغداد في الدولة العباسية، تحقيق: كوركيس عواد وميخائيل عواد، نشرت في مجلة المورد العراقية، المجلد الثامن، العدد الرابع، دار الحرية للطباعة، بغداد 1979، ص453.

المطابخ العامة

حرص أهل البر على إقامة مطابخ تقدم الطعام للفقراء والمساكين وعابري السبيل، سواء حمل هؤلاء الطعام إلى خارج المكان، أو كان بالمطبخ مكان لتناول الطعام، وهناك إشارات تاريخية عديدة لذلك، منها ما أسسه الخليفة العباسي الناصر 575- 622هـ/ 1180- 1225م، فقد أشار ابن الأثير إلى ذلك في حوادث سنة 604هـ/ 1207م بقوله «في شهر رمضان أمر الخليفة ببناء دور في المحال ببغداد ليفطر فيها الفقراء، يطبخ فيها اللحم الضأن والخبز الجيد، عمل ذلك في جانبي بغداد وجعل في كل دار من يوثق بأمانته، وكان يعطي كل إنسان قدحًا مملوءًا من الطبيخ واللحم، ومنًّا من الخبز فكان يفطر في كل ليلة على طعامه خلق لا يحصون كثرة»[1].

يقول سبط ابن الجوزي: «رتب الخليفة في رمضان دور المضيف ببغداد من الجانبين عشرين دارًا، في كل ليلة خمسمائة قدح وألف رطل من المطبخ الخاص والخبز النقي والحلوى وغير ذلك مستمرًا في كل رمضان»[2].

ولما كانت مخصصات الفرد الواحد على ما ذكرها ابن الأثير قدحًا من الطبيخ ورطلين من الخبز، يظهر من مقدار الأقداح والأرطال التي ذكرها سبط ابن الجوزي، أن عدد الفقراء في كل دار خمسمائة شخص، وبما أن مجموع الدور في طرفي بغداد عشرون دارًا يكون عدد فقرائها عشرة آلاف شخص[3].

لقد كانت بعض المنشآت تقوم بهذه الوظيفة إلى جانب وظائفها الأخرى، ففي القرن 5هـ/ 11م تشير وقفية، طمغاج على مدرسته في سمرقند أنه «يصرف إلى ثمن الخبز واللحم والحوائج لاتخاذ الضيافة في هذه المدرسة في ليالي شهر رمضان ثلاثة آلاف درهم وثلاثمائة وخمسون درهمًا...»[4]، ومع أن الواقف ينص في وقفيته على حصر ذلك في شهر رمضان، إلا أن هذا النوع من الوقف سيشمل بعد ذلك كل شهور السنة[5].

---

(1) ابن الأثير، الكامل في التاريخ، دار صادر، بيروت 1965م، ج9، ص416.

(2) سبط ابن الجوزي، مرآة الزمان في تواريخ الأعيان، دار التراث، القاهرة 1955م، ج8، ص534.

(3) عبد الحسين مهدي الرحيم، الخدمات العامة في بغداد، ص43.

(4) انظر النص العربي للوقفية:

M. khadr, Deux actes de waqf d'un garahandie d'Asie central, journal Asiatique, Paris, 1967, pp. 305- 334.

(5) محمد الأرناؤوط، تطور منشآت الوقف عبر التاريخ، العمارة / التكية نموذجًا، مجلة مشكاة، العدد 5، 2010، ص62.

إن برامج توزيع الغذاء على الفقراء بدأت تأخذ تراكمًا عبر الزمن يظهر أن الخبرة بدأت تظهر نضوجًا عكس أولوية رعاية الفقراء اجتماعيًا، ففي وقفية الشيخ أبي عمر محمد بن أحمد بن قدامة المقدسي في فلسطين في القرن 6هـ/ 12م، إذ كانت تحتوي على برنامج شامل لرعاية الفقراء جاء فيه: «وقف للخبز يفرق فيها كل يوم ألف رغيف... ووقف للأطعمة اليومية، وهي أطعمة رتيبة، ومنها الجريش في الشتاء... وأضحية في العيد الكبير، وحلوى في المواسم، ووقف زبيب قضامة توزع كل ليلة جمعة، وحلويات أخرى في الليالي الفاضلة من رمضان...»[1].

من المنشآت التي قدمت هذه الخدمة الاستراحات أو خانات السبيل التي وردت الإشارة إليه لأول مرة عند الخصاف، ففي حالة خان العطنة شمال جيرود، في الطريق الواصل بين دمشق وحمص، الذي بناه الأمير ركن الدين منكروس الفلكي (ت631هـ/ 1233م) نجد أن الوقفية المنقوشة على المدخل نصت على تقديم «نصف رطل من الخبز» لكل واحد من العابرين والمسافرين[2]، ولم يكن الخبز وحده ما يقدم للإنسان، بل إن الوقفية نصت على أنه «يعطى لمن وصل هذا الفندق من الفقراء ما تحتاج الدابة من النعال[3]».

لقد كانت بغداد متفردة بدور الضيافة التي توفر الطعام للفقراء، لكن في سنة 720هـ/ 1309م بنى الأمير أبو سعيد سنجر الجاولي، ناظر الحرمين الشريفين ونائب السلطة المملوكية الحرم الإبراهيمي، وأنشأ في جواره «المطبخ الذي يعمل فيه الدشيشة[4] للمجاورين والواردين[5]»، وكان لمطبخ الخليل تقليد معروف يتمثل في «دق الطبلخانة في كل يوم على باب المطبخ لتقديم السماط» حتى عد ذلك من عجائب الدنيا، ويؤكد ذلك بقوله «وأما الاهتمام بعمل السماط من كثرة الرجال في تعاطي أسبابه من طحن القمح وعجنه وخبزه وتجهيز آلاته من الحطب وغيره والاعتناء بأمره[6]» وهذه المنشأة تقوم بدورها حتى الآن بالرغم من الصعوبات التي تمر بها[7].

---

(1) يحيى بن محمود بن جنيد، الوقف والمجتمع، ص37.

(2) مجمع أحمد دهمان، في رحاب دمشق، دار الفكر 1982، ص165.

(3) مجمع دهمان، في رحاب دمشق، ص165.

(4) الدشيشة: حسو يتخذ من برٍّ مرضوض، وكان يطلق على أوقاف الحرمين الشريفين.

(5) مجير الدين الحنبلي، الأنس الجليل بتاريخ القدس والخليل، المطبعة الحيدرية، النجف 1968م، ص63.

(6) مجير الدين الحنبلي، الأنس الجليل، ص63.

(7) بقي المبنى الأصلي للمطبخ حتى 1964م، حين هدم ضمن مشروع تنظيم المنطقة المحيطة بالحرم الإبراهيمي،

هذا المطبخ شيد في المدينة المنورة ومكة المكرمة فقد أشار لهما ابن إياس بقوله «لما حج السلطان قايتباي سنة 884هـ/ 1479م رأى أهل المدينة المشرفة في فاقة زائدة من عدم الأقوات، فنذر أن يفعل بالمدينة خيرًا يكون مستمرًا من بعده، فأخرج من ماله الخاص ليشتري به ما يوقفه على هذه المدينة من ضياع وأماكن وربوع، وغير ذلك ما يصنع بالمدينة في كل يوم من الدشيشة، والخبز والزيت، وغير ذلك كما يفعل بمدينة الخليل -عليه السلام-، ثم شرع السلطان في بناء وكالة على تلك الربوع التي أنشأها في باب النصر، وفي البندقايين والخشابين والدجاجين، وغير ذلك من الأماكن بالقاهرة»[1].

أكدت حجة وقف السلطان قايتباي على الصرف على تجهيز سماط لعمل الدشيشة والبر بالمدينة المنورة[2]، وأشار السمهودي إلى ذلك بقوله: «... وقد شرعوا في عمارة سبيل وفرن وطاحون، ومطبخ للدشيشة، ووكالة ذات حواصل في الدور التي اشتراها قبل ذلك السلطان من دور العباسة... ثم كتب إلى بعض الثقات بتحصيل ريع الأماكن التي اشتراها بالقاهرة وأن متحصلها سبعة آلاف إردب وخمسمائة إردب من الحب كل سنة... فصرف لكل شخص من المقيمين من الحب ما يكفيه بحسب عدة عياله لكل فرد سُبع إردب مصري.. وسوى في ذلك الصغير والكبير، والحر والعبد...»[3].

كان لكميات القمح التي ترسل إلى الحرمين لعمل الدشيشة أثرها في أهالي الحرمين والمجاورين والفقراء والمساكين، وطلبة العلم والعاجزين والأرامل واليتامى والمنقطعين، فقد سعدوا بها وزادتهم محبة في واقفيها فضلًا عن الدعاء لهم بالمثوبة والمغفرة والرضوان، لأنها خففت عليهم أعباء الحياة، بالإضافة إلى خفض الأسعار على المأكولات كالقمح والشعير والزيت[4].

ونقل إلى مكان مؤقت في جوار بركة السلطان حتى 1984م، حين قامت وزارة الأوقاف بإنشاء مبنى حديث في جوار الحرم من الجهة الشمالية يتم فيه الطبخ وفق الأساليب الحديثة ويعمل فيه ستة موظفين للإطعام والتوزيع والتجهيز والتنظيف، ولكن أصبح مقدار ما يطبخ الآن 80 كيلو غرامًا من القمح المجروش، محمد الأرناؤوط، تطور منشآت الوقف عبر التاريخ، ص10.

(1) ابن إياس، بدائع الزهور في وقائع الدهور، تحقيق محمد مصطفى، الهيئة المصرية العامة للكتاب 1982م، ج3، ص165.

(2) حجة وقف السلطان قايتباي، المؤرخة في 15 ذي الحجة سنة 895هـ، رقم الوثيقة 890 أوقاف.

(3) السمهودي، نور الدين علي بن أحمد (ت 911هـ/ 1505م) وفاء الوفا بأخبار دار المصطفى، ج2، حققه محمد محيي الدين عبد الحميد، بيروت، دار الكتب العلمية، ص644، 645.

(4) أحمد هاشم بدرشيني، أوقاف الحرمين الشريفين في العصر المملوكي، مركز بحوث ودراسات المدينة المنورة، المدينة المنورة، 2005، ص306.

لقد كان المطبخ جزءًا من منشأة، كالخان أو الوكالة أو الرباط لقرون طويلة، يقدم خدماته للمقيمين بهذه المنشآت فضلًا عن الفقراء أو أبناء السبيل، وفي العصر السلجوقي عرف بـ «العمارة – imaret» أو «دار المرق - الشوربة» في العديد من المدن السلجوقية(1).

استقلت هذه المنشأة في مبنى خاص ضمن مجمع عمراني يضم في العادة جامعًا ومدرسة أيضًا. ومن أقدم ما نعرفه من نماذج لهذا التطور الجديد «العمارة» التي بناها موسى باشا في «قره ما في» ضمن المجمع العمراني الجديد في منتصف القرن 8هـ/ 14م(2).

أخذ هذا النمط ينتشر في العديد من مدن العالم الإسلامي، فقد بنى السلطان مراد الأول مجمعًا في العاصمة الجديدة بورصة 787هـ/ 1385م، ومجمعًا آخر في أزنيق في 790هـ/ 1388م، احتوى كل منهما على «عمارة»، ولا تزال «عمارة» أزنيق باقية وتستخدم حاليًا كمتحف(3).

كما شيد الأمير يعقوب بك الثاني الكرمياني 792-832هـ/ 1390-1428م، مجمعًا في كوتاهية ضم مدرسة وجامعًا ودارًا للمرق(4).

هكذا استعاد العثمانيون ميراث العباسيين في منشآت تقديم الطعام مجانًا للمحتاجين سواء سميت دار ضيافة في العصر العباسي، أو الدشيشة في العصر المملوكي، أو المطبخ أو دار المرق أو العمارة العثمانية. وتبقى هذه المنشأة الخيرية التي تقدم وجبة كاملة تتألف من خبز ولحم وحساء للطلاب والفقراء والغرباء، بمثابة الموفر للحد الأدنى للحياة لمعدمي المدن الإسلامية.

كانت المنشأة العثمانية تتألف من بناء مربع يتكون من قبة كبيرة في الوسط مع قباب صغيرة حولها تقوم على قاعة فسيحة تطل من خلال عقود على غرف جانبية تغطيها القباب الصغيرة، ومنها المطبخ الذي تعد فيه الوجبات ومنها الذي تخزن فيه الغلال.

صارت هذه المنشأة علامة بارزة على العطاء في الحضارة الإسلامية من البلقان حتى مكة المكرمة، ونجد الرحالة العثماني أوليا جلبي يقدم لنا عبر رحلته وصفا لها، فنجده حين

---

(1) للمزيد انظر:

1Qlus Arik, The Turkish contribution to Islamic architecture, Turkish review, vol1, No. 2, Ankara, 1985- 1986, pp 140- 146.

(2) محمد الأرناؤوط، تطور منشآت الوقف عبر التاريخ، ص3، 4.

(3) محمد الأرناؤوط، تطور منشآت الوقف عبر التاريخ، ص4.

(4) آقطاي آصلان آبا، فنون الترك وعمائرهم، ترجمة أحمد عيسى، آرسيكا، إستنبول، 1987، ص38.

يزور بلغراد يمتدح «عمارة» محمد باشا التي «إذا تردد المرء عليها شهرًا لا يدفع شيئًا سوى أن يقرأ الفاتحة على روح بانيها»[1].

وفي مقدونيا بنى سنقور بك أحد قواد السلطان مراد الثاني (825-852هـ/ 1421-1451م) «عمارة» بالإضافة إلى مدرسة واسعة في مدينة مناستير[2]، ووردت هذه المنشأة في وقفتيها المكتوبة باللغة العربية باسم «الزاوية» خصصت لتقديم «مأكولات الفقراء والنازلين في هذه الزاوية[3]».

وعلى الرغم من ذلك فقد اشتهرت هذه المنشأة كغيرها باسم «العمارة» التي دخلت كما هي في اللغات المحلية بالبلقان Imaret ومثلها كلمات أخرى مثل «خبز عمارتي» «ورز عمارتي» و«شوربة عمارتية» وغيرها[4]. استمرت عمارة سنقور بك تقدم الوجبات المجانية خمسة قرون إلى سنة 1941م حين انهارت يوغوسلافيا في الحرب العالمية الثانية[5].

تقدم لنا الوقفيات وصفًا للأطعمة التي تقدم في «العمارة»، من ذلك «العمارة» التي أنشأها سنان باشا في كاتشانيك، تنص الوقفية المؤرخة في 994هـ/ 1556م على أنه «يطبخ في العمارة كل يوم مرتين، مرق الأرز غداء ومرق الحنطة عشاء، سوى أيام الجمع وسائر الليالي الشريفة التي تطبخ فيها الأطعمة اللطيفة، فإنه في تلك الليالي يطبخ مرق الحنطة غداء وتلك الأطعمة عشاء» وتضيف الوقفية أنه بالنسبة لتلك الأيام والليالي الخاصة فقد شرط الواقف أن يطبخ في كل ليلة من الليالي الطعام المعروف بزردة التي تصنع من الأرز والعسل والزعفران، ووجبة الدانة التي تتكون من الأرز والحمص والبصل.

شهدت دمشق بأمر من السلطان العثماني سليم الأول تشييد «عمارة» اشتهرت فيها بالتكية السليمية، ولدينا شهادة نادرة حولها من المؤرخ الدمشقي ابن طولون (ت953هـ/ 1554م) فهذه التكية كما يصفها: كانت تشتمل على بيت للفقراء يأكلون به، له أربعة شبابيك مطلة على باب الجامع المذكور، وبه معزية خاصة بالنساء، وله بابان: شرقي، ومنه يدخل الناس وبالقرب منه شباك لمعزية النساء، وغربي، ينفذ منه إلى مطبخ وبه ثلاثة حواصل للمؤن، ولهذا المطبخ

---

(1) Eviliya Celebi, Putopis prevodi Komentar Hazim sabanovic, sarjevo, 1979, p88.

(2) مدينة بيتولا Bitola حاليًا.

(3) Kalesi, Najstari Vakufsk dokumenti, p74. محمد الأرناؤوط، تطور منشآت الوقف، ص4.

(4) Abdulah skaljic, Turcismi u srpsk har vatskom jeziku, sarajero, 1973, p347.

(5) Kalesi, Najstarii vakkuf dokumenti, p66.

باب كبير ببوابة يفتح إلى القبلة وبه حلتان كبرى وصغرى، وثالثة لغسل المواعين وعدتها مائتا ماعون من نحاس... وإلى جانب هذا المطبخ فرن معد للخبز الذي يفرق بهذه التكية. وأصل هذا الخبز قنطار طحين غداء وعشاء ولهذه التكية من اللحم في كل يوم ستون رطلًا غداء وعشاء أيضًا، ويطبخ ذلك بكرة النهار في شوربة رز وأخرى في قمحية، أما خلال ليلة الجمعة فيطبخ في رز مفلفل ومع رز حلو بعسل[1]، وفي سنة 962هـ/ 1554م شيد السلطان سليمان القانوني عمارة أخرى بدمشق هي «التكية السليمانية» التي كانت تقدم للواردين إلى دمشق «الأرز المفلفل والمرق الحامض»، وتوسعت التكية في تقديم الوجبات المجانية لفقراء دمشق إذ نصت الوقفية على أن «يطعم بالمأكل كل غدوة ثمانمائة فقير وعشيًا كذلك...»

مطابخ خاصكي سلطان[2]

شيدت خاصكي سلطان زوجة السلطان سليمان القانوني أربع عمارات على الأقل في إستانبول ومكة المكرمة والمدينة المنورة والقدس، يأتي هذا في إطار إسهام الحريم السلطاني العثماني وجواريه في هذه الأوقات، فقد أنشأت الكثير من المؤسسات الخيرية، وكان آغا البنات في القصر العثماني المسؤول عن متابعة هذه الأوقاف الخاصة بنساء الحريم كما أنه المسؤول عن أوقاف الحرمين الشريفين[3].

لكننا سنتوقف عند اثنتين منهما، الأولى في مكة المكرمة، وهي عبارة عن مطبخ ومخبز وبيت رحى، وبئر ماء وثلاثة مخازن، اثنان كبيران للغلال، والثالث لسائر اللوازم الأخرى

(1) ابن طولون، محمد بن طولون الصالحي، القلائد الجوهرية في تاريخ الصالحية، تحقيق أحمد دهمان، دمشق نشر مجمع اللغة العربية، 1980، ص123.

(2) زوجة السلطان سليمان القانوني (927-976هـ/ 1520-1568م) اسمها الأصلي روكسلانة، ويعرفها العثمانيون بوصفها جارية وكان عمرها آنذاك يتراوح بين الرابعة عشرة والسابعة عشرة، ثم أصبحت زوجة للسلطان سليمان القانوني. توفيت عام 965هـ/ 1558م، ودفنت في فناء جامع السليمانية في إسطنبول في مقبرة تحمل اسمها.

(3) آغا البنات: يعرف باسم آغا دار السعادة، وهو أكبر الأغوات في القصر العثماني وأكبر أغوات الحريم والعاهلين داخل القصر، ودرجته في البرتوكول داخل القصر تأتي بعد الصدر الأعظم وشيخ الإسلام. ومهمته الأساسية هي الإشراف على قسم الحريم السلطاني الذي يعيش فيه نساء القصر. وتحت إمرته خدم من الأغوات السود يعملون في خدمة الحريم في القصر، ويطلق على هؤلاء الخدم بسبب مهمتهم هذه اسم أغوات الحريم وعلى رأس مهامهم الإشراف على أوقاف الحرمين.

Ismail Hakkiuzuncarsili, Osmanli develtinin saray Teskilati, Ankara, 1984, p7.

ماجدة مخلوف، أوقاف نساء السلاطين العثمانيين، دار الآفاق العربية، القاهرة، 2006، ص7.

التي تلزم المنشآت الخيرية الأخرى التي شيدتها الواقفة، كان مطبخ العمارة يقدم الطعام يوميًا لألف شخص من الفقراء والقائمين على العمل، فيصرف يوميًا أردبان من القمح والدشيشة، واثنان وثلاثون من الدهن، وثماني قطع من الملح وستة وثلاثون منًّا من البصل وأربعة أقداح من الحمص، وهذه الكمية تكفي لعمل ألف وجبة من الطعام يوميًا يتم طهوها في أربعة قدور كبيرة، فضلًا عن أردبين من القمح يوميًا لعمل ألف رغيف خبز، ويصرف للطهو أربعة أحمال من الحطب يوميًا[1].

تزخر وثيقة الوقف بتفاصيل دقيقة حول عمل هذه المؤسسة الخيرية[2] التي سنعرض لها: فأكثر ما ركزت عليه الوقفية بعد تحديد حدود «العمارة» هو شروط العاملين بها وتحديد مهام كل منهم على النحو التالي:

متولي العمارة: أن يكون رجلًا صالحًا ديِّنًا... يحضر في المطبخ كل يوم صبيحة النهار ويعطي كل ذي حق حقه بلا تبذير وإقتار... يذوق في كل يوم من الخبز والطعام، ويهتم في تحسين طعمها غاية الاهتمام، ويبالغ ألا يكون منهما نيًّا أو محترقًا، ويجتهد أن يكون أمر العمارة منسقًا، ويتعرف أحوال المخازن فيعرف الداخل والخارج، ويضبط كمية ما يدخل ويخرج من الغلال وسائر الحوائج.

الكاتبان. ومنها أن يكون لها كاتبان فادران على الحساب والكتاب، يكتبان الموارد والمصارف على منهج الصواب، ويروحان بالمناوبة إلى جدة عند مجيء الغلال على سفينتين أوقفتهما الواقفة لنقل الغلال من مصر لجدة، فيضبطان الغلال في المخزن المعد لها، ويبرزان الدفتر الصحيح في رأس كل سنة عند المحاسبة.

الطباخ: اشترط فيه أن يكون رجلًا صالحًا ديِّنًا، وفي صنعة الطبخ ماهرًا متعينًا يداوم على إكمال خدمته، ولا يترك عمله إلا لعذر شرعي، ولا يتهاون إلا لمانع قوي، ويبالغ في تحسين الطعام ويهتم في تطييبه وتنظيف أوانيه غاية الاهتمام، ويساعده على عمله أربعة

---

(1) ماجدة مخلوف، أوقاف نساء سلاطين العثمانيين، ص18.

(2) نص وقفية خاصكي سلطان، مخطوط مودع بدار الكتب المصرية برقم 13864 ح ميكروفيلم 40412، نسخ هذا المخطوط عبد الرؤف بن محمد العربي القاضي بمكة المكرمة المشرفة، فقد ورد في هامش المخطوطة أنها «صورة منقولة عن الصورة التي أمضاها مولانا عبد الباقي علي العربي حال كونه قاضيًا بمدينة مصر، وأن الفقير إلى الله القدير عبد الرؤف محمد العربي القاضي بمكة المشرفة عفا عنهما»، ماجدة مخلوف، أوقاف نساء السلاطين العثمانيين، ص14.

أنفار هم تلامذته، ويعاونونه في الطبخ وغسل الأواني بلا قصور وإقصار، فيكون وظيفته اليومية لكل واحد منهم رغيفان وقصعة طعام.

سقَّاء المطبخ: يكون رجلًا صالحًا، يحضر بقدر الحاجة الماء، ويحضر في المطبخ كل صباح ومساء.

بواب العمارة: أن يكون رجلًا صالحًا من ذوي الأقدام ينظفهما مما ينبغي تنظيفهما من الكناسة والقمامة، ويحضر في باب المطبخ عند توزيع الطعام ويهتم في ضبط بابه غاية الاهتمام ويتم خدمة البوابية حق الإتمام.

الطحانون: أن يكون من يدير الرحى عشرة أنفار ممن لهم في الطحن قوة وعلى الإدارة اقتدار، متصفين بالصلاحية والصيانة يداومون على الخدمة بالأمانة والديانة.

دشاش الحنطة: حددت وثيقة الوقف أربعة أنفار لدش الحنطة من صلحاء الأنام لا يتهاونون في خدمتهم ويتعاونون على الدوام، كما حددت نفرًا لنخل الحنطة وغربلتها.

الخباز: وصفته الوقفية بأنه لابد أن يكون رجلًا صالحًا عفيفًا وفي صنعة الخبز ماهرًا ونظيفًا مقيمًا على خدمته اللازمة بالاستقامة ومحترزًا عما يوجب الملامة والسقامة.

قسَّام الخبز: يكون رجلًا صالحًا ديِّنًا، وبالأمانة والاستقامة متعينًا، سليم الأعضاء وصحيح الجوارح، متقيًا عن القوادح، ومحترزًا عن القبائح، يداوم على خدمته من غير عذر شرعي، ويلازم على أداء ما في عهدته بلا مانع قوي.

الكيَّال: اشترطت الوقفية أن يكون من يكيل الحنطة التي تخرج من المخزن للخبز، والطعام، رجلا صالحًا أمينًا مجتنبًا من الحرام، يواظب على خدمته بالاستقامة على الدوام، ويجانب عن الخيانة والجناية والآثام.

منقي الحنطة: يُختار عشرة أنفار سواء كانوا من النساء العفاف أو الرجال الخيار، ينقونها من الحصى والتراب والغبار، وكذلك أوردت الوقفية رجلًا يحمل وظيفته حمل الحنطة إلى الرحى، يتسلمها بالكيل ويسلمها بالكيل.

ضابط المخزن: وصفته الوقفية بأنه رجل صالح من أولي البصائر، يأخذ ويعطي الموزون بالوزن، والمكيل بالكيل.

القباني[(1)]: اشترطت الوقفية أن يكون رجلاً ديِّنًا مستقيمًا، يزن ما يوزن من لوازم العمارة بالتمام.

---

(1) القباني: أي الوزن بالميزان ذي الذراع الطويلة المعروفة بالقبان.

الوقاد: الوقفية أن يكون رجلًا صالحًا ممن عليهم الاعتماد والتعويل، يوقد كل ليلة دائمًا أربعة قناديل، ويطفيها كذلك على ما هو المعتاد بلا تراخٍ ولا تأخير، ويقوم على خدمته.

هكذا لم تترك الوثيقة وظيفة إلا وصفتها وحددت شروط من يقوم بها بدقة، ثم تطرقت إلى عمل المطبخ فتذكر «ومنها أن يطبخ كل يوم في مطبخ العمارة المعمورة المقسورة، لا زالت نعمتها موفورة ومنعمتها مأجورة في صبيحة كل نهار شورباج الحنطة في أربعة قدور كبار ويصرف له من الحنطة الدشيشة أردبان ومن الدهن الخالص اثنان وثلاثون منًّا، ومن الملح ما يكون قيمته ثماني قطع ومن البصل ستة وثلاثون منًّا، ومن الحمص أربعة أقداح، فيكون لكل قدر من الحنطة نصف أردب ومن الدهن ثمانية أمنان، ومن الملح ما يكون قيمته قطعتين، ومن البصل تسعة أمنان، ومن الحمص قدح واحد، ويقسم ما يطبخ في كل قدر مئتين وخمسين قصعة، فيقسم جميع ما في القدور الأربعة على ألف قصعة، وأن يصرف في المطبخ كل يوم من الحطب أربعة أحمال.

ومنها أن يطبخ في مخبزها كل يوم من الدقيق الخالص أردبان على أن يكون كل رغيف قبل الطبخ مائة درهم ومن الأردبين ألف رغيف، ويوزع على الموظفين كما عين بلا تخفيف، وما بقي منهم يوزع على الفقراء بالتقسيم السوي».

مطبخ القدس

تعدُّ عمارة القدس من أهم «عمارات» خاصكي سلطان، أنشأتها سنة 959هـ/ 1522م، وله حجة وقف مطولة[1] أشرف على بناء هذه «العمارة» الأمير بيرام جاويش، ويمكن من خلال نص الوثيقة التالي أن نتبين مدى ما قامت به من دور في رعاية الفقراء والمجاورين للحرم القدسي:

وصف المبنى: تذكر الوقفية وصف المبنى كما يلي: «ومنها العمارة التي بنتها تجاه المسجد المزبور شكر الله تعالى سعيها المبرور المنطوية على مطبخ منيف كثير النوال ومأكل نظيف عديم المثال وفرن وكيلار[2] ومحوطة[3] وأنبار[4] وكنف

---

(1) تقع هذه الوثيقة ضمن سجلات المحكمة الشرعية في القدس، نشرها الدكتور كامل جميل العسلي في الجزء الأول من وثائق مقدسية، ج1، ص127-144.

(2) كيلار: كلمة فارسية معناها بيت المؤنة.

(3) حوش يحيط به سور.

(4) مخازن.

متعددة ومحطب وما هو أليق بها وأنسب، ووقفتها على فرقة الفقراء والمساكين وزمرة الضعفاء والمحتاجين».

حددت الوقفية أيضًا العاملين في «العمارة» التي اشتهرت في القدس بالتكية كما يلي:

شيخ العمارة: شرطت الواقفة أن ينصِّب أي يعين في «العمارة» شيخ ذو أخلاق طاهرة مستقيم متورع قانع... رقيق الكلام طيب المقال حليم سليم غير غضوب مجتنب عن هتك الأعراض وكسر القلوب يراقب أحوال الطعام ويحضر المطبخ على الدوام ويكون وظيفته (مرتبه) ثمانية دراهم[1].

وكيل خرج: وهي وظيفة تعادل اليوم مدير المشتريات. تصف الوقفية هذه الوظيفة ومن يتولاها كما يلي: «يعين أيضًا رجل متصف بالديانة متعرف بالأمانة يتولى شراء ما يصرف في العمارة من المأكولات وغيرها من المهمات».

الطباخ: ذكرت الوقفية وظيفتين لطباخين أستاذين في صنعتهما كاملين في حرفتهما مجدين في خدمتهما في كل آن من غير إخلال في جميع الأزمان ويكون أحدهما رئيسًا ويكون لهما تلميذ.

الخباز: ذكرت الوقفية عن هذه الحرفة ما يلي: «وأربعة رجال خبازون يخبزون الخبز، ويكون أحدهم رئيسًا، ويكون لهم ثلاثة تلاميذ».

لكن ما يسترعي الانتباه هي الوظائف المساعدة الأخرى وهي حسب ما تذكره الوثيقة «ورجلان يغسلان القصاع والأواني... وثلاثة رجال معبر عنهم بجانقجي[2]... ورجلان ينقيان الحنطة والأرز... ورجل يكيل الحنطة... ورجل يقوم بمصالح حنطة الطعام من الدق والتقشير... ورجلان يغربلان الحنطة... ورجل يتعاطى خدمة جرش الحنطة... إلخ».

ويسترعي الانتباه في مطبخ القدس أن مستلزمات إعداد الطعام يجري شراؤها من القدس، على العكس من عمارتي مكة المكرمة والمدينة المنورة اللتين تزودان بمستلزمات الطبخ من مصر، لكن من حيث الهيكل الوظيفي فهما متشابهان إلى حد كبير، مع ملاحظة التدقيق على جودة المنتج المقدم ونظافته ونظافة المكان.

---

(1) إبراهيم ربايعة، القدس في العصر العثماني، مكتبة كل شيء، عمان، 2009م، ص166.
(2) جانقجي: هو مراقب النظافة.

هذا وقد أمدنا إبراهيم ربايعة من خلال سجلات محكمة القدس الشرعية ببعض أسماء من تولوا وظائف في هذه «العمارة» كما يلي: نصب الشيخ مصطفى بن علي بن عويس في مشيخة طبخ الطعام، 1 شوال 1040هـ/ 3 مايو 1631م، كما نصب عبد الرحمن بن علي بن كاتب الزيت بوظيفة شيخ العمارة في 16 رمضان 1078هـ/ 20 مارس 1668م، كما نصب إبراهيم بن عبد الله أمينًا للمطبخ في 22 شعبان 1068هـ/ 23 مايو 1658م، كما تولى صالح بن أبي النعم وظيفة جمع طاسات الطعام في 17 جمادى الآخر 1064هـ/ 5 مايو1654م[1].

حددت وثيقة الوقف دولاب العمل في «العمارة» فتذكر «شرطت الحضرة العالية العلية المشار إليها -أسبغ الله نعم أنعامه عليها- أن يطبخ في العمارة المعمورة لا زالت موائدها موفورة كل يوم سوى ليالي الجمع الشريفة مرق بالسمن مرتين ومرق بالأرز غداء ومرق بالحنطة عشاء وفي ليالي الجمع الشريفة يطبخ مرق الحنطة غداء والأطعمة النفيسة الآتي ذكرها عشاء وعينت لمرق الأرز في كل وجبة من الأرز الصافي النقي عشرين منًّا[2] قدسيًا يكون بالأواق الإسطنبولي أربعين أوقية، ومن السمن ثلاثة أمنان ومن الحمص ثلاث أواقٍ، ومن البصل أربع أواقٍ، ومن الحطب ستين منًّا يكون مائة وعشرين أوقية، ومن الملح منان ونصف.. ومن اللبن الحامض خمسة وعشرون منًّا يكون خمسين أوقية، ولثمن القدونس أربعة دراهم، ولمرق الحنطة في كل نوبة من الحنطة النقية أربعة أمنان قدسية، ومن السمن ثلاثة أمنان يكون ست أواقٍ، ومن الملح خمس أواق، ومن البصل منان، ومن الحطب سبعون منًا قدسيًا، ومن الكمون ثلاث أواقٍ، ومن الحمص منٌّ ونصف...».

وشرطت أن يطبخ في كل ليلة من ليالي الجمعة الطعامان المعروفان بدانة برنج وزرده[3] وعينت لحوائجها من الأرز اثنين وستين منًّا قدسيًا يكون مائة وأربعة وعشرين أوقية، ومن لحم الضأن خمسة وثلاثين منًّا يكون سبعين أوقية، ومن السمن ثلاثة عشر منًّا ونصف منٍّ يكون سبعًا وعشرين أوقية، ومن الحمص أربع أواقٍ، ومن البصل كذلك، ومن الحطب تسعون منًّا يكون مائة وثمانين أوقية، ومن الفلفل أربعون درهمًا وزنيًا، ومن الملح أربعة أمنان ونصف منٍّ يكون ثلاثًا وثلاثين أوقية، ولثمن الزعفران أربعة عشر درهمًا.

---

(1) إبراهيم ربايعة، القدس في العصر العثماني في ضوء الوثائق، مكتبة كل شيء، عمان 2006، ص166.

(2) وحدة وزن.

(3) أكلة تركية.

وشرطت أن يطبخ في الليالي الشريفة الرمضانية الطعامات المعروفات بدانة برنج وزردة على التفصيل المزبور، وشرطت أن يطبخ يوم عاشوراء أربع قزعات مملوءة بالمرق المعروف بجملة حوائجه ولوازمه ويفرق إلى علماء القدس وفقرائه وصلحائه وأغنيائه على وجه العموم ويصرف إليه بقدر ما يحتاج إليه من الأوقاف المبرورة... إلخ.

وشرطت أن يطبخ كل يوم في فرن العمارة أخبزة معروفة بفدولة[1] مقدار كل واحد منها مطبوخًا تسعون درهمًا وزنيًا، ويكون عدد الخبز المذكور لكل يوم ألفين، ومن الحطب خمسة وخمسون منًّا يكون مائة أوقية وعشر أواق، ومن الملح ثلاثة يكون ست أواقٍ...

وشرطت -تقبل الله تعالى صدقاتها وضاعف أجور مبراتها- أن يعطى منها كل غداة وعشية لأربعة مائة نفر من الفقراء والمساكين والضعفاء والمحتاجين الحاضرين في المأكل مائتا كأس لكل اثنين منهم من الأطعمة واللحم مقدار ما يعطى لواحد من المجاورين ولكل واحد منهم خبز واحد... إلخ.

إن هذه المنشآت إنما تعبر عن درجة عالية من التضامن الاجتماعي بين أفراد المجتمع.

الأربطة والزوايا والتكايا

الأربطة والزوايا والتكايا مسميات لعدة منشآت قامت بأدوار متفاوتة بالرعاية الاجتماعية لأفراد المجتمع من المساكين المعدمين والفقراء الزاهدين وطلاب العلم، وقد اختلفت دلالات المصطلح المطلق على هذه المنشآت من عصر لآخر ومن مدينة إلى مدينة، من ذلك الرباط[2] فقد كانت مهمة الرباط في أول أمره الدفاع عن الأراضي الإسلامية، إذ كان يقام على الثغور المتاخمة للعدو، فالرباط على ذلك عبارة عن بناء حصين يعسكر فيه المتطوعون من المجاهدين في سبيل الله ابتغاء مرضاته، وامتثالًا لأمره، قال تعالى: «وَأَعِدُّواْ لَهُم مَّا ٱسْتَطَعْتُم مِّن قُوَّةٍ وَمِن رِّبَاطِ ٱلْخَيْلِ تُرْهِبُونَ بِهِۦ عَدُوَّ ٱللَّهِ وَعَدُوَّكُمْ» سورة الأنفال آية 6،

(1) هذا اسم من التراث الشعبي الذي يطلق من موروثه التاريخي مسميات على الأطعمة.

(2) الرباط، ويراد به ملازمة الثغراء والمرابطة فيها، وقيل: أن يربط كل من الفريقين خيولهم بثغرة، وعلى ذلك سمي المقام في الثغر رباطًا، ويطلق على الحصن المقام عند ساحل، أو شاطئ بقصد الدفاع عن الثغور، ويرابط فيه المجاهدون، وبمرور الزمن تحول الرباط إلى مأوى لإقامة الفقراء وغيرهم من رواد العلم معلمين ومتعلمين. الزبيدي، محمد مرتضى، تاج العروس من جواهر القاموس، ج5، ط1، المطبعة الخيرية، مصر، 1306هـ، ص141.

لذلك حرص المسلمون على بناء الأربطة في مختلف المدن والثغور الإسلامية المتاخمة للعدو ومنذ القرن الأول الهجري(1).

لما اتسعت دولة الإسلام، وقويت شوكتها خلال القرن 4هـ/ 10م، واكب ذلك تطور ملحوظ في شتى مناحي الحياة، وتغيرت بذلك وظيفة الرباط، فقد بدأ يتحول إلى إيواء الفقراء والمحتاجين، فبعد أن كان منشؤه على الحدود لحماية الثغور صار يبنى داخل المدن لغرض اجتماعي هو السكن والإيواء(2).

كان لاهتمام حكام المسلمين وتسابقهم في الأعمال الخيرية أكبر الأثر في زيادة عدد الأربطة في المدن، وحذا حذوهم الأمراء وكبار رجال الدولة، ولم يقتصر اهتمامهم في وقف الأربطة على الرجال بل شمل النساء أيضًا، فوقفوا لهن أربطة خاصة بهن كانت بمثابة الخزائن التي تحفظ حقوقهن، وتقوم بشؤونهن، وكان للأربطة أيضًا دور في نشر العلم والثقافة، وكان لمشروعية الوقف في الإسلام أكبر الأثر في ازدهار الأربطة واستمرارها، وكانت بعض الأربطة خاصة في المغرب في مدن مثل فاس ومكناس خصصت لكبار السن من الشيوخ، وهو ما يعكس دور الوقف في استيعاب مشكلات اجتماعية عديدة في المجتمع، فهؤلاء بعضهم في تلك العصور بلا مأوى أو عمل أو رعاية إنسانية(3)، إذ إن الأوقاف هي المورد الرئيسي للأربطة، وهي بمثابة الشريان لها تنشط بوجودها، وتضمحل بانقطاعها، ومن أمثلة هذه الأربطة:

رباط الزوزني(4): أقدم الرُّبط البغدادية، كان يقع مقابل جامع المنصور في الجانب الغربي من بغداد، وقد بني لأبي الحسن إبراهيم البصري (ت371هـ) في منطقة تعرف بدار القطان(5)، قال ابن الجوزي في ذلك: «بلغني(6) أنه كبر سنه فصعب عليه المجيء إلى الجامع فبنى له الرباط المقابل لجامع المنصور ثم عرف بصاحبه الزوزني».

---

(1) حسين مؤنس، فجر الإسلام، الدار السعودية، جدة 1405هـ، ص623.

(2) الفاسي، العقد الثمين في تاريخ البلد الأمين، ج1، تحقيق محمد حامد الفقي، ط2، بيروت، مؤسسة الرسالة، 1406هـ/ 1986م، ص118، 123، أحمد بدرشيني، أوقاف الحرمين الشريفين في العصر المملوكي، ص139.

(3) رقية بلمقدم، أوقاف مكناس في عهد السلطان مولاي إسماعيل، ج1، ص61، 62، 156.

(4) السمعاني، الزوزني بسكون الواو بين الزايين المعجمتين وفي آخرها النون، هذه النسبة إلى زوزن، وهي بلدة حسنة بين هراة ونيسابور، عبد الحسين الرحيم، الخدمات العامة في بغداد، ص139، 211، 339.

(5) مصطفى جواد، الربط البغدادية، بدون تاريخ، ص224.

(6) ابن الجوزي، جمال الدين أبو الفرج عبد الرحمن البغدادي، المنتظم في تاريخ الملوك والأمم، ج7، طبعة دائرة المعارف العثمانية، حيدر آباد 1959، ص111.

هذا يوضح أن شهرة الرباط بنيت على المجاز وليس على الحقيقة فقد شيد لأبي الحسن البصري، ولكنه اكتسب شهرة صديقه أبي الحسن الزوزني فلعل لتشابه الكنى وطول المصاحبة شأنًا في ذلك، ومما تميز به هذا الرباط أنه كان مُعدًا لسكنى المتزوجين من الصوفية فضلًا عن العزاب، فيما روي عن سكنى[1] الطبيب أبي عبد الله المصري (ت543هـ/ 1148م) فيه بعد زواجه، كما توفرت في الرباط خزانة الكتب أسهمت إلى حد كبير في نشاطه العلمي.

ثمة ميزة تميزت بها بعض الرُّبط في بغداد ومنها هذا الرباط وهي تمتعها بالحرمة والتقدير لدى رجال الدولة، ففي سنة 560هـ/ 1165م التجأ[2] فخر الدولة ابن المطلب إلى هذا الرباط لعدة أيام بسبب خلاف بينه وبين الخليفة المستجد (555-556هـ/ 1160-1170م) لم يلحقه خلالها إجراء أو عقوبة حتى سُوي الأمر بينهما[3].

رباط البغدادية[4]: أنشأته السيدة الجليلة تذكار باي خاتون ابنة الملك الظاهر بيبرس سنة 684هـ/ 1285م بداخل الدرب الأصفر تجاه خانقاه بيبرس الجاشنكير بالقاهرة، وقد أوقفته على الشيخة الصالحة زينب ابنة أبي البركات المعروفة ببنت البغدادية فأنزلته به ومعها مجموعة من النساء الخيرات يساعدنها على إدارته وكانت عالمة زاهدة قانعة خيرة تعظ النساء وتفقهن، وصارت كل من قامت بعدها بمشيخة هذا الرباط يطلق عليها اسم البغدادية وتوفيت 714هـ/ 1314م، وقد أدرك المقريزي هذا الرباط عامرًا وأدرك به إحدى المرشدات وهي «الشيخة الصالحة سيدة نساء زمانها أم زينب فاطمة بنت عباس البغدادية توفيت وقد أنافت على الثمانين، وكانت فقيهة وافرة العلم، زاهدة قانعة عابدة، وكان لها قبول زائد ووقف حسن في النفوس[5]».

---

(1) ابن الجوزي، جمال الدين أبو الفرج عبد الرحمن البغدادي، المنتظم في تاريخ الملوك والأمم، ج7، طبعة دائرة المعارف العثمانية، حيدر آباد 1959، ص111.

(2) ابن الجوزي، المنتظم، ج10، ص210.

(3) حسين الرحيم، الخدمات العامة في بغداد، ص339، 340.

(4) تخرب هذا الرباط واعتدى الناس على أرضه، ولم يتخلف منه إلا بقايا قبتين قديمتين تدخل إحداهما في الأخرى يطلق عليهما «زاوية الشيخ عثمان السطوحي» بحارة الدرب الأصفر، أبو المحاسن، النجوم الزاهرة، ج12، ص142، علي مبارك، الخطط التوفيقية، ج6، ص153، المقريزي، المواعظ والاعتبار بذكر الخطط والآثار، ج4، تحقيق أيمن فؤاد سيد، مؤسسة الفرقان للتراث الإسلامي، لندن 2003م، ص795.

(5) المقريزي، المواعظ والاعتبار بذكر الخطط والآثار، ج4، ص795، 780. تحقيق أيمن فؤاد سيد، مؤسسة الفرقان للتراث الإسلامي، لندن 2003، ص795.

كان هذا الرباط موقوفًا على النساء المطلقات حتى يتزوجن أو من هجرهن أزواجهن حتى يرجعن إلى أزواجهن صيانة لهن من الانحراف، واشتهر ذلك الرباط بشدة الضبط وغاية الاحتراز والحفاظ على الأخلاق والمواظبة على العبادة[1].

رباط بيبرس الجاشنكير: أنشأه السلطان بيبرس الجاشنكير عام 709هـ/ 1309م، متصلًا بالخانقاه التي ما تزال قائمة بالدرب الأصفر بالجمالية بالقاهرة، وتذكر وثيقة وقف بيبرس أنه أنشأ مجموعته المكونة من الخانقاه والقبة والرباط على جزء من دار الوزارة الفاطمية، كما نصت الوثيقة أيضًا على أن مباني الرباط هي من بقايا دار الوزارة ويتكون من إيوان كبير بصدره باذاهنج[2] كبير يجاوره مجلس كبير يتقدمهما فناء متسع (دور قاعة) بالإضافة إلى ملحقات وهي مراحيض وبئر وساقية، وقد جاء بالوثيقة «أما الإيوان الكبير القديم البناء والدور قاعة التي أمامه والمجلس المجاور لذلك فإن الواقف المسمى أعز الله نصره وضاعف ثوابه وقف ذلك رباطًا»، وجاء في موقع آخر بالوثيقة نفسها «جميع المكان أرضًا وبنا[3] المعروف ببعض دار الوزارة... ذات الإيوان الكبير القديم البنا والباذاهنج الكبير الذي بصدره والمجلس الكبير الذي بدور قلعته الكبرى والمراحيض والبير المعين والساقية الخشب المركبة على فوهتها المكملة الآلة والعدة والمرافق والحقوق».

وقد كان هذا الرباط بمثابة دار لإيواء المحتاجين ومن قعد بهم الوقت وكان ذا نظام خاص فصله الواقف من وثيقته، فقد جعل بها إقامة كاملة لثلاثين فردًا من المنقطعين المجردين أي العزاب، كما جعل لسبعين أن يترددوا على هذا الرباط من ذوي الأسر ويعودوا في نهاية اليوم إلى منازلهم وأسرهم ولكنهم كانوا يحصلون على الامتيازات نفسها من خبز وطعام حيث كان يصرف لكل من بالرباط الطعام واللحم وثلاثة أرغفة من خبز البر في كل يوم كما جعل لهم الحلوى، وكان يقدم في الإقامة عتقاء الواقف والجند البطالين وأبناء الناس الذين قعد بهم الوقت.

وكانت خدمات هذا الرباط -مثلها في ذلك مثل كل المنشآت التي تقدم خدمات الرعاية الاجتماعية- تتأثر بالظروف والأزمات السياسية، فحينما قلَّ الفيضان في عام 776هـ،

---

(1) آدم صبرة، الفقر والإحسان في مصر عصر سلاطين المماليك، ترجمة قاسم عبده قاسم، المشروع القومي للترجمة، القاهرة، 2003م، ص142 – 143.

(2) بروز من الخشب بزاوية يسمح بتدفق الهواء فيحدث فرقًا في درجات الحرارة.

(3) بنا: المقصود بها البناء.

أبطل الطعام من الرباط والخانقاه وتعطل المطبخ ولكن استمر صرف الخبز كما صرف بدلًا من الطعام مبلغ سبعة دراهم لكل فرد منهم ثم زيدت إلى عشرة دراهم، ولما حدث عجز الفيضان مرة أخرى في سنة 796هـ أغلق المخبز الذي كان يمد الرباط والخانقاه بالخبز وصرفت لهم النقود بدلًا من الخبز.

وقد اشترط المنشئ «ألا يقيم بهذا الرباط أحد ممن يخدم عند الأمراء أو بنحوه حيث اشترط فيمن يقبل في هذا الرباط أن يكونوا من المتصفين بالفقر والمسكنة وأن يكون ظاهرهم للخير»[1].

وذلك حتى يضمن ألا يخرج الرباط عن هدفه في تقديم خدماته لمن يستحقها ولمن هو في حاجة فعلية لهذه الخدمات، ولم يشترط فيمن يقيمون به سوى أن يبتعدوا عن البدع التي لا تجوز شرعًا وقد جاء بنص الوثيقة أن: «الواقف المسمى أعز الله نصره وضاعف ثوابه وأجره وقف ذلك رباطًا على مائة من المسلمين المتصفين بالفقر والمسكنة يكون ظاهرهم للخير وهم متصفون بصفة أرباب الزوايا غير مبتدعين ما لا يجوز شرعًا وعادة أو هو مشهور بذلك. يكون منهم ثلاثون نفرًا بالصفة المذكورة التي يراها الناظر والشيخ يقيمون بالرباط المذكور وباقيهم مترددون لذلك ومن جميعهم الشيخ والإمام والمؤذن والخادم والبواب ويقدم من يرغب في الانقطاع من عتقاء الواقف المذكور وذريتهم من الذكور»[2].

ونستطيع من خلال دراسة الوثيقة أن نتبين أن الإيوان والمجلس المتجاورين ربما كانا مكاني الإقامة لقاطني الرباط الثلاثين أو أن أحدهما كان مكانًا للسكن والآخر مكانًا لاجتماع أهل الرباط جميعًا من المقيميين والمترددين يقيمون فيه الصلاة ويتلقون فيه بعضًا من التعليم والتفقيه حيث لم تشر الوثيقة لوجود سكن لإيواء القاطنين به.

كما كان للرباط دور هام وحيوي في المجتمع بتوفيره المأوى والإعاشة لعدد كبير من النساء والرجال، إذ ساهمت الرُّبط في إيجاد المأوى للنساء الفقيرات والمطلقات والأرامل ومن قعد بهن الوقت، وكذلك الرجال من الفقراء والمنقطعين وغير القادرين على الكسب فضمنت لهؤلاء جميعًا حياة هادئة مستقرة ومقامًا أمينًا، كما حفظت النساء من أن تلجئهن الحاجة إلى الاتجار بأجسادهن حتى يتزوجن أو يعدن إلى أزواجهن أو يقضي الله أمرًا كان مفعولًا.

(1) محمد أمين، الأوقاف والحياة الاجتماعية في مصر، دار النهضة العربية، القاهرة، 1980، ص31.

(2) محمد أمين، الأوقاف والحياة الاجتماعية في مصر، دار النهضة العربية، القاهرة، 1980، ص33.

وكانت هذه الرعاية تقدم بصورة مستمرة ومنتظمة وكان لها من ريع الأوقاف الموقوفة عليها ما يضمن هذا الاستمرار.

كما كانت الرُّبط تحرص على أن توفر لنزلائها قدرًا من الثقافة مع الالتزام بالقيم الدينية والتمسك بها، وقد نظمت كتب الوقف تفاصيل أنشطتها... مما يجعلها منشآت للرعاية الاجتماعية بكل مفاهيمها الحديثة وسوف نرى ذلك من خلال تحليلنا لهذه الأنشطة في نهاية هذا الفصل.

أربطة المدينة المنورة

تعددت الأربطة في المدينة المنورة، وكانت تحتوي على غرف يطلق عليها بيوت، أما مدخل الرباط فيطلق عليه حجرة، كما كان لكل رباط قيِّم أو وصيٌّ يطلق عليه شيخ الرباط، تعددت أغراض الاستضافة في أربطة المدينة المنورة، لكن من أمثلتها:

رباط المغاربة: الذي سكنه بعض طلبة العلم والصالحون والصوفية، فمن هؤلاء خلال القرن 8هـ/14م أبو علي الحسن بن عيسى الحاحائي المغربي المالكي، سكن في حجرة بالرباط تسمى حجرة الصالحين، وشاركه فيها عبد السلام بن سعيد بن عبد الغالب القروي ت766هـ/1364م.

رباط البطالين: خصص لسكن العاطلين عن العمل من الخدام.

رباط مراغة: خصص لسكن الغرباء من المغاربة والأفارقة[1].

رباط ياقوت: من أربطة المدينة المنورة، وقفه ياقوت المظفري على الفقراء والمساكين والغرباء، الرجال دون النساء، ويقع في حارة الأغوات، بني في عصر الناصر محمد بن قلاوون إذ يشير لذلك نص تأسيسه الذي يعود لسنة 706هـ/1306م، ووقفيته باسم ياقوت المظفر المارداني[2]. يقع البناء في حارة البقيع بالمنطقة المعروفة بحارة الأغوات ويطل على الحارة بواجهة صغيرة، بها باب المدخل، يعلوه لوح من الرخام عليه نص من خمسة أسطر بالخط الثلث المملوكي، ويؤدي الباب إلى فناء صغير مستطيل، ويتكون من طابقين، ونص إنشاء الرباط يقرأ كما يلي: «وقف هذا الرباط لوجه الله تعالى العبد الفقير ياقوت المظفري

---

(1) عبد الرحمن المديرس، المدينة المنورة في العصر المملوكي، مركز فيصل للبحوث والدراسات الإسلامية، الرياض 2001م، ص146-149.

(2) عبد القدوس الأنصاري، آثار المدينة المنورة، المنهل، جدة، ص190.

المنصوري المارداني على الفقراء والمساكين والغرباء الرجال خاصة دون النساء تقبل الله منه وأثابه الجنة برحمته وكرمه بتاريخ سنة ست وسبعمائة»[1].

رباط تنكز: أحد أشهر أربطة القدس، أوقفه الأمير تنكز بن عبد الله سنة 730هـ/ 1329م على مجموعة من النساء العجائز المسلمات، وحدث أن تعدى عليه عمر بن عثمان وسكن به، فطلب منه القاضي أن يخرج من الرباط، فقال إنه يعمل بوابًا على الرباط، وبالرجوع إلى نص الوقفية تبين أن البوابة خدمة تقوم بها واحدة من نساء الرباط[2].

أوقاف الشريفات: وهي داران بعدوة القرويين في فاس مخصصتان لإقامة النساء المعوزات ذوات الأصل الشريف، يجدن بها الملجأ الآمن تحت مراقبة عريفات ونقيب، ويستفدن يوميًا ومبلغًا من المال للنفقة ويأخذن كسوة كل سنة. دار بزنقة المشاطين قرب ساحة الصفارين، ودار بحومة وادي الرشاشة[3].

دار الثقاف: أصل اللفظ «ثقف» ثقفًا: غلبه في الحدق، تثاقفا: تغالبا في الحدق تخاصما، الثقاف من النساء الفطنة، الثقاف الخصام...[4].

حبس دار الثقاف، الحبس الذي حبس أو أوقف على «الثقاف» النساء اللاتي يقع النفور بينهن وبين بعولتهن فيصرف ريعه عليهن حيث يقمن في دار سمين «دار الثقاف» آكلات شاربات إلى أن يزول ما بينهن وبين أزواجهن من النفور، وهذا النوع من الوقف عرف بمدينة مراكش[5] وفاس حيث شيدت قبالة رأس الشراطين بعدوة القرويين، وكان الزوجان المتناوشان يسكنان في هذه الدار بين قوم صالحين ثقة يستعين بهم القاضي لمعرفة المتظلم من الزوجين.

إن تداخل المسميات والوظائف وتنوعها، ليس هو الأساس الذي نبحث عنه، بل إن ما نبحث عنه هو الفعل الحضاري للإسلام.

---

(1) صالح لمعي مصطفى، المدينة المنورة، تطورها العمراني وتراثها المعماري، دار النهضة العربية، بيروت 1981م، ص216، 217.

(2) إبراهيم ربايعة، القدس في العصر العثماني، ص342.

(3) Mich aux Bellaire, L'organisation des finances au Maroc, Arch Marocaines, XI, P 280.

(4) لويس معلوف اليسوعي، المنجد في اللغة والأعلام، المطبعة الكاثوليكية، بيروت بدون تاريخ، ص71.

(5) محمد بن عبد العزيز، الوقف في الفكر الإسلامي، ج1، ص140.

الزوايا

نشأت الزوايا لتصبح منشآت مستقلة، لكل منها مصلى أو مسجد وأماكن للإقامة بالإضافة إلى الملحقات، وكانت مسكنًا للصلحاء من الشيوخ ممن يشتهر أمرهم حيث يتجمع حولهم تلاميذهم ومريدوهم وهم غالبًا من الفقراء بالإضافة إلى العابرين وأبناء السبيل. كان شيخ الزاوية يتولى الوعظ والإرشاد لمن يتردد على الزاوية أو يقيم بها[1].

كانت بعض الزوايا تقارب الرُّبط من حيث عدم ارتباطها بشخص معين فهي مكان لإيواء الفقراء دون ارتباطهم بمذهب معين على أن يداوموا على العبادات، وكان الفقراء يجدون بها الإيواء والطعام، ومنها الزاوية التي أقامها زين الدين الخرورجي بالرميلة بجوار القلعة وأوقف على مصالحها وجعل لها إمامًا وخادمًا، وجعل بها طعامًا دائمًا للفقراء المجاورين والمترددين وقد جاء بوثيقته ما نصه «ويصرف في مصالح الزاوية برسم السادة الفقراء المقيمين والمجاورين والمترددين من المتعبدين في زمن الوقف، ومن غيرهم من المسلمين الكائنة بالرميلة تجاه الميدان السلطاني بالقرب من قلعة الجبل... ويرتب إمامًا فقيهًا من أي مذهب من أهل الخير والدين يؤم الفقراء المجاورين ومن حضر معهم في أوقات الصلاة المفروضات... وأن يكون هذا الإمام المقرئ خادمًا لما بها من الربعات الشريفات ويتولى مصالحها وتعهد خزانتها. ويصرف للقائم بجميع ذلك في كل شهر خمسون درهمًا ويرتِّب الناظر المذكور خادمًا بوابًا من الفقراء المجاورين حيث وجدوا ويعيِّن بوابًا خادمًا للفقراء والمساكين والمترددين والمقيمين ويصرِف له خمسين درهمًا، ويصرِف في كل يوم عشرة دراهم يشتري بها للفقراء المجاورين من الطعام أو ما يقوم مقامها مما يقوم بأودهم برسم الغدا والعشا بحسب الأوقات»[2].

هكذا وجد الراغبون في الانقطاع للعبادة وغير القادرين على الكسب والهاربون من قسوة الحياة من الفقراء والمساكين والغرباء ملاذًا في هذه الزوايا، يجدون فيها الإقامة والمأكل والمشرب الذي كان يوفره ريع الأوقاف المرصدة على كل هذه الزوايا وما يرد إليها من الهبات.

---

(1) سعيد عاشور، المجتمع في العصر المملوكي، القاهرة، 1962، ص169.

(2) وثيقة وقف زين الدين عبد القادر الأنصاري الخزرجي رقم 56 محكمة. محمد سيف النصر أبو الفتوح، منشآت الرعاية الاجتماعية بالقاهرة حتى نهاية عصر المماليك، رسالة دكتوراه، كلية الآداب بسوهاج، جامعة أسيوط 1980، ص375، 376.

كما كانت بعض الزوايا تنشأ بهدف إيواء الفقراء من طائفة معينة من الأغراب الذين كانوا يفدون إلى القاهرة كالأحباش الأعاجم وغيرهم، فقد أنشأ الطواشي بلال الفراجي زاوية عرفت بزاوية الخدام وجعلها وقفًا على إقامة الخدام الأحباش والأجناد الأحباش البطالين وأوقف عليها للإنفاق عليهم[1].

ويذكر المقريزي أن السلطان الناصر محمد قد أنشأ زاوية للشيخ تقي الدين رجب بن أشيرك العجمي[2]، تحت قلعة الجبل وأوقف عليها وصارت منزلاً لفقراء العجم[3]، ومازالت هذه الزاوية موجودة، وقد تجدد أغلب مبانيها، بدرب اللبانة المتفرع من سكة المحجر تحت القلعة، وتعرف بـ «تكية العجمي» أو «تكية تقي الدين البسطامي» نسبة إلى الشيخ محمد البسطامي أحد مشايخها السابقين المتوفى في رمضان سنة 905هـ/ 1500م. هذه الزاوية أنشأها في الأصل السلطان المنصور حسام الدين لاجين للشيخ تقي الدين رجب العجمي في شهر صفر سنة 697هـ/ 1297م، ثم وسع السلطان الناصر محمد بن قلاوون مصلى الزاوية في سنة 726هـ/ 1326م، ثم جددها السلطان الظاهر أبو سعيد جقمق سنة 847هـ/ 1443م[4].

التكايا[5]

تعد التكايا من المنشآت التي كان يقيم بها الفقراء والمتصوفة، وانتشرت بصورة خاصة في العصر العثماني، ويبدو أن بعضها كان متعدد الوظائف، نقرأ ذلك عبر المؤرخ الدمشقي ابن طولون (توفي 953هـ/ 1545م)، الذي يذكر عن التكية السليمية التي أسسها السلطان سليم الأول في دمشق، أنها كانت تحتوي على ما يلي: «بيت للفقراء يأكلون به، له أربعة

(1) كانت هذه الزاوية فيما بين باب الفتوح والحسينية خارج باب النصر، المقريزي، المواعظ والاعتبار بذكر الخطط والآثار، ج4، تحقيق أيمن فؤاد سيد، ص811، محمد سيف النصر أبو الفتوح، منشآت الرعاية الاجتماعية، ص376.

(2) كان شيخًا مهيبًا جليلاً محترمًا من أمراء الدولة، أقام بهذه الزاوية حتى وفاته يوم السبت 8 رجب 714 هجرية، المقريزي، الخطط، ج4، ص811.

(3) المقريزي، الخطط، ج4، ص811، 812.

(4) المقريزي، السلوك في معرفة دول الملوك، ج2، ص141.

(5) التكية ـ جمع تكايا ـ هي خانقاه الصوفية، ومكان إقامة الدراويش يمر فيه المريدون بطَوْرَي الارتفاع والفطام، حلت التكية محل الخانقاه بيت الصوفية في العصر المملوكي، للمزيد انظر، عاصم رزق، معجم مصطلحات العمارة والفنون الإسلامية، مكتبة مدبولي، 2000، ص57، 58.

شبابيك مطلة على باب الجامع المذكور، وبه معزية خاصة بالنساء، وله بابان شرقي ومنه يدخل الناس وبالقرب منه شباك لمعزية النساء، وغربي ينفذ منه إلى مطبخ وبه ثلاثة حواصل للمؤن، ولهذا المطبخ باب كبير ببوابة يفتح إلى القبلة وبه حلتان كبرى وصغرى وثالثة لغسل المواعين، وعدتها مائتا ماعون من نحاس... وإلى جانب هذا المطبخ فرن معد للخبز الذي يفرق بهذه التكية. وأصل هذا الخبز قنطار طحين غداء وعشاء لهذه التكية من اللحم في كل يوم ستون رطلًا غداء وعشاء أيضًا، ويطبخ ذلك بكرة النهار في شوربة أرز وأخرى قمحية خلال ليلة الجمعة، فيطبخ في أرز مفلفل ومع أرز حلو بعسل»[1].

هذا يعني تعددية وظائف التكية، التي كانت تقدم الطعام لفقراء الصوفية القاطنين بها، ولمن هم خارج التكية، فالإيواء هنا لا يعني توفير الإقامة، بل توفير حياة كريمة لمن يؤى داخل التكية وللمترددين عليها.

في عصر أسرة محمد علي بمصر اختصت العديد من التكايا، برعاية من لا عائل لهم، والذين يقدرون على الكسب، والعجزة، وكبار السن المنقطعين، والأرامل من النساء اللائي لا يستطعن ضربًا في الأرض، إلى جانب فقراء المتصوفة والدراويش والغرباء، والمسافرين الذين لا يجدون لهم مأوى في البلاد التي يمرون بها، وخاصة إذا كانوا قاصدين بيت الله الحرام لأداء فريضة الحج، وبعض التكايا كان مخصصًا لإسكان طلبة بالأزهر الشريف، وأشهرها تكية محمد بك أبي الذهب[2].

كان عبد الرحمن كتخدا قد أنشأ تكية للنساء الفقيرات العجائز من أوقافه، جددها راتب باشا في النصف الثاني من القرن 19م، كما أنشأ ديوان عموم الأوقاف تكية للفقراء، بالإسكندرية في بداية العقد الأخير من القرن التاسع عشر، وكانت تحتوي على 120 سريرًا، وكان بها قسمان أحدهما للرجال والآخر للنساء، وكل منهما مقسم إلى أقسام (للصغار، والكبار، والأرامل، والعذارى، لكل قسم خاص به)، كان شرط الإقامة بها هو «العجز المطلق عن الكسب، والخلو من الأمراض المعدية[3]».

---

(1) ابن طولون، محمد بن طولون الصالحي، القلائد الجورية في تاريخ الصالحية، تحقيق أحمد دهمان، دمشق، مجمع اللغة العربية، 1980م، ص123. القادر الربجاوي، التكية السليمية في الصالحية، مجلة الحوليات الأثرية السورية، مجلد 8، 9، دمشق 1958م، 1959، ص74.

(2) إبراهيم البيومي غانم، الأوقاف والسياسة في مصر، ص307.

(3) إبراهيم البيومي غانم، الأوقاف والسياسة في مصر، ص311.

كان أحمد باشا المنشاوي، من أشهر كبار الملاك الذين اهتموا بإنشاء التكايا والوقف عليها في عصر أسرة محمد علي، ومن ذلك تكيته بطنطا التي جعلها «للعواجز، واليتامى» لتكون منازل ومساكن لهم وللسيارة والمارة، وأبناء السبيل من المسلمين، لا سيما الذين يحضرون إلى مدينة طنطا من بلاد الترك والمغرب وغيرها، وهم في طريقهم لأداء فريضة الحج[1].

ومنذ القرن 19م أخذت الملاجئ في الازدياد، والحلول محل التكايا، باعتبارها مؤسسة للرعاية الاجتماعية أكثر كفاءة وتنظيمًا من التكايا[2]، اهتمت الملاجئ برعاية فئتي العجزة من كبار السن والأيتام من الأطفال بصفة خاصة. ومن ذلك ما خصصه سيد بك عبد المتعال من ريع وقفيته التي أنشأها في سنة 1920م لبناء ملجأ بمدينة سمنود، يسع خمسين تلميذًا من الأيتام، يتعلمون فيه التعليم المناسب لهم من الصناعة[3]، إذ ألحق به مدرسة للتدريب المهني.

كما شيدت السيدة جليلة طوسون سنة 1927م، ملجأ لتربية اليتيمات أوقفت عليه 138 فدانًا، واشترطت أن يرعى من 15 إلى 20 طفلة يتيمة يُخترن وفقًا لشروط نصت عليها، ومن أهمها «ألا يكون لهن عائل قادر على تربيتهن، واللطيمة التي فقدت والديها تكون لها الأفضلية على اليتيمة التي بقي لها أحدهما»[4] وأن يشمل منهاج التعليم بالملجأ «الكتابة والقراءة، وحفظ جزأين من القرآن على الأقل حفظًا جيدًا، وتعليم القراءة في المصحف الشريف، ومبادئ الحساب، وفنون تدبير المنزل، لا سيما الطبخ والخياطة والتطريز وتعليم الموسيقى، وما يناسب الإناث من أناشيد وأغاريد وألحان[5]».

---

(1) حجة وقف أحمد باشا المنشاوي، ص47.

(2) كان تدهور التكايا يعود لجمود أنظمتها، وعدم تطويرها، وهو ما خضع لمناقشات في مجلس الشيوخ المصري، انظر: مضبطة مجلس الشيوخ، الجلسة 31 بتاريخ 19/ 6/ 1936، ص502، إبراهيم غانم، الأوقاف والسياسة في مصر، دار الشروق، القاهرة 1998م، ص311.

(3) حجة وقف سيد بك عبد المتعال المحررة بتاريخ 11 صفر 1339 ـ 23 أكتوبر 1920م. إبراهيم البيومي غانم، الأوقاف والسياسة في مصر، ص313.

(4) محمد أمين، الأوقاف والحياة الاجتماعية في مصر، دار النهضة العربية، القاهرة، 1980، ص66.

(5) حجة وقف جليلة طوسون بتاريخ 17 مايو 1927م، أمام محكمة الجيزة الشرعية، سجلات وزارة الأوقاف سجل رقم 138 قبلي، مسلسلة 4740، إبراهيم البيومي غانم، الأوقاف والسياسة في مصر، ص313.

الفصل السَّادس
المياه والعُمران

الماء في الحضارة الإسلامية

لندرة المياه ولكونها عصب الحياة، فقد رأينا أوقافًا ارتبطت بتوفيرها في المدن والقرى، ومن ذلك «حبس الماء» في المغرب، وهو الحبس أو الوقف الذي حبسه المحبسون لجلب الماء عبر قواديس وإصلاحها وإنشاء سقايات لعامة الناس للارتواء من العطش ولأعمال أخرى، وذلك بوضع صهاريج لجمع الماء للزراعة وتوريد الماشية والدواب... ووُجد هذا النوع من الوقف في العديد من المدن المغربية مثل: طنجة، ومكناس، وفاس، وتطوان، ومراكش.

لذا نرى منشآت تسبيل المياه تنتشر في شوارع المدن الإسلامية سواء للمارة أو لتوفير المياه لبيوت الفقراء. وسميت تارة السقايات وتارة الأسبلة.

السقايات

عرفت مدينة بغداد السقايات أي مواضع توفير مياه الشرب، واتخذت هذه المنشآت أهمية خاصة في بغداد، لأسباب مناخية[1] تتعلق بطبيعة مناخ بغداد، وصحية تتصل بظاهرة تلوث مياه الأنهار المخترقة لمدينة بغداد بجانبيها الشرقي والغربي، من جراء تغييرها السكاني منذ منتصف 4هـ/ 10م.

وحيث إن الماء في النهر مشاع للجميع ولا يجوز بيعه حتى يبذلوا عليه عملًا في النقل والأحراز بالأوعية ليصبح سلعة يجوز بيعها. فقد كان السقاؤون يسدون حاجة الناس من المياه النظيفة من دجلة لقاء أجر معين. بينما لم يكن ميسرًا للفقراء الحصول على الماء

---

(1) محمود شكري الآلوسي، أخبار بغداد وما جاورها من البلاد، ج1، مخطوطة في المتحف العراقي، برقم 6287، ص95، 96. وعبد الحسين مهدي الرحيم، الخدمات العامة في بغداد، ص132. وعماد عبد السلام رؤوف، تاريخ مشاريع مياه الشرب القديمة في بغداد، مجلة المورد، مج8، العدد الرابع، بغداد 1979م، ص172.

الصالح للشرب، وعليه فمن الفقهاء من يرى أن المياه[1] المتوفرة بالمساجد والجوامع في الحباب وغيرها من الأواني هي من حقوق الفقراء دون الأغنياء لاستغناء هؤلاء بغناهم. أما ماء السقاية فيتساوى في الإفادة منه الفقير والغني على وجه العموم. وتصنف السقايات ببغداد إلى نوعين[2]:

الأول: ما يمكن تسميته -المزملة- وهي عند البغداديين جرة أو خابية خضراء يبرد فيها الماء، وقيل إنها حباب[3] الماء المخصصة للشرب. والظاهر أن هذا النوع من السقايات كان متوافرًا في معظم أسواقهم ومساجدهم ومبانيهم العامة كما كان لهم اهتمام خاص بعمارتها.

ويبدو أنها تحولت لمنشآت عامة ملحقة أو مستقلة بغيرها من المنشآت، قال الآلوسي عن بغداد: «ولأهلها في إقامة الأحواض عناية خاصة فيرفعون عليها عمدًا من الرخام ويعقدون من فوقها قبابًا مغشاة بالآيات الموسومة بماء الذهب، فتوسعوا من اتخاذها للضرورة إلى المغالاة بزينتها على سبيل الترف والترفة[4]».

أما **النوع الثاني** من هذه السقايات، فهو يتمثل بمباني واسعة تتخذ مسكنًا للزهاد ومأوى للمرضى في ظروف خاصة، فضلًا عن استمرارها بتوفير المياه للمقيمين فيها، وقد اهتمت الدولة من جهة والأفراد الموسرون من جهة أخرى بوقف هذه السقايات بنوعيها[5] مزودة بالأواني والكيزان وغيرها من الاحتياجات وضمنت صيانتها[6] باستمرار كجزء من شروط وقفها[7] وكان السقاؤون يزودون هذه السقايات بالمياه، ومن نماذج سقايات بغداد:

سقاية جامع القصر: أنشأ هذا الجامع الخليفة المكتفي بالله في بداية حكمه سنة (289-295هـ/ 902-908م) وهو ثالث الجوامع ببغداد، بعد جامع المنصور في المدينة

---

(1) الأزميري، محمد بن ولي القرمشهري، رسالة في شؤون السقايات ووقفها، مخطوطة في المكتبة القادرية، ضمن مجموعة رقم 1465، بتسلسل 13، الورقة 7، 8.

(2) عبد الحسين مهدي الرحيم، الخدمات العامة ببغداد، ص133.

(3) عماد عبد السلام رؤوف، تاريخ مشاريع مياه الشرب القديمة في بغداد، ص177.

(4) الآلوسي، محمود شكري البغدادي، أخبار بغداد وما جاورها من البلاد، مخطوطة في المتحف العراقي، تحت رقم (6287)، مج1، ص96. عبد الحسين مهدي الرحيم، الخدمات العامة في بغداد، ص133.

(5) الأزميري، رسالة في شؤون السقايات، ورقة 8.

(6) الأزميري، رسالة في شؤون السقايات، ورقة 8.

(7) عبد الحسين مهدي الرحيم، الخدمات العامة في بغداد، ص133.

المدورة وجامع المهدي في الرصافة ثم تولاه بالإصلاح والتوسع الخلفاء من بعده لاتصاله بدار الخلافة العباسية من جهة، ووقوعه في قلب بغداد الشرقية من جهة أخرى.

قال ابن الجوزي في حوادث سنة 475هـ/ 1082م: «في شوال تكاملت عمارة جامع القصر المتصل بدار الخلافة وبني ما كان فيه خرابًا وأوسع وعمل له منبر جديد، وقد كان فخر الدولة عمل فيه سقاية وأجرى فيها الماء من داره في قني تحت الأرض وجعل له فوارات فانتفع الناس بذلك منفعة عظيمة»[1]، واستغل في نقل المياه لسقايات الجامع انحدار الأرض، وفي سنة 635هـ/ 1237م، أمر الخليفة المستنصر بإنشاء سقاية أخرى في جامع القصر، وكانت هذه السقاية الجديدة تأخذ مياهها من حباب تملأ بالماء في مواعيد منتظمة[2].

سقاية دار الخلافة: تنسب هذه السقاية إلى السيدة بنفشة[3] بنت عبد الله الرومية (ت598هـ/ 1201م)، في أواخر القرن 6هـ/ 12م، وهي من الإنجازات الفريدة في تصميمها وعملها، قال ابن الساعي في وصفها: «أربعة دواليب، تستقي الماء من دجلة إلى دار الخلافة المعظمة، كل واحد منها أعلى من الآخر، فيأخذ الأول من دجلة، والثاني من الأول، والثالث من الثاني، والرابع من الثالث»[4].

سقاية تربة أحمد بن حنبل[5]: أنشأ هذه السقاية الخليفة المستنصر (623-640هـ/ 1226-1242م) وذلك في سنة 634هـ/ 1236م تأييدًا منه لمذهب الحنابلة، قال صاحب كتاب الحوادث الجامعة في حوادث السنة المذكورة: «فيها أمر الخليفة بعمل مزملة عند قبر

---

(1) ابن الجوزي، جمال الدين أبو الفرج عبد الرحمن بن علي البغدادي، (ت597هـ/ 1200م)، المنتظم في تاريخ الملوك والأمم، مطبعة دائرة المعارف العثمانية، حيدر آباد 1959م، ج9، ص3. عبد الحسين مهدي الرحيم، الخدمات العامة في بغداد، ص134.

(2) عبد الحسين مهدي الرحيم، الخدمات العامة في بغداد، ص135.

(3) هي بنفشة بنت عبد الله عتيقة الخليفة المستضيء، ابن الأثير، عزالدين علي بن محمد الشيباني الجزري، (ت630هـ/ 1232م) الكامل في التاريخ، دار صادر، بيروت 1965م، ج12، ص178. ابن الساعي، أبو طالب علي بن أنجب (ت674هـ/ 1275م)، نساء الخلفاء المسمى جهات الأئمة الخلفاء من الحرائر والإماء، حققه الدكتور مصطفى جواد، دار المعارف، ص111.

(4) ابن الساعي، نساء الخلفاء المسمى جهات الأئمة الخلفاء من الحرائر والإماء، حققه الدكتور مصطفى جواد، دار المعارف، ص126.

(5) توفي أحمد بن حنبل سنة 241هـ ودفن بمقبرة باب حرب بالجانب الغربي من بغداد، وهي من أشهر مقابر بغداد العباسية، أبو الحسن المسعودي، مروج الذهب ومعادن الجوهر، تحقيق محيي الدين عبد الحميد، مطبعة السعادة، 1965م، الطبعة الرابعة، ج4، ص102.

الإمام أحمد رضي الله عنه لأجل الزوار والواردين فلما تكامل بناؤها فتحت، وجعل فيها الحباب وملئت من الجلاب[1]. ورُتب فيها قيم يقوم بمصالحها، ونظم الشعراء في ذلك قصائد منها ما قاله جعفر بن مهدويه الكاتب من قصيدة بمدح بها الخليفة:

وقبر أحمد قد طرزت حليته ... بحلية زينت منه مبانيه

ثم اتخذت لنا فيه مزملة ... ندل أنك يوم الحوض ساقيه

فاسلم فدتك الرعايا يا إمام هدى ... تهدي إلى الحق من قد ضل في التيه»[2].

في هذا النص دلالة على أن هذه السقاية هي من نوع المزملة التي تعتمد على طريقة السقائين في ملء الحباب، والراجح أنها كثيرة العدد تلبية لحاجات الزائرين، ولعل هذا الأمر كان السبب في تعيين قيم يرعى مصالحها ويبدو أن هذه السقاية كانت ضرورية في موضعها ومهمة، حتى شارك الشعراء في تخليد ذكراها، شأنها في ذلك شأن المصالح العامة[3].

عرفت القاهرة المزملة أيضًا، وكانت عبارة عن قدر من الفخار تكسى أو تلف بالقماش المبلول لحفظ الماء دون عفن، وتوضع تلك القدور في دخلة مستطيلة، يطلق عليها لفظ مزملة أيضًا ومن هنا نجد أن الجزء أطلق على الكل، ذات واجهة بارتفاع جدار الدهليز الموجودة فيه، ويتوج قصتها عقد مدبب، أو نصف دائري، أو مفصص ويحيط به وببقية واجهتها جفت لاعب[4] مثلما نجد بمزملة مسجد قجماس الإسحاقي (885-886هـ/ 1480-1481م).

وتوجد المزملة عادة بأحد جانبي الدهاليز أي الممرات المؤدية للصحن أو الميضأت في المدارس والمساجد والخانقاوات والكتاتيب وغيرها، ونجد في أعلى المزملة عادة شباكًا أو أن تكون بين منورين سماويين وهي في الجزء المغطى من الدهليز، فيساعد هذا على اكتمال دورة الهواء ومن ثم تبرد المياه[5].

كانت في المدرسة المستنصرية 631هـ/ 1233م ببغداد مزملة مماثلة تزود منتسبي المدرسة وغيرهم بمياه الشرب والوضوء، قال ابن واصل في استعراضه لأوقاف المستنصرية: «ورتب مزملة

---

(1) الجلاب: العسل أو السكر عقد بوزنه أو أكثر من ماء الورد، آدي شير، الألفاظ الفارسية المعربة، ص42.

(2) عماد عبد السلام رؤوف، تاريخ مشاريع مياه الشرب القديمة في بغداد، مجلة المورد، مج8، العدد الرابع، بغداد 1979م، ص175، 176.

(3) عبد الحسين مهدي الرحيم، الخدمات العامة في بغداد، ص138.

(4) إطار يحدد الزخارف، يكون من خطين متوازيين علي مسافات متساوية به ميمات.

(5) مصطفى نجيب، مدرسة الأمير كبير قرقماس وملحقاتها، رسالة دكتوراه، كلية الآداب، جامعة القاهرة، 1975م، ص216، 217.

يبرد فيها الماء في الصيف لهم»(1)، وكان لهذه السقاية موظف خاص يسمى المزملاتي، نسبة إليها يتميز بملابسه الخاصة وقد تقرر له من أوقافها خمسة دنانير في الشهر لقاء خدمته في سقاية الناس(2).

الأسبلة

السبيل مكان لاستقاء الماء. وفي اللغة أسبل المطر بمعنى هطل. وقد يذكر الاسم ويؤنث. قال ابن السكيت يجمع على التأنيث سبول وأسبلة وعلى التذكير سبل.

والمراد بالسبيل المواضع المعدة والمجهزة لسقي المارة في سبيل الله ولوجه الخير، وبناء الأسبلة من الأعمال الخيرية الجاري ثوابها على أربابها بعد الموت ما دامت باقية منفعتها. والحق أن شرف سقاية الناس وتسهيل الحصول على الشرب في المنطقة العربية عامة قديم جدًا ومعروف لاسيما وأن البيئة بجوها الحار وبيئتها المتربة قد جعلت التباري في إنشاء هذه الأسبلة من أجل تيسير الخدمات على الناس. ويذكر ابن هشام أن أشراف قريش قبل الإسلام قد تباروا على أخذ السقاية بجوار الكعبة في حوزتهم لأن فيها رفعة لهم بين قومهم وإعلاء لشأنهم.

والاهتمام بالمنشآت المائية بدأ منذ عصر مبكر، فقد شيد الوزير جعفر بن الفرات عام 355هـ/965م على سبيل المثال السبع سقايات، لتزويد سكان الفسطاط، وخاصة منطقة الحمراوات بالماء اللازم لهم، وذلك عندما انحسر ماء النيل عن تلك المنطقة حتى أدى الأمر بالناس إلى أن يسيروا هم ودوابهم مسافات طويلة وشاقة، كي يستقوا من بحر الجيزة، فيما بين الروضة وبين الجيزة. وقد جعل لهم بئرًا يؤخذ منها الماء إلى السبع سقايات، أنشأها وحبسها لجميع المسلمين الذين كانوا بخط الحمراء، وكتب عليها «بسم الله الرحمن الرحيم، لله الأمر من قبل ومن بعد، وله الشكر وله الحمد، ومنه المن، على عبده جعفر بن الفضل بن الفرات وما وقفه له من البناء لهذه البئر وجريانها إلى السبع سقايات التي أنشأها وحبسها لجميع المسلمين، وحبسه وسبله وقفًا مؤبدًا لا يحل تغييره ولا العدول بشيء من مائه ولا ينقل ولا يبطل ولا يساق إلا حيث مجراه إلى السقايات المسبلة، فمن بدله بعد ما سمعه فإنما إثمه على الذين يبدلونه إن الله سميع عليم... وذلك في سنة خمس وخمسين وثلاثمائة، وصلى الله على نبيه وآله وسلم»(3).

---

(1) عبد الحسين مهدي الرحيم، الخدمات العامة في بغداد، ص138.

(2) حسين أمين، المدرسة المستنصرية، مطبعة شفيق، بغداد، 1960م، ص99.

(3) خالد عزب، فقه العمارة الإسلامية، الطبعة الأولى، القاهرة، 1997م، ص90، 91.

وفي مصر نجد أن الروح الطيبة الخيرة قد سعت وراء إيجاد مصدر مستمر للماء وتسهيله للناس في أوقات الحر والظمأ وظلت هذه الروح قائمة حتى الآن. ولذا بنيت الأسبلة كمنشآت لتخزين الماء، لتقديمه بعد ذلك للمارة لإرواء عطشهم. وأقدم ورود معروف لذكر السبيل في الكتابات الأثرية التأسيسية كان سنة (470هـ/ 1077-1078م) في مدينة دمشق حيث يوجد نص على سبيل بحي عمرا يقرأ «أنشأ هذا السبيل المبارك السعيد العبد الفقير إلى الله تعالى الحاج محمد الجبوري -عفا الله عنه- سنة سبعين وأربعمائة».

كما يوجد أيضًا بمدينة دمشق نص تجديد يقرأ «بسم الله الرحمن الرحيم. جدد هذا السبيل المبارك الحاج خيرو بن عبد الله، والله يرحم من كان السبب في الماء ومن أعان على مصالحه وجميع المسلمين... سنة خمسمائة».

لقد عرفت دمشق الأسبلة منذ العصر الأموي في صورة بسيطة، تطورت عبر العصور لتصبح ذات رونق معماري[1].

وأقدم ورود لذكر الأسبلة في القاهرة يرجع لعصر الظاهر بيبرس حيث كان ملحقًا بمدرسته سبيل وأنشأ السلطان المنصور وقلاوون سبيلًا ذا كُتَّاب جُدِّد سنة (1171هـ/ 1757م) غير أن هذا السبيل اندثر الآن[2]. على أن أقدم الأسبلة الموجودة بالفعل والقائمة حتى الآن هو سبيل الناصر محمد بن قلاوون، وهو مبني على واجهة مدرسة السلطان المنصور، ويرجعه كروزويل إلى سنة (726هـ/ 1326م)[3].

تنقسم الأسبلة إلى الأنواع الآتية:

أولًا: السبيل المستقل

هو سبيل قائم بذاته كوحدة معمارية. ومن أقدم هذا النوع من الأسبلة القائمة في القاهرة سبيل شيخو الملكي الناصري 755هـ/ 1354م. وهذا السبيل بدوره غريب عن أسبلة عصره بل عن معظم الأبنية الإسلامية، إذ إنه محفور في الصخر وليس مبنيًا، وله واجهه فقط هي المبنية بالحجر على هيئة دخلة نصف دائرية. والمسقط الأفقي لهذا السبيل عبارة عن قاعتين

---

(1) عبد الرحمن النعسان، سبل المياه في مدينة دمشق القديمة، المعهد الفرنسي للشرق الأدنى، دمشق، 2008م، ص19.

(2) النويري: نهاية الأرب في فنون الأدب ج26، ص30. محفوظ بدار الكتب تحت رقم 549 معارف عامة.

(3) Creswell: Muslim Architecture of Egypt vol, 2, p 275.

مستطيلتين منحوتتين في الصخر، بكل قاعة من القاعتين صهريج للماء محفور أيضًا في أرض الصخر.

ثانيًا: السبيل ذو الكُتَّاب

يكون غالبًا في الطابق الثاني منه على سطح الأرض أو فوقه بقليل حجرة السبيل[1] أما الطابق الثالث فهو الكتاب الملحق. وأقدم هذا النوع من الأسبلة ذات الكتاتيب في مصر هو سبيل المنصور قلاوون وسبيل كتاب الوفائية. على أن أحسن مثل للسبيل ذي الكتاب المتأثر بالعمارة المملوكية هو سبيل وكتاب خسرو باشا بالقاهرة 924هـ/ 1535م وهو من أسبلة العصر العثماني.

ثالثًا: الأسبلة والكتاتيب الملحقة

هذا النوع من الأسبلة يكون ملحقًا بكثير من المنشآت المعمارية مثل: المساجد والمدارس والوكالات والخانقاوات والمنازل، ففي زيادة أحمد بن طولون الجنوبية الغربية ألحق السلطان لاجين سنة 656هـ/ 1296م سبيلًا وكتابًا جدده فيما بعد السلطان قايتباي. وسبيل وكتاب قايتباي بالصحراء بالقاهرة وهو ملحق بمدرسة قايتباي 879هـ/ 1474م، وسبيل وكتاب ملحق بوكالة السلطان قايتباي بالأزهر 881هـ/ 1477م وسبيل ملحق بقبة الغوري 909هـ/ 1503م. ومن البيوت التي لا يزال بها سبيل للآن بيت الكريدليه من القرن 16، 17م. كما ألحق بالعديد من منازل مدينة رشيد أسبلة كمنزل البقراولي ومنزل عصفور ومنزل محارم.

طرز السّبيل

لعمارة السبيل طرز خاصة تفنن فيها المهندس المسلم. وتذكر المصادر التاريخية والفنية أنه جرت العادة بأن يلحق السبيل بواجهات المنشآت الدينية لاسيما في زاوية البناء على الطريق[2]، فالأسبلة من المرافق التي ألحقت بالمنشآت الدينية مع المحافظة على خط

---

(1) يكون تحت حجرة السبيل دائمًا صهريج للماء في باطن الأرض يحفظ فيه الماء سنويًا. حسني نويصر: مجموعة سبل السلطان قايتباي بالقاهرة، ماجستير، جامعة القاهرة 1970، ص67.

(2) زكي محمد حسن: فنون الإسلام، دار الرائد العربي، بيروت 1981م، ص28.

تنظيم الشوارع التي كانت أخذت في الاتساع. وقد استطاع المهندسون أن يوائموا بين[1] البناء المضاف والأصلي بطرق عديدة ابتدعوها وظهرت بشكل واضح في عصر المماليك الجراكسة وذلك بإقامتها في نواصي منشآتهم.

ويمكننا أن نقسم طرز الأسبلة إلى أربعة طرز هي:

أولًا: طراز السبيل ذي الحجاب

هذا الطراز من الأسبلة يكون دائمًا في زاوية المبنى الملحق به. وهو يتكون من مساحة مربعة أو مستطيلة يرتكز سقفها على عامود أو أكثر، ويغطي واجهة السبيل حجاب من الخشب الخرط به فتحات يسبل منها الماء في أحواض. وأقدم مثل لهذا النوع من الأسبلة بالقاهرة هو سبيل الناصر محمد بن قلاوون 726هـ/ 1326م. وسبيل ملحق بمدرسة جقمق 855هـ/ 1455م. هذا النوع من الأسبلة لا يوجد به سلسبيل لتبريد الماء، وإنما كان التسبيل يتم عن طريق الأحواض مباشرة، يعلو بعض هذه الأسبلة كُتَّاب لتعليم أيتام المسلمين القراءة والخط والقرآن الكريم.

ثانيًا: طراز السبيل ذو الشباك الواحد

هذا النوع من الأسبلة يكون غالبًا ملحقًا بأحد المساجد أو المدارس أو الخانقاوات أو المنازل. ويكون عادة على الطريق العام على يمين المدخل أو يساره. والسبب في كونه ذا شباك واحد هو أن المساحة التي شيد فيها المسجد أو المدرسة لا تسمح بأكثر من ذلك حيث يكون بعض المباني ملاصقًا لها، مما يجعل المهندس يقتصر على جعل السبيل بشباك واحد. ومن أمثلة هذا النوع من الأسبلة سبيل ملحق بمدرسة جمال الدين الأستادار بالقاهرة 811هـ/ 1408م. وسبيل ملحق بمدرسة تغري بردي 844هـ/ 1445م. وسبيل الوفائية 846هـ/ 1442م بالقاهرة، وسبيل منزل الميزوني وسبيل منزل حسيبة غزال برشيد.

تخطيط هذا النوع من الأسبلة من الداخل عبارة عن حجرة مربعة أو مستطيلة حسب المساحة المتبقية من الواجهة، ويوجد في هذا الطراز من الأسبلة في بعض الأحيان دخله للشاذروان[2]، وفي كثير من الأحيان لا توجد هذه الدخلة. إلا أن كل أسبلة هذا الطراز وغيره

(1) أحمد عطية: دائرة المعارف الحديثة، مكتبة الأنجلو، القاهرة 1951م، ص277.

(2) الشاذروان: كلمة فارسية وهي تدل في الأسبلة على لوح رخامي تجرى عليه المياه لتبريدها ثم تجمع في فسقية أسفله من الرخام.

تشترك في وجود صهريج للماء عليه خرزة من الرخام. كما تشترك تلك الأسبلة السابقة في كونها ذات شباك واحد عليه مصبعات من النحاس أو الحديد على الطريق العام وبأرضيتها من الداخل حوض من الرخام يسيل منه الماء. ومعظم هذه الأسبلة لها كُتَّاب فوقها، يستثنى من ذلك الأسبلة الملحقة بالمنازل.

ثالثًا: طراز السبيل ذي الشباكين

يكون هذا النوع من الأسبلة في أركان المساجد والمدارس والمنازل، بل حتى في بعض الأسبلة المستقلة بذاتها، ومن أمثلة هذا النوع من الأسبلة سبيل خانقاه الناصر فرج بن برقوق 803هـ/ 1400م، وسبيل فرج بن برقوق الملحق بزاويته، وسبيل ملحق بالمدرسة الأشرفية، وسبيل ملحق بمدرسة قجماس الإسحاقي 885-586هـ/ 1480-1481م بالقاهرة، وسبيل منزل عصفور ومنزل البقراولي برشيد.

تخطيط حجرة السبيل في معظم هذه الأسبلة يكون مربعًا أو مستطيلًا ويوجد أسفل هذه الأسبلة صهريج لحفظ المياه للمارة مجاور لكل شباك. ويعلو بعض هذه الأسبلة مبنى للكُتَّاب، فيما يعلو بعضها سكن لمزملاتي السبيل أو صاحب المبنى.

طراز السبيل ذي الثلاثة شبابيك

هذا النوع من الأسبلة ذات الثلاثة شبابيك شيد مفردًا بذاته كوحدة سبيل وكُتَّاب قائمة بذاتها. ومن أمثلة هذا النوع من الأسبلة سبيل السلطان قايتباي بمنطقة تحت الربع (مندثر)، وقد يكون هذا النوع من الأسبلة ملحقًا بمدرسة مثل سبيل خاير بك 908هـ/ 1503م وواجهات تلك الأسبلة تكون بارزة عن مستوى واجهة البناء الأصلي. وهذا يبين الأهمية التي بلغتها هذه الأسبلة في أواخر عصر المماليك. وتكون حجرة السبيل إما مربعة أو مستطيلة، صدرها بداخله شاذروان وملحق بها صهريج للماء. وفي أسفل كل شباك من الشبابيك الثلاثة من الداخل حوض يسيل منه الماء. وتصل إليه المياه عن طريق أقصاب[1] مغيبة في باطن الأرض. وكما هو واضح من بروز هذه الأسبلة الأخيرة عن واجهات المباني الملحقة بها فإنها تنبئ فيما بعد باستقلال وحدة السبيل والكُتَّاب كلية لتصبح قائمة بذاتها في الغالب الأعم عن عمارة السبيل في العصر العثماني.

---

(1) ماسورة من الفخار أو الرصاص تكون مدفونة أسفل الأرضية.

طراز الأسبلة العثمانية

سبيل جالاته بالأناضول

بدأت الأسبلة العثمانية تتبلور منذ عصر السلاجقة في منطقة الأناضول، وما زال العديد منها باقيًا إلى اليوم ومنها على سبيل المثال سبيل كوك مدرسة في سيواس الذي شيد عام 1272م[1]. تبلورت عمارة هذه الأسبلة أكثر فأكثر في مدينة إستانبول، إذ نجد حجرة السبيل مستطيلة أو مربعة تختلف في مساحتها حسب المساحة المخصصة للبناء، وتطل على الشارع بوجهة مقوسة، كما يوجد بهذه الواجهة ثلاثة شبابيك للتسبيل في دخلات ذات عقود قوسية، يتوِّجها دخلات أكبر وبالهيئة نفسها ترتكز على أعمدة رخامية، وقد يزيد عدد شبابيك هذه الواجهة فنراها في سبيل معمار سنان الذي يعود إلى القرن 16م خمسة شبابيك ووصلت في سبيل السلطان أحمد الثالث إلى اثني عشر شباكًا، وقد شيد عام 1728م[2].

عمارة السبيل: اختلفت طرز الأسبلة وتنوعت، إلا أن عمارتها تقوم في الغالب على أسس نظرية واحدة إذ تتكون عادة من ثلاث طبقات[3]:

(1) أوقطاي آصلان آبا: فنون الترك وعمائرهم، ترجمة أحمد عيسى، أرسيكا إسطنبول 1987، ص235.

(2) محمود الحسيني: الأسبلة العثمانية، مكتبة مدبولي 1988، ص35، 36.

(3) علي مبارك: الخطط التوفيقية، دار الكتب المصرية، القاهرة 2004م، ج1، ص97.

الطبقة الأولى: تكون تحت الأرض وهي الصهريج. وكانت الصهاريج تبنى عادة بالآجر والخافقي⁽¹⁾ في تخوم الأرض لحفظ المياه وكانت لها قباب غير عميقة⁽²⁾ أي ضحلة، مقامة على دعامات وقناطر من الحجر المنحوت. تغطى فوهة الصهريج بخرزة من الرخام الصلد ويكون شكلها في الغالب مستديرًا. ولم تقتصر بعض الأسبلة على بناء صهريج واحد ودائمًا ما كانت هناك أنواع من الأسبلة بني بها أكثر من صهريج. مثال ذلك سبيل السلطان قايتباي الملحق بوكالته بالأزهر حيث يوجد به صهريجان لحفظ المياه. وكانت لهذه الصهاريج منازل عبارة عن سلالم ضيقة يطلق عليها سلم طرابلسي⁽³⁾. كانت هذه الصهاريج تملأ سنويًا في وقت يحدده الواقف عليها، إذ تُنظَّف ويُمسح ما علِق بها من الفطريات ثم تملأ بالروايا. وتشترك كل الأسبلة في أشكالها على صهريج الماء، وهو المصنع⁽⁴⁾ المبني تحت الأرض لخزن المياه للسبيل، يملأ منه حتى ينفذ ماؤه على ميعاد ملئه من السنة التالية.

الطبقة الثانية: تكون في مستوى الأرض أو فوقها بقليل حيث حجرة السبيل وهذه الحجرة تكون مربعة أو مستطيلة حسب مساحة البناء. وأرضية هذا الطابق هي سقف الصهريج الذي أسفلها⁽⁵⁾ وتوجد بهذه الحجرة الشبابيك التي عليها مصبعات البرونز أو الحديد أو النحاس، وفي أرضيتها توجد أحواض الشرب وتكون ملاصقة للشبابيك من الداخل. هذه الأحواض تكون عادة بعدد شبابيك حجرة السبيل. وهي موصلة بأقصاب من الرصاص حيث الحوض الذي يوجد بأسفل السلسبيل الذي تجمع فيه المياه المسبلة.

وإذا كان عنصر الصهريج أساسيًا في بناء السبيل، فإننا نجد أن عنصر السلسبيل ليس بالأهمية نفسها التي حظيت بها الصهاريج، إذ وجد كثير من الأسبلة بدون سلسبيلات ويكون التسبيل في هذه الحالة في الأحواض مباشرة. وربما كان مرجع ذلك إلى صغر حجم هذه الأسبلة. أما في الأسبلة الكبيرة فيوجد في صدرها سلسبيل في الغالب.

---

(1) الخافقي: مونة تستخدم كمادة عازلة في الصهاريج.
(2) عبد اللطيف إبراهيم: وثيقة وقف قراقجا الحسني، ص234.
(3) وثيقة قايتباي: أوقاف رقم 886 ص197 سطر 12.
(4) المصنع: حاصل أو صهريج مبني تحت الأرض لخزن الماء.
(5) عبد اللطيف إبراهيم: دراسات تاريخية وأثرية في وثائق من عصر الغوري، رسالة دكتوراه، كلية الآداب جامعة القاهرة 1955م، تحقيق 129، ص14.

ولفظ سلسبيل العربي هو نفسه لفظ شاذروان باللغة الفارسية. وللكلمة أكثر من معنى لعل أهمها السطح البارز، وهو لوح من الرخام المموج أو المنقوش دالات أو مروق(1) وتكون هذه النقوش بارزة ومموجة(2). ويسمى الجزء السفلي من السبيل باسم صدر سفلي يعلوه صدر علوي أو قبة الشاذروان. وتكون هذه القبة من الخشب أو الحجر المقرنص(3) ويعلو هذه القبة طاقية مجوفة ومخوصة، وكان الصدران العلوي والسفلي يوضعان في تجويف مستطيل بصدر حجرة السبيل. ويوجد بأسفل السلسبيل عادة صحن أو حوض من رخام ملون أو فسقية من رخام الخردة.

سبيل السلطان محمود - القاهرة

طريقة تشغيل السبيل

يوجد بمعظم الأسبلة ذات السلسبيلات في خلف الصدر العلوي حوض كبير ترفع إليه المياه عن طريق صهريج السبيل. ثم ينزل الماء عن طريق أقصاب مغيبة في الجدران حتى

---

(1) عبد اللطيف إبراهيم: دراسات تاريخية وأثرية في وثائق من عصر الغوري، رسالة دكتوراه، كلية الآداب، جامعة القاهرة 1955م، تحقيق 129، ص14.

(2) محمد عبد العزيز مرزوق: الفن المصري الإسلامي، دار المعارف، القاهرة 1952م، ص118.

(3) من أحسن الأمثلة الحجرية الصدر المقرنص بسبيل ملحق بمدرسة خاير بك بشارع باب الوزير. أما الصدر الخشبي فيوجد بسبيل السلطان قايتباي بالصليبية.

يصل إلى حوض آخر في واجهة السبيل يسمى قرقر أو قرقار ويكون موضعه بأعلى السطح المائل مباشرة. وهذا الحوض يكون منقوشًا وأحيانًا أخرى يكون ملمعًا بالتذهيب. تتجمع المياه في هذا القرقر ثم تنساب على السطح البارز المائل ببطء متخللة التعاريج الموجودة على السطح، فتتعرض للهواء أكبر وقت ممكن حتى تبرد ثم تجمع مرة أخرى في حوض أسفل اللوح البارز مباشرة، ويصرف الماء المتجمع في هذا الحوض عن طريق أقصاب مغيبة في باطن الأرض موجهة إلى الشبابيك المطلة على الطريق حيث توجد أحواض الشرب بداخل أرضية الشبابيك فيأخذ الناس من هذه الأحواض مياهًا عذبة بعد أن يضيف إليها المزملاتي ماء ورد لتعطيرها. ويكون الشرب بوَاسطة كيذان أو أكواب من النحاس مربوطة في سلاسل بشباك السبيل.

عرفت المدن العربية طراز السبيل العثماني، فالواجهة قد استدارت بعد أن كانت مربعة أو مستطيلة فتعددت شبابيكها[1] التي يغشيها شبكات من النحاس أو الحديد على هيئة قشور السمك. وفي أسفل الشباك توجد فتحات للشرب على هيئة عقود صغيرة. ومن أمثلة هذا النوع من الأسبلة سبيل السلطان محمود بشارع درب الجماميز 1164هـ/ 1750م. وكذلك سبيل السلطان مصطفى بميدان السيدة زينب 1173هـ/ 1759م بالقاهرة.

كانت المياه بالأسبلة العثمانية تسبل بطريقتين، الأولى وهي الطريقة التقليدية عن طريق كيذان الشرب المربوطة بسلاسل في الشبابيك. أما الطريقة الثانية الجديدة فكانت عملية الشرب عن طريق بزبوز من النحاس يخرج من لوح رخامي. وهو موصل بماسورة على هيئة ملتوية تتصل بحوض الماء بالداخل. وتكون عملية الشرب عن طريق السحب بالفم من هذا البزبوز.

والواقع أن معظم أسبلة العصر العثماني يوجد بها هاتان الطريقتان، كما زادت العناية بزخرفة الأسبلة ببلاطات القيشاني ذات النماذج المزهرة أو ذات منظر عام لمدينة مكة المكرمة والكعبة.

الطابق الثالث من السبيل: ويكون في الغالب الأعم من الأسبلة عبارة عن قاعة الكُتَّاب وهو مكان لتعليم أيتام المسلمين، وعلى الرغم من ذلك فقد وجدت بعض الأسبلة التي

(1) عبد الرحمن زكي: القاهرة، تاريخها وآثارها، الدار المصرية للتأليف والنشر والترجمة، القاهرة 1966م، ج2، ص83، 84.

لا يوجد بها في الطابق الثالث قاعة للدرس، بل قاعات للسكنى. ومن ذلك سبيل ملحق بمدرسة قجماس الإسحاقي بالدرب الأحمر 885هـ/ 1481م. كان البناء في بعض الأحيان ينتهي عند سقف الطابق الثاني حيث السطح.

وعلى أية حال فإن الكُتَّاب يأخذ نفس شكل المسقط الأفقي لحجرة السبيل الموجودة أسفله. فإذا كانت حجرة السبيل مربعة أو مستطيلة كان الكُتَّاب على شاكلتها، وكذلك إذا كانت بشباك أو شباكين أو ثلاثة شبابيك حسب طراز السبيل.

وكانت تقام على واجهات الكُتَّاب عقود مدببة أو نصف دائرية ويغطي جوانبه السفلية المطلة على الطريق حجاب من الخشب الخرط. كما يعلو العقود ظلة مائلة من الخشب لها شرافات (رفرف) تلف حول واجهات كُتَّاب السبيل. وقد يكون للكُتَّاب باب خاص به مثل سبيل السلطان قايتباي الملحق بوكالته بالأزهر 881هـ/ 1477م أو يصعد إليه بدرج من داخل السبيل مثل سبيل أزبك اليوسفي 900هـ/ 1495م.

العاملون بالسبيل

يوجد بكل مبنى من هذه المباني الخيرية عدد من العاملين يقومون على خدمته والعمل على سير المنشأة وإظهارها في أحسن صورها ليكون النفع به أعم وتكون الحسنة مقبولة. ومن أهم العاملين بالأسبلة «المزملاتي» وهو الموظف المختص بالعمل في السبيل وعليه أن يقوم بتسبيل الماء للناس وملء الصهريج الخاص بالسبيل ووضع ماء الورد في أحواض الشرب وتنظيف المبنى ورش الماء تجاهه. كما يحرس أواني الشرب، وإلى جانب هذه الوظائف المتعددة للمزملاتي، فإنه كان عليه أن ينظف الكُتَّاب الملحق بالسبيل ويتولى إنارة السبيل من الداخل والخارج. واشترطت بعض الوقفيات أن يكون المزملاتي مقيمًا بسكن خاص ملحق بالسبيل له ولعائلته. وفي كثير من الأحيان كان يقيم خارج السبيل إلا أنه كانت له حجرة خاصة به لإحراز أواني الشرب ومتعلقات السبيل.

وقد تطلب الواقفون على الأسبلة اشتراطات كثيرة أخذوها على المزملاتي لشغل هذه الوظيفة كأن يكون سالمًا من العاهات والأمراض بخاصة الجذام. وأن يكون عفيفًا ديِّنًا خيرًا وأن يسهل الشرب على الناس، ويعاملهم بالحسنى والرفق ليكون أبلغ في إدخال الراحة على الواردين.

كان المزملاتي يأخذ جامكية من النقود شهرية وكمية من القمح إلى جانب أرطال من الخبز يوميًا. وإلى جانب المزملاتي كان يوجد بالسبيل عدد من العاملين بالأسبلة نذكر

منهم الفراش الذي كان عليه أن ينظف السبيل من الخارج وما تجاهه. وإن كان هناك أيضا من ضمن الوظائف الكناس الذي يتولى الكنس، والسباك الذي كان عليه أن يتولى عمل ما يحتاج إليه السبيل من ترميم الأقصاب والميازيب والمجاري، والمرخم الذي كان يتولى ما يحتاج إليه السبيل من ترميم. وألحقت ببعض السبل ساقية يعين لها سواق يتولى إدارتها وسَوْق الماء من بئرها إلى حاصل مائلها، ويعمل على تركيب القواديس للساقية، هذا إلى جانب تقديم العلف للماشية.

وضع الإسلام مبدأ الرفق بالحيوان خلافًا لما يظنه البعض من أنه مبدأ أوروبي النشأة حديث الظهور، فقد بنى المسلمون لذلك عمائر لرعاية الحيوان، وقد وصلنا على سبيل المثال من العصرين المملوكي والعثماني نوعان من العمائر تهتم بأمر الحيوان من حيث سقيه وإيوائه وطعامه وهي أحواض سقي الدواب والإسطبلات.

أحواض سقي الدواب[1]

انتشرت أحواض سقي الدواب في مصر وبلاد الشام في العصر المملوكي 648-923هـ/ 1250-1517م والعثماني 924-1213هـ/ 1517-1798م انتشارًا كبيرًا، إلا أن المصادر التاريخية ذكرت العديد من أحواض سقي الدواب بالقاهرة منذ العصر الفاطمي 358-567هـ/ 969-1171م.

انتشرت هذه الأحواض في الطرق الرئيسية للمدن كقصبة القاهرة وامتدادها ما بين ميدان الحسينية حتى ميدان السيدة نفيسة مرورًا ببابي الفتوح وزويلة، وكذلك انتشرت في الطريق إلى القلعة عن طريق الدرب الأحمر وباب الوزير. وأنشئت الأحواض بأسواق القاهرة المزدحمة كسوق السلاح، كما أنشئت في طرق الحج وطرق القوافل إلى الشام والمغرب إما منفردة أو ملحقة بالخانات.

وفي داخل القاهرة وجدت الأحواض إما منفردة أو ملحقة بالعمائر الدينية والمدنية والتجارية والحربية، واتخذت الأحواض موضعًا متميزًا في العمائر بالواجهات الرئيسية لها ليسهل شرب الدواب منها. نستطيع أن نشبه أحواض سقي الدواب اليوم بمحطات الوقود التي تزود السيارات بالوقود وانتشارها داخل المدن وعلى الطرق ما يكشف مدى أهميتها.

---

(1) محمد الششتاوي: منشآت الرفق بالحيوان في مدينة القاهرة في العصرين المملوكي والعثماني، رسالة دكتوراه، كلية الآثار جامعة القاهرة 2001، ص65.

مادة بناء الأحواض

تكاد تكون أحواض سقي الدواب المملوكية والعثمانية مبنية كلها بالحجر الفص النحيت الأبيض والأصفر والأحمر، والحجر الفص النحيت هذا يبلغ متوسط حجمه من 30 إلى 33 سم في الارتفاع، ومن 15 إلى 25 سم في العرض، ومن 55 إلى 80 سم في الطول، وهو منحوت نحتًا منتظمًا أملس مصقولًا، وهو حجر جيري مستخرج من محاجر القاهرة في المقطم، والبساتين، وطرة، والقرافة.

كان متوسط عرض الجدار حوالي متر بحيث تبنى الأحجار منتظمة الأبعاد من الجانبين مع حشوة داخلية من الدبش والأحجار الصغيرة، وقد اتبع المعماري في بناء كثير من الأحواض النظام المشهر أي أن يبني صفًا من المداميك بالحجر الأبيض والصف الذي يعلوه بالحجر الأصفر والأحمر وهكذا يتوالى الجدار، ومثال للنظام المشهر هذا الذي اتبع في حوض قجماس الإسحاقي الملحق بمجموعته بشارع الدرب الأحمر 885-886هـ/ 1480-1481م، وحوض السلطان قايتباي بقرافة صحراء المماليك 879هـ/ 1474م، وأحيانًا تغطى الجدران من الداخل بطبقة من الملاط والجير وجبس وحمرة ورمل.

ويوجد حوضان من العصر العثماني بنيا بالأحجار الرملية هما حوض إبراهيم آغا مستحفظان بباب الوزير 1070هـ/ 1659م، وحوض عبد الرحمن كتخدا بالحطابة قبل 1174هـ/ 1761م. وكانت مادة لحام الأحجار (المونة) تتكون من مزيج الجير والحمرة والجبس والرمل وأحيانًا يضاف إليها القصرمل[1] والطين.

تخطيط الأحواض ومكوناتها

يتضح لنا من الأحواض القائمة الآن بالقاهرة ومن الوصف الوثائقي للأحواض المندرسة أن التكوين المعماري للأحواض لا يخرج عن مساحة مستطيلة أو مربعة الشكل عبارة عن حجرة إيوان أو دخلة ذات ثلاثة جدران (صدر وجانبان)، والجانب الرابع مفتوح على الطريق بأشكال وطرز مختلفة لتسهيل دخول الدواب للشرب من داخل الأحواض وعدد الطرز عشرة أشكال.

كان صدر الحوض والضلعان الجانبيان يحتويان أحيانًا كثيرة على عدد من الدخلات، ويختلف عدد هذه الدخلات من حوض لآخر حسب مساحته، فهي على سبيل المثال خمس

---

(1) مادة لاصقة للأحجار والآجر في البناء.

دخلات بصدر حوض قايتباي بالأزهر 882هـ/ 1477م، وهي أربع دخلات بحوض عبد الرحمن كتخدا بالحطابة 1174هـ/ 1761م، وهي ثلاث في حوض قجماس 885هـ/ 1480م. وفي الغالب كانت الأحواض تحتوي على دخلة واحدة في الضلعين الجانبيين، وكانت الدخلات تتوج من أعلاها إما بعقود منكسرة ذات زخارف مشعة تنتهي بصف من العقود المنكسرة الصغيرة تشكل في النهاية الهيئة الكلية للعقد المنكسر الكبير في حوض قجماس وأزبك اليوسفي 900هـ/ 1495م، أو يتوج الدخلة شكل ورقة نباتية خماسية الفصوص مثل الدخلة الجانبية لحوض قجماس، أو يتوج الدخلة عقد محاري كما في حوض عبد الرحمن كتخدا بالحطابة، أو المقرنصات ذات الدلايات كما في حوض قايتباي في الصحراء 789هـ/ 1474م، وأحيانًا تنتهي الدخلة بهيئة مسطحة أو بحافة مائلة كما في حوض قايتباي في الأزهر 882هـ/ 1477م. وكان يوجد على جانبي هذه الدخلات أعمدة مخلقة البناء من نفس نوع أحجار بناء الدخلات. وكان يوجد في الجزء السفلي من هذه الدخلات ميازيب (بروازات) حجرية كانت تسمى في الوثائق (مجاري حجرا) تتصل بأقصاب (أنابيب) الرصاص أو الفخار، التي تنقل الماء لقصبة في الأحواض الحجرية أو الرخامية التي تقع تحتها، ومنها أمثلة باقية في حوض قايتباي في الأزهر.

وأحيانًا كان يعلو الحوض سواء بالصدر أو الضلعين الجانبيين طراز (شريط) كتابي بالخط الثلث المملوكي يتخلله أحيانًا رنوك تحوي نصوصًا إنشائية ودعائية مثل حوض أم السلطان شعبان (770هـ/ 1368م) ونصّ كتاب وقف الأمير عبد الرحمن كتخدا رقم 940 المحفوظ في وزارة الأوقاف المصرية رقم 940 على أن حوضه في الأزبكية كان بصدره أربعة ألواح من الرخام مكتتب بها تاريخ محلى بالذهب.

أهم ما يحويه الحوض -ويؤدي الوظيفة الرئيسية له- هي الأحواض الحجرية غالبًا والقليل منها رخامية التي تستخدم في شرب الدواب، ومعظمها مستطيل الشكل والقليل بيضاوي أو دائري، وتوضع هذه الأحواض بجانب الجدران وخصوصًا الجدار المواجه لمدخل الحوض. ويختلف عدد هذه الأحواض من حوض لآخر، فعلى سبيل المثال يوجد حوض واحد في حوض شرف الدين يحيي 875هـ/ 1470م، وحوضان اثنان في حوض خجا بردي في ميدان الرميلة 877هـ/ 1473م، وثلاثة في حوض دولات باي 881هـ/ 1476م وأربعة في حوض الوزير مصطفى في سوق السلاح 969هـ/ 1061م وأخيرًا خمسة في حوض الأمير رجب ببركة الحاج 1071هـ/ 1660م.

وكان أحيانًا يتقدم الأحواض التي بصدر الحوض حاجز على هيئة سور مثل الحاجز المرمم حديثًا في حوض قايتباي بالأزهر.

سبيل المصاصة (الششمة) بالأحواض

أحيانًا كان يلحق بواجهة الحوض أو بداخله سبيل مصاصة المعروف باسم ششمة، وهو عبارة عن لوح رخامي بصدره حوض ويعلوه صنبور (حنفي) أو أكثر ليملأ الناس منه، وهذا التكوين مماثل لما هو ملحق ببعض الأسبلة العثمانية، ومثال ذلك اللوح الرخامي ذو الثلاثة صنابير بواجهة حوض عبد الرحمن كتخدا في الحطابة، وكذلك بواجهة حوض حسن أوده باشي بخط سويقة العزي. أما حوض عبد الرحمن كتخدا في الأزبكية فقد وضع اللوح داخل الحوض، وكذلك وضع لوح رخامي ذو أربعة صنابير في داخل حوض علي كتخدا في الرميلة.

أرضية الحوض

بعض أرضية هذه الأحواض ترابية وبعضها مبلطة، وقد نصت كثير من وثائق الوقف الخاصة بالأحواض أنه كان يغطي أرضها تبليطة من الحجر الكدان مثل حوض السيفي برقوق بالرميلة 875هـ/ 1470م أو تبليطة من الحجر مثل حوض شرف الدين يحيى في الجودرية 875هـ/ 1470م أو تبليطة مفروشة أرضيتها بالحجر الفص النحيت مثل حوض الطحاوي بالإمام الشافعي 1099هـ/ 1688م أو تبليطة من الحجر الكدان كما في حوض مصطفى شاهين في سوق السلاح 969هـ/ 1561م. أو يتقدمها زلاقة من الحجر، وهذه الزلاقة تعني التبليط ببلاطات ناعمة الملمس مصقولة بها ميل بسيط بحيث ينزلق الماء الزائد من عليها ليصب في بالوعة مثل حوض جمال الدين الأستادار بخط فم الخور 812هـ/ 1409م وأحيانًا تكون الزلاقة حجرًا أحمر كدانًا أو عاديًا كما في حوض خجا بردي في الرميلة 877هـ/ 1473م وحوض سليمان آغا الكوجكلي 1078هـ/ 1667م.

سقف الأحواض

معظم أحواض الدواب كانت مغطاة بأسقف خشبية والقليل بقباب وأقبية، ولم يوجد في الوثائق ما يشير بوضوح أن بعض الأحواض بلا سقف، بل أحيانًا لا يذكر في الوثيقة نوع التغطية، كانت تلك الأسقف الخشبية تعتمد على براطيم (عروق) كبيرة من أفلاق النخيل مغشاة بالأخشاب الرقيقة وفوق تلك البراطيم ألواح خشبية مربعة ومستطيلة، وكانت بعض

الأسقف ترتكز على إزار، زينت بعض الأسقف بنقوش ذات ألوان زيتية مختلفة وذهبت وحليت باللازورد مثلها مثل أسقف الإيوانات في المدارس، وغيرها، وبعضها مغشاة من باطنها بحشوات خشبية مجمعة على هيئة أشكال هندسية ونباتية رائعة التكوين مثل أشكال الأطباق النجمية وأجزائها مثل سقف حوض أم السلطان شعبان 770هـ/ 1368م ومثال للأحواض المذهبة والملونة أحواض السلطان قايتباي وأزبك اليوسفي.

كثير من المصطلحات الوثائقية لأسقف بعض الأحواض هي نفسها مصطلحات أسقف المدارس مثل (مسقف نقيا) نراه في حوض علي كتخدا في الرميلة 1178هـ/ 1764م وأبو الدهب 1788هـ/ 1744م. ومن الأحواض التي لها رفرف مائل يقي من المطر والشمس مدهونة حوض أزبك بن ططخ، وقايتباي بالأزهر، وقايتباي بالصحراء.

أما تسقيف الأحواض بالقباب الضحلة والأقبية فأمثلتها قليلة تتمثل في حوض السلطان حسن حيث غطي بقبو مدبب، وحوض السلطان الغوري بمصلى المؤمني بخط الميدان السلطاني غطي بقبو كذلك حيث نصت وثيقة وقفه أنه (مسقف عقدًا) هذا لأن المصلى كان مغطى بالقباب والأقبية كذلك.

ومن العصر العثماني لا نجد إلا بعض أحواض عبد الرحمن كتخدا التي غطيت بأقبية وقباب عرفت في كتاب وقفه ووثائقه باسم (قبب معقودة) وهي حوضه بالحطابة، وحوضه بالقرافة الصغرى، وحوضه بالسيدة نفيسة، وحوضه بعرب آل يسار، وهذه القباب مقامة على مثلثات كروية من الآجر وكذلك القباب والأقبية بنيت من الآجر.

تزويد الأحواض بالماء

كل أحواض سقي الدواب كانت تستمد ماءها عن طريق السواقي الموضوعة على الآبار وكانت الساقية ترفع الماء إلى حامل في مستوى علوي تتفرع منه مجارٍ مائية سواء أكانت حجرًا أو أقصابًا فخارية أو رصاصًا تنقل الماء إلى أحواض سقي الدواب وإلى الميضأة، ومن أمثلتها الباقية ساقية السلطان قايتباي بالصحراء ومجاريها المائية المتفرعة منها ومنها مجرى يصل إلى الحوض.

الطرز العشرة لأحواض سقي الدواب

صنفت أشكال أحواض سقي الدواب إلى عشرة أشكال من خلال الأحواض القائمة منها ومن خلال الوصف الوثائقي للمندرس منها، هذه الطرز هي ما يلي:

- **الطراز الأول**: يتميز بأنه يفتح على الطريق بواجهة مفتوحة كلها، مثال ذلك حوض أم السلطان شعبان، وحوض قجماس الإسحاقي، وحوض أزبك اليوسفي.
- **الطراز الثاني**: يتميز بأنه يفتح على الطريق بواجهة مفتوحة على جانبيها كتفان، مثال ذلك حوض السيفي برقوق، وحوض سليمان باشا.
- **الطراز الثالث**: يتميز بأنه يفتح على الطريق بعقد مدبب مثل حوض جوهر اللالا وحوض شرف الدين يحيى وحوض إبراهيم آغا مستحفظان.
- **الطراز الرابع**: يتميز بأنه يفتح على الطريق بعقدين يرتكزان على عمود أوسط، مثال ذلك حوض أينبك أسفل الربع، وحوض جمال الدين الأستادار بفم الخور وحوض أبو الدهب بالأزهر.
- **الطراز الخامس**: يتميز بأنه يفتح على الطريق بمدخلين بينهما كتف يحمل السقف وأحيانًا عمود يحمل السقف بدل الكتف، مثال ذلك حوض قايتباي بالأزهر، وحوض السلطان مصطفى بخط قناطر السباع.
- **الطراز السادس**: يتميز بأنه يفتح على الطريق ببائكة من ثلاثة عقود ترتكز على عمودين، من ذلك حوض دولات باي، وحوض طوغان الدمرداش، وحوض كتخدا بالرميلة.
- **الطراز السابع**: يتميز بأنه يفتح على الطريق بثلاثة مداخل بينهم كتفان يحملان السقف، مثال ذلك حوض مصطفى باشا شاهين بسوق السلاح.
- **الطراز الثامن**: يتميز بأنه يفتح على الطريق ببائكة من أربعة عقود ترتكز على ثلاثة أعمدة، مثال ذلك حوض مصطفى باشا شاهين بسوق السلاح.
- **الطراز التاسع**: يتميز بأنه يفتح على الطريق بأربعة مداخل ترتكز في الوسط على ثلاث دعامات حجرية وعلى الكتفين الجانبيين لحمل السقف مباشرة دون عقود، مثال ذلك حوض قايتباي بالصحراء.
- **الطراز العاشر**: يتميز بأنه يفتح على الطريق ببائكة من خمسة عقود، مثال حوض الأمير رجب ببركة الحاج، وحوض الأمير حسن بيك بقصر العيني.

إذا كانت هذه طرز أحواض سقي الدواب في مصر وبلاد الشام، فإن أحواض سقي الدواب عرفت أيضا في كل من مشرق ومغرب العالم الإسلامي، ولم تصل في الفخامة

إلى مستوى أحواض القاهرة، وبعض المدن الأناضولية تحتفظ بنماذج من أحواض سقي الدواب السلجوقية ومن أمثلتها الحوض الملحق بمدرسة شلبي سلطان في ميدان ميرزافون[1].
وفي المغرب كانت الأحواض تلحق بالمساجد وتكون منفصلة عنها، وكان يصل إليها الماء الذي يفور من أحواض الأسبلة أو السقايات عن طريق أقصاب من الفخار فيصب في أحواض سقاية الدواب التي شُكلت معماريًا من دخلات عميقة صغيرة تقع في أسفل صدر حائط السقاية وبأسفل تلك الدخلات أحواض عميقة تقع في أرضية السقاية لتسهل الشرب منها[2].

الخدمة بالأحواض

بالرغم من أن أحواض سقي الدواب بنيت وأوقفت أساسًا لسقي الدواب إلا أنها أوقفت أيضًا لينتفع الناس بمائها في غسل أثوابهم وأوانيهم وملئها ووضوئهم واغتسالهم والأخذ منها للاستخدامات المنزلية، وغير ذلك من المنافع الشرعية، ولهذا عُني الواقفون بتعيين خادم للحوض أو قيم أو فرَّاش لتمكين الدواب من الشرب بسهوله ومساعدة الناس على الاستفادة من ماء الحوض، كما وكِّل إليه تنظيف الحوض وكنسه وغسله وتجفيف أرضيته والرش أمامه والعمل على ملء الحوض بالماء بصفة دائمة، وكان العمل يبدأ من مشرق الشمس إلى أول النهار أو أذان العشاء[3].

تزويد المنشآت بالمياه

تجدر الإشارة هنا إلى أن ضخامة العمائر الدينية الإسلامية واستمرار الحياة في بعضها ليلًا ونهارًا، وحاجة القاطنين فيها إلى المياه، جعلت موارد المياه في معظمها تنحصر في مصدرين، أولهما: خصصت مياهه للشرب ولإعداد الأطعمة في بعض تلك المنشآت، ففي مصر كانت المياه تجلب من النيل لملء الصهاريج، وثانيهما: الآبار التي كانت ترفع عن طريق السواقي أو الدلاء، وكانت تخصص للاستعمال اليومي في الوضوء والاغتسال وقضاء

---

(1) طلال شعبان: المدارس الباقية في قونية والقاهرة خلال عصري سلاجقة الروم والمماليك البحرية، رسالة دكتوراه كلية الآثار جامعة القاهرة، ص315.

(2) محمد الكحلاوي: القيم الدينية وآثارها في تخطيط عمارة المساجد، بحث في كتاب بحوث الآثار الإسلامية في المغرب والأندلس، ج1، القاهرة 1999، ص96 – 97.

(3) محمد الششتاوي: متنزهات القاهرة، ص219، 220.

الحاجات سواء بالنسبة للقاطنين بالمنشأة، أو المترددين عليها على حد سواء[1] وقد بقيت لنا كتلة مباني البئر والساقية الخاصة بمدرسة السلطان حسن بما فيها من أحواض وقنوات لنقل المياه إلى أجزاء المدرسة المختلفة، كانت المياه المستخرجة من الآبار عن طريق السواقي تجمع في أحواض وتوزع عن طريق مقاسم المياه على أجزاء المنشأة المختلفة بواسطة أنابيب فخارية. مثل الأنابيب التي كشفت عنها حفائر هيئة الآثار المصرية بمجموعة المنصور قلاوون، والأنابيب الفخارية المحمولة على الكوابيل الحجرية خارج مدرسة السلطان حسن. ومن الوسائل الأخرى توزيع المياه من خلال قنوات منحوتة في الحجر بشكل حرف«V» تستمر بطول الحائط لتغذية كل من المطبخ والمطهرة وبيوت الخلاء والقاعات والفسقية بالصحن[2] وحرص عدد كبير من أصحاب المنشآت الدينية في العصر المملوكي على وجود «مزملة» بالقرب من الصهاريج، لتوفير مياه الشرب داخل المنشأة، وهي عبارة عن دخلة يوجد بها زير فخاري يوجد أعلاه ملقف هواء لتوفير تيار هوائي مستمر يبرد المياه[3].

ولا نستطيع أن نغادر هذا الفصل دون أن نذكر بالخير ذلك الإنسان الذي تحمل الكثير من الصعاب من أجل توفير الماء للمدن وكانت الأخلاق والأمانة هما رأس مال ذلك الإنسان، وهو:

السقاء

المقصود هنا، الرجل الذي يتولى نقل الماء من النهر إلى صهاريج الأسبلة والمنشآت لملئها، بالروايا والقِرَب على ظهور الجمال أو الحمير. كان عمله موسميًا أو سنويًا وغالبًا أثناء موسم الفيضان كما كان الحال في مدينة القاهرة.

شروط هذه الحسبة كان تطبيقها صارمًا في الأندلس، ففي مدريد كان السقاؤون ينقلون الماء من القنوات إلى المنازل وسط دهشة زائري المدينة من الأجانب. وكان عمل السقائين

(1) آمال العمري: موارد المياه وتوزيعها في بعض المنشآت الدينية السلطانية بمدينة القاهرة، مجلة كلية الآداب، بسوهاج، العدد السابع، 1988، ص282.

(2) Saleh La Mei, Madrasa, Hanqahund Mausoleum des Barquq in Kairo, p125.
- Saleh La Mei, Kloster and Masoleumdes.
- Farg Ibn Baraquq in Kairo cgluckstadt 1968, p 136.

(3) المزملة: هي القدر من الفخار تكسى أو تزمل بالقماش المبلول لحفظ الماء دون عفن. حسن الباشا: الفنون والوظائف، ج 3، ص1080، 1081.محمد مصطفى نجيب: المزملة كمورد لمياه الشرب بمنشآت القاهرة في العصر المملوكي، مجلة كلية الآثار، العدد 2، 1977، ص152.

يخضع لرقابة محتسب المدينة، فخصصت لهم أرصفة في المناطق التي يقل فيها اندفاع تيار الماء، كان يحظر على أصحاب المراكب أو أي إنسان آخر منازعتهم في هذا الحق. كانت مخالفة هذه الأمور تواجه بعقوبة السجن أو التعذيب الجسدي حسب ما يقرره المحتسب الذي كان عليه أيضًا مراقبة السقائين ونقاء الماء الذي يجلبونه ونظافته. وقد جاء في رسالة «ابن عبدون» أخبار حول المعاملات الخاصة بالماء في أشبيليا الأندلسية، منها أنه كان يحظر على النساء غسل ملابسهن في مكان استخراج السقائين للماء، وكان يخصص لهن مكان أكثر سترًا. وكان يمنع إلقاء القاذورات والبقايا في مياه الوادي الكبير.

في مدينة فاس انتشر سقاة يحملون الماء إلى البيوت التي لا تصلها القني، كما كانوا يقدمون الماء إلى المارة في الأماكن العامة لإرواء عطشهم. وكانوا يكثرون التنقل في الأسواق والمزارات وحيث يجلس القصاصون وحيث ينشر التجار بضائعهم. وكانوا يحملون الماء على ظهورهم في قِرْبَة مصنوعة من جلد الماعز مخيطة خياطة جيدة، وقد احتُفِظ بالشعر على الجلد، وكان السقاة يصبون الماء للزبائن في أكواب يحملونها في أحزمتهم. وكان الجرس الذي يقرعونه، للفت النظر إلى وجودهم، تتمة عدتهم. أما في حالة تزويد المساكن بالمياه فقد كانوا يحملونها في براميل على ظهور الحمير.

وهم يتلقون أجرهم من الزبائن، بينما كان على المحتسب أن يتأكد من أمانتهم ونظافتهم. وكان هؤلاء السقاة يهرعون إلى إخماد نيران الحرائق، فإذا شب حريق في مكان ما أسرع السقاة بقربهم وبراميلهم وأعانهم في ذلك كل من كان عنده وعاء يستحق الذكر[1].

تشير قائمة الطوائف المهنية التي نشرها علماء الحملة الفرنسية في القاهرة عام 1801م إلى وجود ما لا يقل عن ثماني طوائف للسقائين في القاهرة. وكان الانضمام لهذه الطائفة يسبقه اختبار مبدئي، بأن يحمل السقاء 67 رطلًا لمدة ثلاثة أيام، وثلاث ليال، دون أن يسمح له بالاستناد أو الاتكاء أو الاستراحة أو النوم طيلة هذا الوقت[2]. كان يحددها المحتسب ويطالبهم بها ويحاسبهم عليها ومنها ملء الروايا والقِرَب من داخل البحر حتى يبتعد عن موضع الأوساخ وأن يكون السقا رجلًا أمينًا لا يخلط ماء البحر بغيره من المياه المالحة، ولا يتخذ رواية أو قربة جديدة حتى لا يتغير طعم ولون ورائحة الماء من أثر الدباغة،

---

(1) روجيه لوتورنو: فاس في عصر بنى مرين، ص73، 74.

(2) أندريه ريمون، فصول من تاريخ مصر الاجتماعي، ترجمة زهير الشايب، القاهرة، 1970، ص100.

وأن يكون لها غطاء ظاهر كثيف ساتر لجميعها، حتى يسلم الناس من تلويث ثيابهم"[1].
كذلك يجب أن تكون القربة خالية من الخرق لأن الماء ينقص وهذا غش ولا يملأ بالليل لتعذر الاحتراز فيه، وإن فعل فعليه أن يزيد في الاحتياط. هذا بالإضافة إلى شروط عديدة في آداب السير في الطريق ودخول البيت وفي الملبس أيضًا[2].

بعد حصول السقائين على حاجتهم من المياه كانوا يتوجهون إلى عملائهم في المنطقة المخصصة لهم، حيث يصبون المياه في خزائن أو أزيار، ولكي يحصل السقا على ثمن خدماته كان يلجأ إلى عدة وسائل تختلف في دقتها، فقد كان يكتفى أحيانًا بأن يسجل على باب المشترك في خدمته خطوطًا بعدد القرب التي أحضرها له وأحيانًا أخرى كان يستخدم عقودًا من الخرز الأزرق، يسحب منها خرزة عن كل قربة يحضرها له، وعندما تنتهي كل خرزات العقد كان السقا يسوي حسابه مع عميله[3].

كشفت الدراسات الوثائقية الكثير عن الحرف المرتبطة بالماء، ومن ذلك دراسة عن حي باب البحر بالقاهرة، فقد وصلنا ما يفيد وجود حانوت للسقا فُتح في هذا الحي لبيع المياه، وأطلق على القائمين بهذا العمل «سقاؤو الكيزان».

ارتبط بحرفة السقائين عدة حرف منها الفواخرية الذين يصنعون الأزيار والقلل وغير ذلك، والقريبة الذين يصنعون قرب المياه من الجلود[4].

إن شبكة توزيع المياه في المدن الإسلامية تثير الدهشة، فقد كان تزويد القاهرة بالمياه يتم وفقًا لنظام لا يحتاج إلى تدخل مباشر من جانب السلطات.

يجمع هذا النظام بين السقائين المنتظمين في طوائف ويحملون المياه من النيل ويدفع لهم المستهلكون أجورهم، وبين تخزين المياه في الأسبلة التي تمولها الأوقاف أساسًا. إن عدد السقائين الذين كانوا يقومون بحركة الذهاب والإياب بين مواقع المياه على ضفاف النيل وبين المدينة ليس معروفًا بدقة. كان عددهم في عام 1871م حوالي 4 آلاف الأمر الذي

---

(1) ابن الأخوة، معالم القربة في أحكام الحسبة، تحقيق: محمد شعبان، صديق عيسى، القاهرة، 1976، ص348، 349.

(2) ابن الحاج، المدخل، ج2، ص122، 125.

(3) أندريه ريمون، فصول من تاريخ مصر الاجتماعي، ص100، 101.

(4) محمد الجهيني، أحياء القاهرة القديمة وآثارها الإسلامية، حي باب البحر، دار نهضة الشرق، دار الوفاء، القاهرة، 2000، ص136.

يسمح بافتراض أنهم كانوا في القرن السابق حوالي عشرة آلاف، وقدر الرحالة التركي أوليا جلبي عدد السقائين في عام 1660م بـ 11 ألف و900 سقاء(1)، وكانوا ينتظمون في خمس طوائف، تستخدم إحداها الجمال في نقل الماء ويقع مقرها في باب اللوق أما الطوائف الأربع الأخرى فإنها تستخدم الحمير وتقع مقارها في باب البحر وباب اللوق وحارة السقائين وقناطر السباع. كانت هذه المواقع تقع على الحدود الغربية للمدينة، وعلى مسافات متساوية في بعدها الواحدة عن الأخرى، الأمر الذي يجعلنا نفترض بأن كل طائفة كانت تختص بقطاع معين من المدينة، وهو تنظيم منطقي ويقدر فنتور دي باراي ven Tare de praadis حمولة البغل من المياه بأربع قربات «القربة وعاء مصنوع من جلد الماعز» وحمولة الجمل براوِيَّتين قربة من جلد البقر أو الجاموس(2).

إن التكامل بين عمل السقائين الذين يزودون المنازل بالمياه والأسبلة المنتشرة في كافة أنحاء المدينة كان مدهشًا وتكامل معه صهاريج المساجد التي وفرت للناس كميات كبيرة من المياه، وقد حدَّد القاضي الحنفي بمحكمة الصالح بالقاهرة العثمانية كميات المياه التي ستمد بعض صهاريج المساجد، والجوامع والزوايا بالقاهرة، وعين الأمير مصطفى بن الأمير يوسف جاويش لمتابعة هذا الأمر، مع المقدم ناصف سقاباشي، ومقدم السقائين محمد بن الطيار، حيث رصد مبلغ ثمانية آلاف نصف فضة لحمل 16 ألف راوية من البحر العذب أي النيل إلى صهاريج متفرقة بالقاهرة، واتُّفق مع عدد من السقائين لحمل هذا الماء ووزعت الكمية بينهم وحددت الأماكن التي سيزودونها بالماء، ومقدار ما سيصبونه في كل صهريج، وهذه الحادثة المسجلة في سجلات المحكمة الشرعية بالقاهرة(3) تدل على أن القضاة في العصر العثماني قد اتسع نطاق عملهم ليشمل أعمالًا كانت تقع داخل نطاق عمل المحتسب(4)، وتدل على الحرص على توفير المياه لمختلف مناطق القاهرة، وهو أمر يؤكده توزيع الأسبلة التي أقامها أهل الخير على أحياء القاهرة، ففي الجزء الجنوبي

---

(1) أوليا جلبي، سياحتنامه مصر، ترجمة محمد عوني، تحقيق: عبد الوهاب عزام، أحمد السعيد سليمان، دار الكتب والوثائق المصرية، 2003، ص453، 454.

(2) أندريه ريمون، المدن العربية الكبرى، ترجمة لطيف فرج، دار الفكر للدراسات والبحوث، القاهرة 1991م، ص117، 118.

(3) سجلات محكمة الصالح، سجل 323، مادة 933، ص280.

(4) نللي حنا، بيوت القاهرة في القرنين السابع عشر والثامن عشر، ترجمة حليم طوسون، العربي للنشر والتوزيع، القاهرة، 1993، ص28، 29.

من القاهرة الممتد من باب زويلة وحتى طولون، الذي يشغل 266 هكتارًا تُشكِّل 40.3 ٪ من مساحة القاهرة، كان يوجد به 95 سبيلًا بنسبة 42٪ من إجمالي عدد أسبلة مدينة القاهرة البالغ عددها 226 سبيلًا[1].

---

(1) جمال عبد الرؤوف، عمائر رضوان بك بالقاهرة، رسالة دكتوراه، كلية الآثار، جامعة القاهرة، 1990، ص92.

ثَبت المصادر والمراجع

أولًا: الوثائق وسجلات المحاكم

- حجة وقف السلطان المؤيد شيخ 938 أوقاف.
- حجة وقف السلطان قلاوون 1012 أوقاف.
- حجة وقف السيفي أزبك 198، محفظة 31 ب، دار الوثائق.
- حجة وقف السلطان قايتباي (886- أوقاف).
- حجة وقف السلطان قايتباي، المؤرخة في 15 ذي الحجة سنة 895هـ، رقم الوثيقة 890 أوقاف.
- حجة وقف جليلة طوسون بتاريخ 17 مايو 1927م، أمام محكمة الجيزة الشرعية، سجلات وزارة الأوقاف سجل رقم 138 قبلي، مسلسلة 4740.
- حجة وقف سيد بك عبد المتعال المحررة بتاريخ 11 صفر 1339-23 أكتوبر 1920م.
- حجة وقف قانباي الرماح، 1019 أوقاف.
- حجة وقف محمد بك الشندويلي، المحررة في 1/ 10/ 1899، أمام محكمة طهطا الشرعية، سجلات وزارة الأوقاف، سجل 11/ قبلي، مسلسلة 1015.
- حجة وقف نصر بن عبد الله الجركسي، 532 أوقاف.
- حجة نصر بن عبد الله الجركسي، 53 أوقاف.
- وثيقة قايتباي، أوقاف رقم 886.
- وثيقة وقف زين الدين عبد القادر الأنصاري الخزرجي رقم 56 محكمة.
- وثيقة وقف صرغتمش 3195 أوقاف، نشر دكتور عبد اللطيف إبراهيم.

ثانيًا: المصادر والمراجع العربية

- آدم صبرة، الفقر والإحسان في مصر عصر سلاطين المماليك، ترجمة قاسم عبده قاسم، المشروع القومي للترجمة، القاهرة، 2003م.

- آدي شير، الألفاظ الفارسية المعربة، المطبعة الكاثوليكية للآباء اليسوعيين، بيروت 1908م.

- آقطاي آصلان آبا، فنون الترك وعمائرهم، ترجمة أحمد عيسى، آرسيكا، إسطنبول، 1987.

- آمال العمري، موارد المياه وتوزيعها في بعض المنشآت الدينية السلطانية بمدينة القاهرة، مجلة كلية الآداب، بسوهاج، العدد السابع، 1988.

- إبراهيم البيومي غانم، الأوقاف والسياسة في مصر، دار الشروق، القاهرة 1998م.

- إبراهيم ربايعة، القدس في العصر العثماني في ضوء الوثائق، مكتبة كل شيء، عمان 2006.

- ابن الأثير، عز الدين علي بن محمد الشيباني الجزري، (ت630هـ/ 1232م) الكامل في التاريخ، دار صادر، بيروت 1965م.

- ابن الأخوة، محمد بن محمد القرشي، معالم القربة في أحكام الحسبة، الهيئة المصرية العامة للكتاب، القاهرة 1976م.

- ابن الأخوة، معالم القربة في أحكام الحسبة، تحقيق: محمد شعبان، صديق عيسى، القاهرة، 1976.

- ابن أبي أصيبعة، موفق الدين أبو العباس أحمد بن القاسم السعدي الخزرجي، ت668هـ/ 1269-1270م، عيون الأنباء في طبقات الأطباء، القاهرة، دار المعارف 1977.

- ابن الجوزي، جمال الدين أبو الفرج عبد الرحمن بن علي البغدادي (ت597هـ/ 1200م)، المنتظم في تاريخ الملوك والأمم، دائرة المعارف العثمانية، حيدر آباد 1959م.

- ابن الحاج، أبو عبد الله محمد بن محمد العبدري، المدخل، دار التراث، القاهرة 1983م.

- ابن الدبيثي، أبو عبد الله محمد بن سعيد، ذيل تاريخ مدينة السلام بغداد، تحقيق بشار معروف، مطبعة دار السلام بغداد، 1974.

- ابن الرامي، الإعلان بأحكام البنيان، تحقيق محمد فريد، مركز النشر الجامعي، تونس 1999م.
- ابن الساعي، أبو طالب علي بن أنجب، الجامع المختصر في عنوان التواريخ وعيون السير، المطبعة السريانية الكاثوليكية، بغداد 1934م.
- ابن الساعي، أبو طالب علي بن أنجب (ت674هـ/ 1275م)، نساء الخلفاء المسمى جهات الأئمة الخلفاء من الحرائر والإماء، حققه الدكتور مصطفى جواد، دار المعارف.
- ابن العبري، أبو الفرج غريغوريوس بن أهرون الطبيب الملطي، تاريخ مختصر الدول، المطبعة الكاثوليكية، بيروت، 1890.
- ابن الكازروني، الشيخ ظهير الدين علي بن محمد البغدادي (ت697هـ/ 1297م)، مختصر التاريخ، حققه د. مصطفى جواد، ووضع فهارسه سالم الألوسي، مطبعة الحكومة، بغداد 1970.
- ابن إياس، محمد بن أحمد، بدائع الزهور في وقائع الدهور، تحقيق محمد مصطفى، الهيئة المصرية العامة للكتاب 1982م.
- ابن بطوطة، تحفة النظار في غرائب الأمصار وعجائب الأسفار، طبعة القاهرة، 1938.
- ابن جماعة، بدر الدين إبراهيم سعد الله ت733هـ/ 1332م، تذكرة السامع والمتكلم في آداب العالم والمتعلم، تحقيق أحمد عبد الغفور عطار، 1967م.
- ابن حبيب الحلبي، تذكرة النبيه في أيام المنصور وبنيه، تحقيق محمد أمين، الهيئة المصرية العامة للكتاب، القاهرة 1986م.
- ابن حجر، أحمد بن علي، بلوغ المرام من أدلة الأحكام، دار القبس، الرياض 2014م.
- ابن حجر الهيثمي، 975هـ/ 1550م، تحرير المقال في آداب وأحكام يحتاج إليها مؤدبو الأطفال، دار الكتب المصرية مجاميع 143، وتوجد منها نسخة ميكروفيلم في معهد المخطوطات العربية.
- ابن خلدون، المقدمة، دار البيان، بيروت.
- ابن خلكان، وفيات الأعيان وأنباء أبناء الزمان، تحقيق إحسان عباس، دار صادر، بيروت 1987م.

- ابن دقماق، إبراهيم بن محمد بن أيدمر العلائي، الانتصار لواسطة عقد الأمصار، المكتب التجاري للطباعة والنشر، بيروت.

- ابن دقيق العيد، الإلمام بأحاديث الأحكام، دار الفكر دمشق 1963م.

- ابن سعد الطبقات، بيروت، دار صادر، بدون تاريخ.

- ابن سعد، محمد الزهري، (ت230هـ/ 844م)، الطبقات الكبرى، ليدن 1917م.

- ابن سيد الناس، عيون الأثر في فنون المغازي والسير، تحقيق لجنة حفظ التراث، بيروت 1980.

- ابن سينا، القانون في الطب، دار الكتب العلمية، بيروت 1999.

- ابن طولون، محمد بن طولون الصالحي، القلائد الجوهرية في تاريخ الصالحية، تحقيق أحمد دهمان، نشر مجمع اللغة العربية، دمشق 1980.

- ابن ظهيرة، الفضائل الباهرة في محاسن مصر والقاهرة، تحقيق مصطفى السقا وكامل المهندس، دار الكتب، 1969.

- ابن عابدين، محمد أمين بن عمر، حاشية رد المحتار على الدر المختار، مكتبة دار العرب، القاهرة 1943م.

- ابن قدامة، موفق الدين أبو محمد، المغني، تحقيق عبد الله بن عبد المحسن التركي وعبد الفتاح الحلو، دار عالم الكتب، الرياض 1986م.

- ابن نجيم الحنفي، البحر الرائق شرح كنز الدقائق، دار الكتب العلمية، بيروت 1997م.

- أبو الحسن المسعودي، مروج الذهب ومعادن الجوهر، تحقيق محي الدين عبد الحميد، مطبعة السعادة، 1965م، الطبعة الرابعة.

- أبو المحاسن، جمال الدين يوسف بن تغري بردي، النجوم الزاهرة في ملوك مصر والقاهرة، دار الكتب المصرية، القاهرة 1954م.

- أحمد أمين، فجر الإسلام، القاهرة 1929م.

- أحمد شوقي بنبين، تاريخ خزائن الكتب بالمغرب، ترجمة مصطفى طوبى، الخزانة الحسينية، الرباط 2003م.

- أحمد عطية، دائرة المعارف الحديثة، مكتبة الأنجلو، القاهرة 1951م.

- أحمد فكري، مساجد القاهرة ومدارسها، العصر الفاطمي، دار المعارف، الطبعة الثانية القاهرة 2008م.

- أحمد هاشم بدرشيني، أوقاف الحرمين الشريفين في العصر المملوكي، مركز بحوث ودراسات المدينة المنورة، المدينة المنورة، 2005.

- الإصطخري، ابن إسحق إبراهيم بن محمد الفارسي، ت341هـ، 952م، المالك والممالك، تحقيق محمد جابر عبد العال، القاهرة 1961م.

- الأزميري، محمد بن ولي القرمشهري، رسالة في شئون السقايات ووقفها، مخطوطة في المكتبة القادرية، ضمن مجموعة رقم 1465، بتسلسل 13.

- أندريه ريمون، المدن العربية الكبرى، ترجمة لطيف فرج، دار الفكر للدراسات والبحوث، القاهرة 1991م.

- أندريه ريمون، فصول من تاريخ مصر الاجتماعي، ترجمة زهير الشايب، القاهرة، 1970.

- أوليا جلبي، سياحتنامه مصر، ترجمة محمد علي عوني، تحقيق عبد الوهاب عزام، أحمد السعيد سليمان، تقديم أحمد فؤاد متولي، دار الكتب والوثائق القومية، 2003.

- بشير بركات، تاريخ المكتبات العربية في بيت المقدس، مركز الملك فيصل للدراسات والبحوث الإسلامية، الرياض 2012م.

- البصري، هلال بن يحيى بن مسلم الرأي البصري، أحكام الوقف، حيدر آباد، بدون تاريخ.

- بيبرس المنصوري، التحفة الملوكية في الدولة التركية، تحقيق عبد الحميد صالح حمدان، الدار المصرية اللبنانية، القاهرة 1987م.

- تاج الدين السبكي، معيد النعم ومبيد النقم، مكتبة الخانجي القاهرة 1980م.

- الجاحظ، الحيوان، ط3، دار إحياء التراث العربي، بيروت، 1969م.

- جعفر الحسيني، التكية السليمانية في دمشق، مجلة المجمع العلمي العربي، عدد3، دمشق 1956.

- جمال عبد الرؤوف، عمائر رضوان بك بالقاهرة، رسالة دكتوراه، كلية الآثار، جامعة القاهرة، 1990.

- الحارثي، كتاب وقف السلطان الناصر حسن علي مدرسته بالرميلة، بيروت 2001م.
- حسن الباشا، الفنون والوظائف على الآثار العربية، دار النهضة العربية، القاهرة 1966م.
- حسن الباشا، باب الحاكم بأمر الله، ضمن موسوعة العمارة والآثار والفنون الإسلامية، ط1، مكتبة أوراق شرقية 1999م.
- الحسن بن عبد الله، آثار الأول في ترتيب الدول، طبعة بولاق، القاهرة 1295هـ.
- حسن عبد الوهاب، تاريخ المساجد الأثرية. القاهرة 1946.
- حسني نويصر، مجموعة سبل السلطان قايتباي بالقاهرة، ماجستير، جامعة القاهرة 1970.
- حسين أمين، المدرسة المستنصرية، مطبعة شفيق، بغداد، 1960م.
- الحسين مهدي الرحيم، الخدمات العامة في بغداد، دار الشئون الثقافية، بغداد، 1987.
- حسين مؤنس، فجر الإسلام، الدار السعودية، جدة 1405هـ.
- حمادة الشرقاوي، المذاهب والفرق الدينية في مصر ودورها الاجتماعي والثقافي في عصر سلاطين المماليك، رسالة ماجستير كلية دار العلوم، جامعة المنيا 2006م.
- خالد الجابري، الحياة العلمية في الحجاز خلال العصر المملوكي، مؤسسة الفرقان، لندن.
- خالد خليل حمودي، المدرسة المستنصرية، المؤسسة العامة للآثار والتراث، بغداد 1981م.
- خالد عزب، الفسطاط، دار الآفاق العربية، القاهرة، 1998م.
- خالد عزب، فقه العمارة الإسلامية، الطبعة الأولى، القاهرة، 1997م.
- خالد عزب، كيف واجه المسلمون مشكلة ندرة المياه، دار الهلال للنشر 2010م.
- الرحيباني، مطالب أولي النهى في شرح غاية المنتهى، دمشق 1976م.
- الطاهر بن عاشور، مقاصد الشريعة الإسلامية، تونس 1366هـ.
- رشيد الهمذاني، رشيد بن فضل الله، جامع التواريخ، ترجمة وتعريب فؤاد الصياد وآخرين، وزارة الثقافة، القاهرة.

- رقية بلمقدم، أوقاف مكناس، وزارة الأوقاف 1996م.
- روجيه لوتورنو، فاس في عصر بني مرين، ترجمة نقولا زيادة، مؤسسة فرنكلين للطباعة والنشر، بيروت 1967م.
- الروذراوري، أبو شجاع ظهير الدين محمد بن الحسين (ت488هـ/ 1095م) ذيل تجارب الأمم، ج3، نشر شركة التمدن الصناعية، مصر 1334هـ/ 1916م.
- الزبيدي، محمد مرتضى، تاج العروس من جواهر القاموس، ط1، المطبعة الخيرية، مصر، 1306هـ.
- زكي محمد حسن، فنون الإسلام، دار الرائد العربي، بيروت 1981م.
- زهدي يكن، الوقف في الشريعة والقانون، ط2، دار الفكر العربي، 1971م.
- سبط ابن الجوزي، مرآة الزمان في تواريخ الأعيان، دار التراث، القاهرة 1955م.
- سجلات المحكمة الصالح، سجل 323، مادة 933.
- السخاوي، شمس الدين محمد بن عبد الرحمن، التبر المسبوك في ذيل السلوك القاهرة، الكليات الأزهرية، بدون تاريخ.
- السخاوي، محمد بن عبد الرحمن، الضوء اللامع لأهل القرن التاسع، دار الجيل، بيروت 1992م.
- سعيد عاشور، موسوعة الحضارة العربية الإسلامية، دار النهضة العربية، القاهرة 1980م.
- سعيد عاشور، المجتمع في العصر المملوكي، القاهرة، 1962.
- سعيد عبد الفتاح عاشور، مصر في عصر دولة المماليك البحرية، مكتبة النهضة المصرية، 1959م.
- سليمان التويجري، حق الارتفاق، رسالة دكتوراه، جامعة أم القرى.
- سليمان الزياتي، كنز الجوهر في تاريخ الجامع الأزهر، مطبعة هندية، القاهرة 1902م.
- سلمان قطاية، في التراث الطبي العربي، الإسيسكو، الرباط 2005م.
- السمعاني، عبد الكريم بن محمد، ت542هـ/ 1247م، أدب الإملاء والاستملاء، ليدن 1952.

- السمهودي، نور الدين علي بن أحمد (ت911هـ/ 1505م) وفاء الوفا بأخبار دار المصطفى، حققه محمد محي الدين عبد الحميد، بيروت، دار الكتب العلمية، 1971.
- السناري، القول المنيف في بيان أسماء التآليف، مجلة معهد المخطوطات العربية، العدد 61، 2018م.
- سوسن سعد علي الشامي، دراسة أثرية معمارية لظاهرة إلحاق المدارس بالجامع الأزهر في العصر المملوكي، رسالة ماجستير غير منشورة كلية الآثار، جامعة القاهرة 1994م.
- السيد حمدي، شيماء السايح، الجامع الأزهر، مكتبة الإسكندرية، 2013.
- الشافعي، الأم، دار الوفاء لدنيا الطباعة والنشر، المنصورة 2001م.
- شوقي ضيف، تاريخ الأدب العربي «عصر الدول والإمارات، الجزيرة العربية - العراق - إيران» دار المعارف، القاهرة 1985م.
- الشوكاني، نيل الأوطار شرح منتقى الأخبار، القاهرة 1943م.
- الشيرازي، أبو إسحق، طبقات الفقهاء، تحقيق، إحسان عباس، بيروت، دار الرائد العربي 1981م.
- صبحي الصالح، النظم الإسلامية نشأتها وتطورها، دار العلم للملايين، بيروت.
- صالح لمعي، الوثائق والعمارة، دراسة في العمارة الإسلامية في العصر المملوكي، الجامع الأبيض في الحوش السلطاني بقلعة القاهرة، القاهرة، دار النهضة العربية.
- صوفي أبو طالب، مبادئ تاريخ القانون، القاهرة 1972م.
- صالح لمعي مصطفى، المدينة المنورة، تطورها العمراني وتراثها المعماري، دار النهضة العربية، بيروت 1981م.
- الطبري، أبو جعفر بن جرير، تاريخ الرسل والملوك، دار الريان للتراث، القاهرة 1986م.
- الطرابلسي، الإسعاف في أحكام الأوقاف، بيروت 1981م.
- طلال شعبان، المدارس الباقية في قونية والقاهرة خلال عصري سلاجقة الروم والمماليك البحرية، رسالة دكتوراه، كلية الآثار، جامعة القاهرة.
- ظهير الدين الكازروني، مقامة في قواعد بغداد في الدولة العباسية، تحقيق: كوركيس

عواد وميخائيل عواد، نشرت في مجلة المورد العراقية، المجلد الثامن، العدد الرابع، دار الحرية للطباعة، بغداد 1979.

- عاصم رزق، معجم مصطلحات العمارة والفنون الإسلامية، مكتبة مدبولي، 2000.
- عبد الجليل عشوب، كتاب الوقف، دار الآفاق العربية، القاهرة 1999.
- عبد الحسين مهدي الرحيم، الخدمات العامة في بغداد، دار الشؤون الثقافية، بغداد 1987.
- عبد الرحمن المديرس، المدينة المنورة في العصر المملوكي، مركز فيصل للبحوث والدراسات الإسلامية، الرياض 2001م.
- عبد الرحمن النعسان، سبل المياه في مدينة دمشق القديمة، المعهد الفرنسي للشرق الأدنى، دمشق 2008م.
- عبد الرحمن بن الصايغ، تحفة أولي الألباب في صناعة الخط والكتاب، تحقيق هلال ناجي، 1981م.
- عبد الرحمن زكي، القاهرة، تاريخها وآثارها، الدار المصرية للتأليف والنشر والترجمة، القاهرة 1966م.
- عبد العزيز الشناوي، الأزهر جامعًا وجامعة، مكتبة الأنجلو المصرية 2013م
- عبد الغني محمود عبد العاطي، التعليم في مصر زمن الأيوبيين والمماليك، دار المعارف، القاهرة، ط، 2002م.
- عبد القادر الربجاوي، التكية السليمية في الصالحية، مجلة الحوليات الأثرية السورية، مجلد 8، 9، دمشق 1958، 1959.
- عبد القادر بن محمد الجزيري، المتوفى 977هـ، عمدة الصفوة في حل القهوة، تحقيق عبد الله الحبشي، هيئة أبو ظبي للثقافة والتراث 2001م.
- عبد القدوس الأنصاري، آثار المدينة المنورة، المنهل، جدة.
- عبد اللطيف إبراهيم، دراسات تاريخية وأثرية في وثائق من عصر الغوري، رسالة دكتوراه، كلية الآداب، جامعة القاهرة، 1955م.
- عبد اللطيف إبراهيم، دراسات في الكتب والمكتبات، دار الشعب، القاهرة 1962م.

- عبد اللطيف إبراهيم، نصان جديدان من وثيقة الأمير صرغتمش، مجلة كلية الآداب، العدد 28، جامعة القاهرة، 1966م.
- عبد اللطيف إبراهيم، وثيقة وقف قراقجا الحسنى، مجلة كلية الآداب، جامعة القاهرة، 1956م.
- عبد الله الجبوري، مكتبة الأوقاف العامة، تاريخها ونوادر مخطوطاتها، بغداد مجلة الرسالة الإسلامية، مطبعة المعارف 1969م.
- عبد الله السدحان، الأوقاف والمجتمع، مركز الملك فيصل للبحوث والدراسات الإسلامية، 2006م.
- عبد النعيم ضيفي عثمان، الأزهر ودوره في الممالك الإسلامية في إفريقيا في عصر سلاطين المماليك (648-923هـ/ 1250-1517م). رسالة ماجستير غير منشورة، جامعة القاهرة، 2002م.
- عبد الوهاب خلاف، علم أصول الفقه، الكويت 1972م.
- العسكري، أبو هلال الحسن بن عبد الله (ت382هـ/ 992م)، الأوائل، نشره أسعد طرابزوني الحسيني، المدينة المنورة. بدون تاريخ.
- علي مبارك، الخطط التوفيقية، دار الكتب المصرية، القاهرة 2004م.
- عماد عبد السلام رؤوف، تاريخ مشاريع مياه الشرب القديمة في بغداد، مجلة المورد، مج8، العدد الرابع، بغداد 1979م.
- الغزالي، أبو حامد محمد بن محمد، فاتحة العلوم، مطبعة الحسينية، القاهرة 1902م.
- الفاسي، العقد الثمين في تاريخ البلد الأمين، تحقيق محمد حامد الفقي، ط2، بيروت، مؤسسة الرسالة، 1406هـ/ 1986م.
- فرج الحسيني، النقوش الكتابية الفاطمية، مكتبة الإسكندرية، الإسكندرية 2006م.
- فرج محمد الهوني، تاريخ الطب في الحضارة العربية الإسلامية، طرابلس الغرب، 1986م.
- القزويني، زكريا محمد بن محمود ت682هـ، آثار البلاد وأخبار العباد، ليدن 1848م.
- القلقشندي، صبح الأعشى في صناعة الإنشا، دار الكتب المصرية، القاهرة 1914م.

- الأزدي، أبو محمد بن محمد، كتاب الماء، تحقيق هادي حسين حمودي، وزارة الثقافة والتراث، مسقط 2015م.
- الكتاني، عبد الحي، التراتيب الإدارية، دار الكتاب العربي، بيروت 1965م.
- الكحلاوي، القيم الدينية وآثارها في تخطيط عمارة المساجد، بحث في كتاب بحوث الآثار الإسلامية في المغرب والأندلس، القاهرة 1999.
- كمال السامرائي، مختصر تاريخ الطب العربي، بغداد، 1984م.
- لويس معلوف اليسوعي، المنجد في اللغة والأعلام، المطبعة الكاثوليكية، بيروت بدون تاريخ.
- الماوردي، أبو الحسن علي بن محمد، الأحكام السلطانية والولايات الدينية.
- ماجدة مخلوف، أوقاف نساء السلاطين العثمانيين، دار الآفاق العربية، القاهرة 2006.
- مجمع أحمد دهمان، في رحاب دمشق، دار الفكر، 1982.
- مجهول، الحوادث الجامعة، مطبعة الفرات، بغداد 1351 هجرية.
- مجير الدين الحنبلي، الأنس الجليل بتاريخ القدس والخليل، المطبعة الحيدرية، النجف 1968م.
- محمد أبو زهرة، محاضرات في الوقف، الطبعة 2، دار الفكر العربي، 1971.
- محمد الجهيني، أحياء القاهرة القديمة وآثارها الإسلامية، حي باب البحر، دار نهضة الشرق، دار الوفاء، القاهرة 2000.
- محمد الأرناؤوط، الوقف في العالم الإسلامي، ما بين الماضي والحاضر، جداول، الكويت 2011م.
- محمد الأرناؤوط، تطور منشآت الوقف عبر التاريخ، العمارة/ التكية نموذجًا، مجلة مشكاة، العدد 5، 2010.
- محمد الشيشتاوي، منشآت الرفق بالحيوان في مدينة القاهرة في العصرين المملوكي والعثماني، رسالة دكتوراه، كلية الآثار، جامعة القاهرة، 2001.
- محمد مصطفى نجيب، المزملة كمورد لمياه الشرب بمنشآت القاهرة في العصر المملوكي، مجلة كلية الآثار، العدد 2، 1977.

- محمد اللبار، دور أوقاف البيمارستان في الحياة الاجتماعية بمدينة فاس، ندوة فاس التاريخ والتراث والإشعاع الثقافي، كلية الآداب والعلوم الإنسانية، فاس 2008م.
- محمد المنتصر الكتاني، فاس عاصمة الأدارسة، الدار البيضاء 2002م.
- محمد المنوفي، حضارة الموحدين، دار توبقال للنشر، الدار البيضاء 1989.
- محمد المنوفي، دور الأوقاف المغربية في التكامل الاجتماعي في عصر بني مرين، كتاب مؤسسة الأوقاف في العالم الإسلامي، بغداد 1983.
- محمد أمين، الأوقاف والحياة الاجتماعية في مصر، دار النهضة العربية، القاهرة، 1980.
- محمد أمين، وثائق وقف السلطان قلاوون على البيمارستان المنصوري، دراسة ملحقة بكتاب تذكرة النبيه بأيام المنصور وبنيه لابن حبيب، دار الكتب المصرية، القاهرة 1977م.
- محمد أمين وليلى أمين، المصطلحات المعمارية في الوثائق المملوكية. دار نشر الجامعة الأمريكية، القاهرة 1991م.
- محمد داود، تاريخ تطوان، معهد مولاي الحسن، تطوان 1959م.
- محمد سيف النصر أبو الفتوح، منشآت الرعاية الاجتماعية بالقاهرة حتى نهاية عصر المماليك، رسالة دكتوراه، جامعة أسيوط، كلية الآداب، 1980.
- محمد عبد الحي الكتاني، الملاجئ الخيرية الإسلامية في الدولة الموحدية والمرينية بالديار المغربية، المجلة الزيتونية، ج6، مجلد3، تونس، يونية 1939.
- محمد عبد الستار عثمان، المدينة الإسلامية، عالم المعرفة (128) الكويت 1988م.
- محمد عبد السلام المهماه، المعجم لألفاظ الحبس أو الوقف، المعقب والعام بالمغرب.
- محمد عبد العزيز، الوقف في الفكر الإسلامي، وزارة الأوقاف والشؤون الإسلامية، الرباط 1996م.
- محمد عبد العزيز مرزوق، الفن الإسلامي، تاريخه وخصائصه، مطبعة أسعد، بغداد 1965م.
- محمد عبد العزيز مرزوق، الفن المصري الإسلامي، دار المعارف، القاهرة 1952م.
- محمد كمال عز الدين، المكاتب ودورها في النهضة الفكرية والاجتماعية في مصر المملوكية، مجلة الدارة العدد 1، السنة 16، 1410هـ.

- محمد محمد أمين، وثائق وقف السلطان قلاوون على البيمارستان المنصوري، ملحق بالجزء الأول من كتاب «تذكرة النبيه في أيام المنصور وبنيه لابن حبيب الحلبي»، الهيئة المصرية العامة للكتاب، القاهرة 1976.
- محمود الحسيني، الأسبلة العثمانية، مكتبة مدبولي، 1988.
- محمود شكري الألوسي، أخبار بغداد وما جاورها من البلاد، مخطوطة في المتحف العراقي، برقم 6287.
- مصطفى السباعي، روائع حضارتنا، الكويت 1980م.
- مصطفى أمين، تاريخ التربية، القاهرة 1926م.
- مصطفى جواد، الرُبَط البغدادية، بدون تاريخ.
- مصطفى صادق الرافعي، تاريخ آداب العربية، دار الكتب العلمية، بيروت 2000م.
- مصطفى نجيب، مدرسة الأمير كبير قرقماس وملحقاتها، رسالة دكتوراه، كلية الآداب، جامعة القاهرة، 1975م.
- مضبطة مجلس الشيوخ، الجلسة 31 بتاريخ 19/ 6/ 1936.
- المقريزي، المواعظ والاعتبار بذكر الخطط والآثار، تحقيق أيمن فؤاد سيد، مؤسسة الفرقان للتراث الإسلامي، لندن 2003م.
- المقريزي، تقي الدين أبي العباس أحمد بن علي، السلوك في معرفة دول الملوك، تحقيق محمد مصطفي زيادة، القاهرة 1956م.
- لويس معروف، المنجد، طبعة بيروت، 1960.
- ناجي معروف، نشأة المدارس المستقلة في الإسلام، مطبعة الأزهر، بغداد 1966م.
- نللي حنا، بيوت القاهرة في القرنين السابع عشر والثامن عشر، ترجمة حليم طوسون، العربي للنشر والتوزيع، القاهرة، 1993.
- نللى حنا، ثقافة الطبقة الوسطى في مصر العثمانية، ترجمة رؤوف عباس، الدار المصرية اللبنانية 2004م.
- النووي، أبو زكريا محي الدين بن شرف، المجموع شرح المهذب، دار الفكر.
- النويري، نهاية الأرب في فنون الأدب. محفوظ بدار الكتب تحت رقم 549 معارف عامة.

- هويدا الحارثي، كتاب وقف السلطان الناصر حسن بن محمد بن قلاوون على مدرسته بالرميلة، دار الكتاب العربي، بيروت 2002م.
- ياقوت الحموي، شهاب الدين أبي عبد الله الحموي الرومي، معجم البلدان، دار صادر، بيروت 1977م.
- يحيى ابن آدم، الخراج، تصحيح أحمد محمد شاكر، دار المعرفة بيروت 1979م.
- يحيى بن جنيد، الوقف والمجتمع، مؤسسة اليمامة الصحفية، الرياض.
- يحيى بن جنيد، الوقف وبنية المكتبات العربية، مركز الملك فيصل للبحوث والدراسات الإسلامية، 2009.
- يوسف أحمد، جامع سيدنا عمرو بن العاص، سلسلة المحاضرات الأثرية، القاهرة 1917م.

ثالثًا: المراجع الأجنبية

- Abdulahskaljic, Turcismi u srpsk har vatskomjeziku, sarajero, 1973.
- Cerswell, (K.A.C), The Muslim Architecture of Egypt.
- EviliyaCelebi, PutopisprevodiKomentarHazimsabanovic, sarjevo, 1979.
- Farg Ibn Baraquq in Kairocgluckstadt 1968.
- Ismail Hakkiuzuncarsili, Osmanli develtininsarayTeskilati, Ankara, 1984.
- John R. Searle, The Construction of Social Reality, New York1997.
- Kalesi, NajstariVakufskdokumenti.
- Mich aux Bellaire, L'organisation des finances au Maroc, Arch Marocaines, XI.
- M. khadr, Deux actes de waqf d'un garahandied'Asie central, journal Asiatique, Paris, 1967.
- Qlus Arik, The Turkish contribution to Islamic architecture, Turkish review, vol1, No. 2, Ankara, 19851986-.
- R.c.Repp, The MufTi of Istanbul, A studyin the development of the Ottoman learned hirarch, London, 1986.
- Saleh La mei, Madrasa, Hanqahund Mausoleum des Barquq in Kairo.
- Saleh La Mei, Kloster and Masoleumdes.kairo1977.